U0556835

国家社科基金青年项目（14CTQ030）

微信息交流下的
企业品牌传播研究

RESEARCH ON
ENTERPRISE BRAND COMMUNICATION
UNDER
MICRO INFORMATION
COMMUNICATION

杜晓曦 著

社会科学文献出版社
SOCIAL SCIENCES ACADEMIC PRESS (CHINA)

目　录

第一章　绪　论 ……………………………………………………… 001
　第一节　研究背景及意义 ……………………………………………… 001
　第二节　研究现状 ……………………………………………………… 004
　第三节　研究内容与方法 ……………………………………………… 015

第二章　理论基础 ……………………………………………………… 019
　第一节　微信息 ………………………………………………………… 019
　第二节　微信息交流的相关研究 ……………………………………… 031
　第三节　企业品牌信息 ………………………………………………… 034
　第四节　企业品牌传播 ………………………………………………… 036

第三章　信息交流模式及特征分析 …………………………………… 042
　第一节　传统信息交流模式 …………………………………………… 042
　第二节　网络信息交流模式 …………………………………………… 047
　第三节　网络信息交流的特点 ………………………………………… 051
　第四节　社交网络信息交流模式 ……………………………………… 055
　第五节　多视角下的网络信息交流分析 ……………………………… 056

第四章　基于微信息交流的企业品牌传播模式及特征分析 ………… 059
　第一节　单个节点视角下基于微信息交流的企业品牌传播模式 …… 060

第二节 单个节点视角下基于微信息交流的企业品牌传播要素
分析 ………………………………………………………… 061
第三节 整体网络视角下基于微信息交流的企业品牌传播网络 …… 065
第四节 整体网络视角下基于微信息交流的企业品牌传播网络
特征 ………………………………………………………… 066

第五章 基于微信息交流的企业品牌传播内在要素分析 …………… 069
第一节 微博信息交流要素分析 …………………………………… 069
第二节 微信信息交流要素分析 …………………………………… 077
第三节 基于微信息交流的企业品牌传播要素分析 ……………… 080
第四节 微信息交流系统 …………………………………………… 081

第六章 企业视角下基于微信息交流的品牌传播影响因素分析 …… 085
第一节 构建基于微信公众号的企业品牌传播影响因素模型 …… 085
第二节 企业微信公众号信息采集 ………………………………… 091
第三节 实证分析 …………………………………………………… 094
第四节 小结 ………………………………………………………… 100

第七章 用户视角下企业微信公众号使用意愿研究
——以某物业服务公司为例 …………………………… 102
第一节 企业开展微信息服务的情况 ……………………………… 103
第二节 企业微信公众号用户使用意愿调研 ……………………… 112
第三节 小结 ………………………………………………………… 125

第八章 嵌入视角下基于微信息交流的企业品牌传播影响因素分析
………………………………………………………………… 127
第一节 社会资本嵌入理论 ………………………………………… 128
第二节 感知价值理论 ……………………………………………… 136
第三节 期望确认理论 ……………………………………………… 139

第四节　构建基于微信息交流的企业品牌传播影响模型 …………… 141
第五节　研究假设的提出 …………………………………………… 142
第六节　研究设计 …………………………………………………… 148
第七节　影响模型探讨 ……………………………………………… 151
第八节　小结 ………………………………………………………… 156

第九章　基于微信息交流的企业品牌传播网络结构分析 ………… 157
第一节　基于微信息交流的企业品牌传播网络 …………………… 158
第二节　基于微信息交流的企业品牌传播社会网络分析 ………… 159
第三节　实证研究 …………………………………………………… 165
第四节　小结 ………………………………………………………… 172

第十章　构建微信息交流生态影响力评价体系 …………………… 173
第一节　企业微信公众号微信息交流生态影响力评价体系 ……… 178
第二节　评价模型验证 ……………………………………………… 189
第三节　小结 ………………………………………………………… 206

第十一章　结　论 …………………………………………………… 209

参考文献 ……………………………………………………………… 212

第一章
绪 论

伴随科技的发展,网络逐渐走进千家万户,人们在网络上进行各类信息的交流和共享,各种网络信息交流平台迅速兴起。其后,随着信息时代的不断发展,微博微信类微信息交流平台凭借其方便快捷、简单易用、注重实效等特点,担当起信息传递、情感交流、文化传扬、产品营销等任务,成为当今时代非常重要的信息交流工具。

对于企业来说,微博微信类微信息交流平台具有传播品牌信息、与消费者互动、客户服务、公关服务、电子商务等功能,微博微信类微信息交流已成为企业与用户进行交流互动和品牌营销的一种方式。一方面,越来越多的企业认识到微信息交流对企业品牌传播的重要性;另一方面,在企业日益认识到微信息交流对企业品牌的价值的时候,如何更好地对这一新领域进行关注和挖掘成为企业亟待解决的问题。

本章首先从现阶段社会的大环境背景出发,分析基于微信息交流的企业品牌传播的研究背景及意义,之后通过文献综述,以"基于微信息交流的企业品牌传播"为对象,从网络结构、影响因素和模型与模式特征三个维度,对其研究现状进行分析,最后对本书的研究内容和研究方法进行陈述。

第一节 研究背景及意义

伴随着科学技术的不断进步,网络覆盖范围越来越广,同时功能也在不断增加,越来越多的人使用网络与其他人进行沟通交流。以互联网为依托出现了各类信息交流平台，微博微信类微信息交流平台成为人们沟通交流的重要工具。这类信息交流工具的优势明显，具有时效性强、方便快捷、简单易学、无时空限制等特点，人们在平台上可以进行各类信息的交流，比如日常生活信息、新闻动态以及娱乐八卦信息等，除了普通用户的信息分享交流，还有各行各业的专业人士分享最新的行业动态和经验。微博微信类微信息在其发展的过程中已然衍生了经济生态链，通过微信息营销也逐渐成为企业品牌营销的一种方式，本书就是在这样的背景下展开的。

一 微信息交流平台成为网络时代获取信息和进行交流的重要渠道

我国现已进入互联网时代，互联网的出现，改变了人们的生产生活方式，对经济的发展也产生了重大影响。从1997年开始，国家主管部门委托中国互联网络信息中心（CNNIC）负责联合互联网有关单位对互联网发展状况进行调查，将调查得出的数据提供给社会各界以及有关政府部门，帮助他们及时了解和把握互联网发展的新局势，协助他们更好制定相关决策，其发布的数据具有可观性和严谨性。截至2019年，信息中心已成功发布了44次《中国互联网络发展状况统计报告》。在这44次报告中，我们可以清晰地看到微博微信类微信息交流参与社会信息交流与共享的过程，从2011年1月第27次报告开始，微博微信类微信息交流呈逐年递增的趋势，在网民的社交和信息交流领域占据重要的地位。

从新浪微博数据中心在2019年发布的最新《2018微博用户发展报告》中可以看出，截至2018年第四季度，微博每月的活跃用户数高达4.62亿，连续三年增长7000多万；微博垂直领域扩大至60个，月阅读量过百亿领域达32个。微博利用自己的社交优势，不断积累社交资产，一直维持着自己中国最具影响力社交媒体平台的地位。在2018年，每月活跃用户数持续增长，头部用户（粉丝规模大于2万人或月阅读量大于10万的用户）数量也不断攀升。用户数量的提升离不开微博一直秉承的拓展平台内容与完善传播形态的理念。微博一直在优化媒体化内容的布局，以达到内容优化与用户体验度提升的目的。微博不断拓展垂直领域，在2018年微博已经覆盖了60个垂直领域，其中月阅读量超过百亿的领域有32个，这个举措既实现了满足用户多元化的诉求，又加强了微博的平台效应。

报告显示，截至2018年第四季度，微博月活跃用户增至4.62亿，微博日活跃用户增至2亿。截至2018年11月，微博头部用户增至70万人，同比增长37%。截至2018年11月，微博大V（粉丝规模大于50万人或月阅读量大于1000万的用户）增至4.73万人，同比增长60%。相比2017年，微博月活跃用户中，来自四级及以下城市的用户占比上升，继续保持下沉趋势。2018年微博移动化趋势持续增强，月活跃用户中移动端用户占比93%。

而从微信在2019年公布的《2018微信数据报告》中可以看出，截至2018年9月，微信月活跃用户数量为10.825亿，同比上升18%，日消息发送数达450亿条，日语音视频通话量达到4.1亿次，比上年增长了100%。2018年的数据与2015年的数据相比较，在朋友圈发送的视频动态数增长了480%，人均好友数量增加了110%。从这些数据中可以看出，微博微信类微信息交流平台一直在推进社交赋能的发展，不断积累社交财富，提升其在中国社交媒体平台的地位。

二 企业应用微信息交流平台进行品牌传播初现成效

随着互联网新技术的不断涌现，智能移动终端设备普及率不断提高，信息交流渠道更新迭代，微信息交流平台也被越来越多的人关注和熟知，并于2016年成为用户重要的信息交流、信息获取和信息分享的渠道。企业利用微信息交流平台进行信息的交流和传播，可以帮助企业提高知名度、进行品牌推广、传播品牌文化、推广产品或服务、提升客服质量、获取竞争对手信息（Jansen et al., 2009a）。最直接的功能就是企业品牌推广与形象构建。企业作为微信息交流的主体之一，其发挥的作用是无可替代的。很多企业在品牌传播方面做得非常好，如杜蕾斯、可口可乐、麦当劳等。

各类自媒体平台通过探索用户需求，运用各类网络新技术，也如雨后春笋般逐步发展起来，整个网络信息传播和交流平台形成了差异共存的生态环境。在激烈的市场竞争中，微博微信类微信息交流平台凭借其方便快捷、简单易用等特点，被广大的用户所接受，迅速发展起来。但在企业品牌传播领域，利用网络进行品牌传播的历史由来已久，博客出现之前我国就有企业网络信息平台，这类传统的企业网络信息平台以企业内刊的出现作为起点，后利用马云创办的中国黄页网站，再后来企业又有了自己的官方网站。大多数企业品牌传播之路都很艰辛。取得成功走向辉煌的企业很多，但也有众多企业在这个过程中被淘汰了。微信息交流平台为企业提供了成本更低、效果更好的品牌信息传播渠道，企业也应顺应发展要求，不断地进行品牌传播模式和营销手段的创新。

第二节　研究现状

一　国内外相关主题研究方向分析

1. 国内研究方向

分析国内学者相关主题的研究方向时，笔者选择的数据库是中国知网数据库（CNKI）。在中国知网数据库中，笔者以"企业信息传播"为关键词进行检索，然后再以"微博""微信""推特"等为关键词进一步进行检索，将企业进行信息传播的范围集中在以微博微信为代表的微信息交流领域，共得到86篇有代表性的文章。对这些文章进行分析，笔者发现国内该领域的研究开始于2011年，在2017年该领域相关研究的影响力达到峰值，2018年略有回落，如图1.1所示。

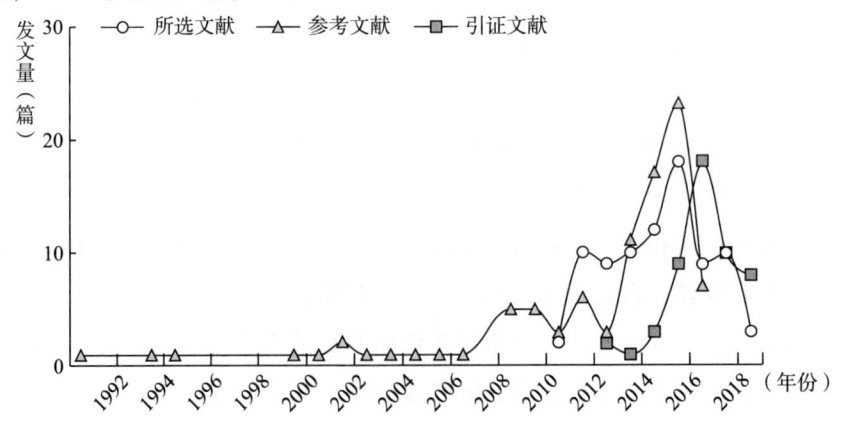

图1.1　1992~2018年国内相关主题研究的总体趋势

通过对这 86 篇文章的关键词进行分析，构建关键词共现网络（见图 1.2），关键词共现网络是根据关键词被作者使用的频次构建的，关键词出现的频次越多，则该关键词相关研究方向的内容越多，也就表明了这类研究是研究热点。

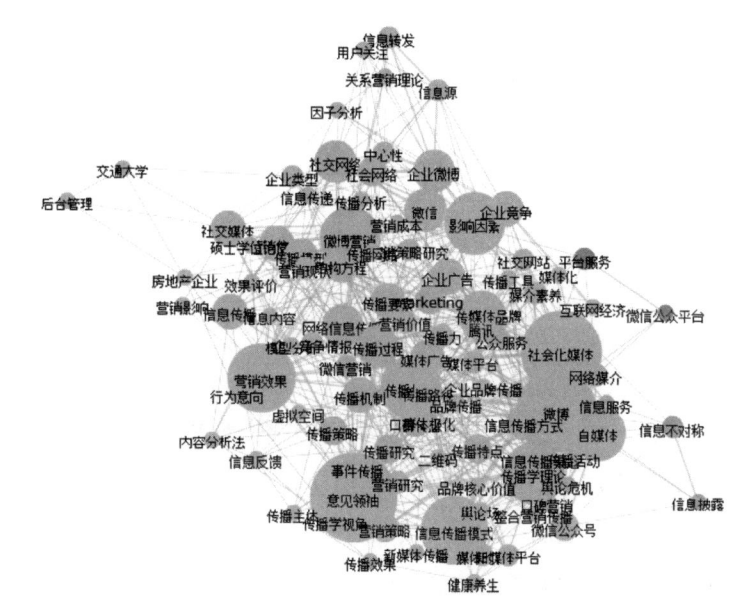

图 1.2　国内相关主题研究关键词共现网络

之后，在原始网络的基础之上，剔除掉文献内容针对性不强、涵盖范围较大的关键词，如"交通大学""二维码"等；并将同义关键词进行合并，如"marketing"和"营销"等；通过剔除与合并关键词的处理，再依据共词分析研究中的常用处理方法，去除低频关键词，留下 5 个高频关键词，分别为意见领袖、社会化媒体、影响因素、营销、传播模式特征。

2. 国外研究方向

分析国外学者相关主题的研究方向时，作者选择 Web of Science 检索系统，以"information diffusion"为检索关键词进行检索，得到了 38178 篇论文，之后在检索结果中以"enterprise"进行进一步检索，得到 455 篇论文，去除年份较早的不是基于微信息交流的企业信息传播的论文，共得到 385 篇论文。利用 CiteSpace 对其进行文本挖掘及可视化，得到其关键词共现网络，如图 1.3 所示。

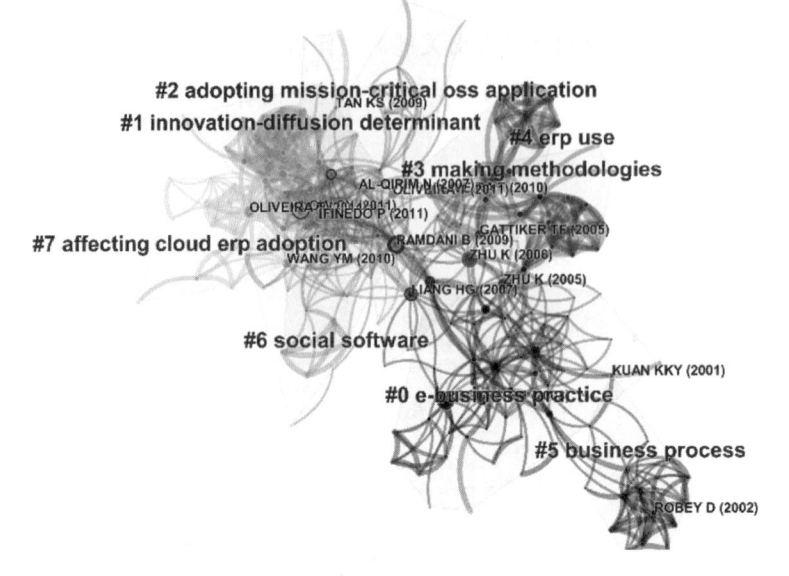

图 1.3　国外相关主题研究关键词共现网络

之后，在原始网络的基础之上，删除文献内容指向性不强、涵盖范围较大的关键词，如"innovation""perspective""performance""implementation"等；合并同义关键词，如"technology"和"information technology"、"enterprise"和"firm"、"acceptance"和"adoption"等；对关键词进行去除与合并处理后，再依据共词分析研究中的常用处理方法，剔除低频关键词，留下 4 个高频关键词，分别为"information technology""user adoption""impact""model"，以及在近几年出现较多的"social network""visualization"等。

通过对检索到的这些关键词进行梳理，得出本书的三个主要分析方向：基于微信息交流的企业品牌传播网络结构、影响因素和模型与模式特征。

二　基于微信息交流的企业品牌传播网络结构分析

1. 基于社会网络分析的研究

（1）社会网络分析理论与方法研究

社会网络分析方法是基于莫雷诺社会测量法，后期进行了改进演化形成的研究方法。该方法的研究对象是社会结构与关系，研究内容是社会上行动者之间存在的关系（李杉，2003）。社会网络分析方法具有整合性，该方法包含了数学、统计学、图论等学科的研究方法与内容。现阶段，已经从方法不断发展变化形成了理论框架（王霄宁，2005）。

社会网络分析方法的研究对象是点和线。点指的就是行动者，行动者包含个人、组织与家庭等；线就是点之间的关系，利用线把点连接起来就形成了图。研究内容是行动者之间的关系、关系间存在的特点，以及关系对整体造成的影响。黎耀奇和谢礼珊（2013）提出，社会网络分析既是一种分析方法，同时也是一种分析理论，当它作为一种研究框架的时候，被称为社会网络分析方法，当它作为一系列理论的时候，被称为社会网络分析理论。冯缨和汪竹（2017）提出，社会网络分析方法包括基于个体的分析方法和基于整体的分析方法，基于个体的分析方法的指标有中心度、影响力等，基于整体的分析方法的指标有密度、小世界现象、凝聚子群、块模型等。

（2）社会网络视角下的微信息传播研究

社会网络视角下的微信息传播研究中，平亮和宗利永（2010）基于社会网络分析中的中心性分析，对微博中的信息传播特性进行研究。姜鑫和田志伟（2012）以新浪微博为例，对微博社区信息传播中的小世界现象进行分析，确定了信息传播中的关键节点。Backstrom 和 Kleinberg（2013）以 Facebook 为研究对象，应用社会网络分析方法，分析节点之间的网络关系是否良好。Yoon 和 Han（2014）以韩国政客的 Twitter 为例，应用社会网络分析法探讨他们的网络关系模式。Luarn 等（2014）通过分析网络结构对信息传播的影响，提出网络中心度对信息传播的频率产生影响。兰娟丽等（2015）以网络负面信息为研究对象，构建微博负面信息传播模型，提出中心度越大的节点传播负面信息的能力就会越强。Luarn 等（2014）应用社会网络分析法，研究网络结构对信息传播的影响，及对信息传播频率的影响。Wang 和 Sun（2015）以微信用户为研究对象，应用社会网络分析法进行微信用户关系网络结构分析，提出微信信息传播网络拓扑结构特征。Maharani 等（2015）和 Yang（2016）都以 Twitter 为研究对象，应用社会网络分析法定位信息传播网络中的有影响力用户。崔金栋等（2016）以江苏和吉林的政务微博为研究对象，应用社会网络分析法研究政务微博网络的地域发展不均衡问题。宋恩梅和左慧慧（2012）、毕强等（2015）、邱均平和李威（2012）、王学东等（2013）运用社会网络分析法对微博或博客信息交流网络中的关键节点或网络整体进行了分析。

（3）社会网络视角下的企业品牌传播研究

社会网络视角下的企业品牌传播研究中，Zeng等（2011）以企业微博为对象，应用社会网络分析法分析微博营销的优势，提出微博有利于企业进行信息的收集和发布。Groeger和Taylor（2012）以Facebook朋友圈为例，应用社会网络分析法研究口碑传播。Yang和Wang（2014）以台湾夜市为例，应用社会网络分析法研究在线口碑营销，认为相对于传统的广告形式，在线口碑营销更加有效。王德胜和韩旭（2014）以社会化媒体口碑营销为研究对象，应用社会网络分析理论，研究社会化媒体口碑营销模式及其存在的困境，提出了合理高效地进行网络口碑营销的方法。Maharani等（2015）以中小企业为研究对象，应用社会网络分析法，寻找信息传播网络中的影响力人物，从而帮助企业提升信息传播效率。徐宝达等（2017）以微信公众号为研究对象，应用社会网络分析法对微信公众号信息传播网络进行分析，提出微信公众号信息传播网络为无标度网络，信息内容与微信公众号影响力正相关，信息传播过程具有明显阶段性。冯缨和汪竹（2017）以雀巢的企业微博为例，应用社会网络分析法对企业微博营销信息传播网络的各项指标进行研究，为企业提高和拓展微博信息传播速度和广度提出建议。汪竹（2018）聚焦社会化媒体营销，以三只松鼠企业微博为例，应用社会网络分析法，对传播网络中的用户节点指标特性和作用，以及其网络结构特性进行分析。

从上述研究分析我们可以看出，第一，社会网络分析理论和方法的应用由来已久，国外应用社会网络分析早于国内，并且随着网络技术的发展，国内外社会网络分析理论及方法的应用对象和内容也在不断地发生变化，涉及的应用领域十分广泛。第二，社会网络视角下的微信息传播研究中，学者对社交网络中微博微信类微信息传播进行了广泛的探索，通过应用社会网络分析理论和方法，对微信息传播网络的特征、结构、关键节点、节点关系等进行了研究，主要采用的指标包括中心性、小世界现象、凝聚子群等，选取的实证对象包括微博、微信、Facebook、Twitter 等平台上的企业用户或个人用户。第三，社会网络视角下的企业品牌传播研究中，较多的学者聚焦于有影响力节点和关键节点的识别，目的在于提升信息传播效率、提高信息传播速度和拓展信息传播广度。研究的视角较多集中于节点的分析，对网络整体的分析较少，因此在后续这部分的研究中，我们对关键节点进行分析的同时，也对网络整体进行研究，并通过大数据挖掘更好地进行实证分析。

2. 意见领袖判定与识别

学者主要关注企业信息传播网络中意见领袖的判定和识别。意见领袖理论概念自拉扎斯菲尔德等 1948 年提出到现在已经有 70 多年了，他建立的两级传播理论指出，信息首先是从大众传播给意见领袖，再由意见领袖传播给其他受众（拉扎斯菲尔德等，2012）。有众多学者在意见领袖研究领域做出了成果。Wright 和 Cantor（1967）通过研究两级传播理论，指出了意见领袖理论中的不足之处。Black（1982）对两级传播理论进行了拓展与完善，指出部分受众接收信息并不是由于意见领袖的作用，这些人只是相对于其他受众来说接收大众媒体信息的反应时间较长。罗杰斯（2016）的创新扩散理论又是对意见领袖理论应用层面的重要继承和完善，而信息技术在创新扩散过程中起到了重要作用，它可以向受众提供非常多有效的相关知识以及信息。后期，一些学者还研究了意见领袖的特征和其对创新扩散的影响。Kingdon（1970）研究了意见领袖的类型、比对以及其对政治问题的影响。Montgomery 和 Silk（1971）指出在获取信息的过程中，相比信息搜寻者，意见领袖获取信息的途径会更多。另外，他们还认为在不同的领域，可能有同样的意见领袖出现。Valente 和 Davis（2006）通过计算机模拟的方式证明了意见领袖可以加速创新扩散。Feder 和 Savastano（2006）指出，那些拥有较高政治和经济地位的意见领袖，在新知识的传播扩散过程中，会有更大的传播扩散优势。

在社交网络领域，对意见领袖的挖掘和识别可以从源头上提升信息传播效率。Kwak 等（2010）对 Twitter 的媒体和社交两个功能进行了研究，研究了热门话题中信息的作用，发现热门话题可以引发信息爆炸性扩散，使得信息在社交网络中飞速扩散，这种爆炸性扩散是由中心度高的节点引起的。Doerr 等（2012）提出在社交网络中，有很多节点中心度并不是很高，但是与中心度高的节点之间联系比较紧密，这些节点在信息传播的过程中起到了关键作用。Valenzuela 等（2009）提出，节点之间联系的强弱对信息传播也会产生很大影响，社交网络中的大部分节点之间的连接都是较弱的，弱连接把大量单一的群体连接在一个网络中。如果没有弱连接把这些单独的群体相连接，那么信息传播的受众就会大大减少。张海峰等（2012）使用 SIR 模型进行了仿真实验，以中心性不同的传播节点为研究的出发点，研究结果显示，中心性不同的节点会对信息传播产生影响。Macskassy 等（2011）的研究发现，考虑同质性或相似性的传播模型更加贴近真实的传播情况，Zheng 等（2009）以 Flickr 中图片的传播过程为研究对象，研究表明图片在 Flickr 这个社交网络中，沿着网络中存在的关系进行信息传播。刘志明和刘鲁（2011）通过构建微博意见领袖评价指标体系对意见领袖进行识别，并提出意见领袖是具有主题依赖性的。Ugander 等（2012）以 Facebook 上用户的社交网络为对象进行研究，发现节点的影响力大小取决于与其相连的分支数。

在社会网络分析领域，意见领袖通常在社会网络中占据着比其他节点更为中心的位置，并拥有更多的关系（Goldenberg et al., 2009）。相较于其他用户而言，意见领袖的言论传播范围更广（Rice et al., 2012）。意见领袖往往存在于多个社交网络中，在每一个社交网络中都处于中心位置并具有一定的知名度，可以连接多个社交网络（Weimann, 1994）。Chen 等（2009）对网络学习社区进行研究，发现意见领袖的网络连接性较好。

在网络意见领袖对口碑信息传播的影响的研究方面，徐玮聪（2012）、梦非（2012）等在分析消费者购买意向的影响因素时，提出意见领袖对消费者的购买意向产生正向影响，并且意见领袖对企业产品和服务的负面评价对消费者购买意向产生的影响更大。黄蓝（2012）总结了电影领域意见领袖对口碑信息传播的影响及作用。Cho 等（2011）以不同类型的意见领袖为研究对象，提出具有较高社会地位的意见领袖可以将产品信息更为快速地传播扩散，而具有较高专业领域地位的意见领袖可以更为有效地帮助企业获取有效消费者。Sismondo（2013）通过对医药销售领域的研究，发现在该领域中意见领袖的影响力巨大。

综上所述，我们可以看出，企业如果想进行有效的品牌信息传播，就要重视意见领袖在信息传播中的作用。微博微信类微信息传播平台有其优势，可以提升企业的信息传播效率，但是作为典型的自媒体社交网络平台，其用户数量庞大，信息内容真假难辨，蕴藏着巨大的机遇也蕴藏着巨大的挑战，企业要想顺利在其中传播对自己有利的品牌信息，意见领袖的作用至关重要。对于意见领袖的识别，学术界主要采用社会网络分析法、用户统计学特征分析法和聚类分析法。

二 基于微信息交流的企业品牌传播影响因素分析

在传统情报学视角下，信息传播要素可以归纳为信息的生产者、信息传播内容、信息传播渠道和信息的接收者四部分。在进行基于微信息交流的企业品牌传播影响因素分析时，虽然信息传播的技术、环境等都发生了翻天覆地的变化，但是基本的传播要素是没有发生改变的，因此我们从信息传播的主体——企业和用户两个方面，以及信息内容方面对研究现状进行分析。

1. 企业视角下企业品牌传播影响因素研究

从企业视角研究企业品牌传播影响因素的现有文献，主要集中在研究企业特性对信息传播的影响上，如企业账户的可信度对用户信息传播的影响、企业账户的活跃度对用户信息传播的影响等。

2. 信息内容视角下企业品牌传播影响因素研究

已有研究表明消费者信息传播行为会受到信息内容的驱动，贺爱忠等（2016）认为，企业微博的信息特征是影响消费者品牌信息传播行为的重要因素。栗斌斌（2019）认为，信息质量（丰富度、准确度）和信息特征（趣味性、分享性、针对性、利益性、个性）对潜在消费者态度，即企业社交网络的传播效果（包括认知、情感、意向），具有重大影响，并且影响作用各有差异。

3. 用户视角下企业品牌传播影响因素研究

从用户视角出发,学者关注的是用户进行企业品牌传播行为的原因,即什么导致了用户行为,包括个体行为和群体行为。对信息传播网络中某个个体的个人需求、社会影响和社交网络技术进行综合分析而采用的服务及所有相关行为就是个体行为。而群体行为指的是由于某种激发条件,信息传播网络中的多个个体形成一个彼此产生交互行为(如共享信息)的群体,从而达到某种程度的一致,所表现出一种群体行为。

(1) 用户信息传播行为影响因素研究

对于用户信息传播行为影响因素的分析,大多是从技术性质和用户心理研究、用户采纳、用户忠诚或用户信任等对用户行为影响的角度出发。第一,基于技术接受模型(TAM),Kwon 和 Wen(2010)对用户在社交网络上的接收行为进行了探索,发现了远程呈现技术和利他行为使用户可以感知到可用性和有用性,从而对易感性产生间接影响,社会角色会对有用性和易感性产生直接的影响。Nikou 和 Bouwman(2014)在 TAM 上添加了新的影响社交网络行为的因素,这些因素有移动性、关键群体、使用背景、社会影响力和习惯。而 Sledgianowski 和 Kulviwat(2011)在基础 TAM 上加了有趣易感性、规范压力易感性、信任和关键群体这四个变量,他们的研究结果表明了这四个因子对用户的使用意愿都有直接影响,并且有趣易感性对使用意愿的直接作用最显著。第二,基于计划行为理论(TPB),Baker 和 White(2010)对在线社交网络中的用户接收行为进行了分析,研究结果显示,态度和行为控制易感性都对青少年社交网络的使用意愿有显著的直接影响。同时,主观规范对青少年社交网络的使用意愿没有显著的直接影响。Pelling 和 White(2009)增加了新的影响因子,包括自我认知、从属性、性别、年龄和过去使用史,构建了一个新的社交网络用户使用意愿预测模型。研究表明,态度、主观规范和自我认知都对使用意愿有显著的正向影响。Chang 和 Zhu(2011)利用 TPB 模型聚焦了中国的社交网络采用行为,并构建了 5 种使用意愿模型,从结果可以看出,信息、娱乐、交友和一致性都对社交网络使用意愿有显著作用,并且用户态度、行为控制易感性和主观规范都对社交网络采用意愿有显著作用。第三，基于期望确认理论，Kim（2012）收集了韩国最大的社交网络"赛我网"（Cyworld）的用户行为数据，希望找出影响该社交网络中用户忠诚的重要因子。研究结果表明，期望确认对满意度无显著的影响；满意度对持续意愿有较弱的影响；后悔对满意度无显著影响。出现这样结果的原因可能是期望确认值较高时，这些因素的影响微弱，当期望确认值低时，这些影响才会明显出现，"赛我网"的数据就属于期望确认值较高的情况。根据期望确认理论，Shao 和 Chen（2013）引入了容易易感性、有趣易感性和交换代价易感性，且证明了这三者都对社交网络的持续意愿有直接显著作用。

除此之外，还有基于心流体验理论、用户信任理论等视角分析用户信息传播行为成因的，在这里就不一一赘述了。

（2）用户企业品牌传播行为影响因素研究

薛杨（2017）基于唤醒和沉浸理论，从企业微信营销过程中平台的功能质量、信息质量和服务质量出发，对企业微信营销中用户信息行为影响因素进行分析。张蕾（2015）对微信中的企业信息传播影响因素进行分析，提出信息影响力、专业性、趣味性、便捷性和用户的社交需求、感知安全性、激励等因素对信息传播具有积极作用。张青青（2015）对以微博微信为代表的社会化媒体进行研究，基于用户信息行为理论、使用满足理论、AISAS 模型等，指出对用户信息行为有影响的几个因素：用户的性别、职业、年龄、信息素养、对系统的熟练程度等个人因素；企业账号设置、内容建设、信息获取成本等外在因素；朋友推荐、用户评论、激励机制等社会因素。孙凤（2015）基于技术接受模型和期望确认理论，提出感知易用性、有用性、趣味性、交互性、可靠性和成本等因素对用户满意度具有影响，进而对用户持续使用行为产生影响。程国民（2015）对微信用户参与行为进行研究，指出用户获取的功能性价值和娱乐性价值对其参与行为具有积极影响。冯旭艳（2015）基于技术接受模型，结合微信营销的特点，指出感知愉悦性、可靠性、精准性、干扰性、个人创新和主观规范对消费者微信营销过程中的采纳意愿具有积极影响。

通过对上述文献的梳理可知，对用户信息传播行为影响因素的研究较多,但对微信息交流平台中用户企业品牌传播行为影响因素的研究较少。因此,可借鉴已有研究中的理论模型,结合微信息交流平台和企业品牌传播的特点,对用户信息传播行为影响因素进行分析。

三 基于微信息交流的信息传播模型和模式分析

微信息具有碎片化、实时化和移动化等特征,因此对其信息传播模型和模式的研究需在分析网络信息传播模式的基础之上,添加新的影响要素。

1. 基于微信息交流的信息传播模型研究

张彦超等(2011)构建了基于传染病动力学理论的 SIR 信息传播模型,分析了模型中各节点随时间变化的规律,探究了网络拓扑结构及传播机制对信息传播过程的影响。Zhang(2010)构建了 SI 信息传播模型,并基于节点度对用户进行了分类。Li 等(2013)提出,网络管理员对信息的审核并不是即时进行的,因此他们在 SEIR 模型的基础之上添加了时间延迟因素,构建了 S–SEIR 信息传播模型。蒙在桥和傅秀芬(2014)以在线社交网络为基础,通过分析影响信息传播及延迟传播的因素,构建了动态信息传播模型 D–SIR。王超等(2014)在传统传染病传播模型 SEIR 的基础之上,分析社交网络传播机理,通过 MATLAB 仿真,构建了社交网络信息传播模型。王金龙等(2015)通过分析社交网络信息传播不足的问题,基于用户相对权重,构建了新的信息传播模型。崔金栋等(2016)以微博话题信息传播为研究对象,通过分析微博话题信息传播影响因素和相应控制策略,构建了 H–SEIR 模型。

学者多从信息传播模型出发,通过分析信息传播的特点,添加新的影响因素,构建新的信息传播模型,进而提出相应的信息传播控制策略。目前的研究多集中于突发事件、公共事件等,对企业品牌传播的研究较少。

2. 基于微信息交流的信息传播模式研究

陈然和刘洋(2017)以政务微博信息传播为研究对象,通过对其转发行为的分析,提出 6 种传播模式:两级传播、普通多级传播、卫星传播、双核心传播、借力传播以及滚雪球传播。刘继(2013)通过分析在线网络中不同类型节点的传播模式，提出单关键节点传播模式以一个关键节点为中心，传播速度快；多关键节点传播模式影响范围广；链式传播模式传播深度深，影响力大。李明德等（2014）通过分析微博谣言传播的过程及特征，将其传播模式分为完整型、次完整型、半完整型和不完整型四种类型。胡吉明（2015）通过分析社交网络用户的非线性传播、信息级联增值传播等模式，提出了基于用户关系和基于社会化媒体的信息传播机制。刘东亮等（2015）通过模拟微博用户关注网络中各节点的传播过程的密度的变化，分析了社交网络的信息传播特征。洪小娟等（2016）提出了基于微博的食品安全传播网络的整体稀疏性特征。

通过对上述文献的梳理可知，学者多从信息传播的模式及特征进行研究，这方面的研究比较琐碎，缺少较为系统全面地对信息传播模式的梳理。

第三节 研究内容与方法

本书在综合分析现有研究成果、总结以往研究缺陷的基础上，进行系统的思考，采用理论研究与实证研究相结合的基本思路，深入地剖析了基于微信息交流的企业品牌传播模式、内在要素、影响因素、传播结构，并提出了构建信用评价体系，为企业品牌传播创造良好的微信息交流生态环境。本书逻辑关系和研究内容如图1.4所示。

为了保证研究的顺利进行本书采用了多种研究方法，以下列出本书采用的部分研究方法。

1. 理论文献整理归纳分析

收集、归纳和整理与选题相关的观点、文献和资料进行分析，得出相应的观点。在对观点、文献和资料进行搜集时，要秉持时间跨度长、有深度、情报价值高的原则，挑选最契合本专题的文献和资料，为之后的研究做准备。

2. 问卷调查

问卷调查是一种收集资料及数据的方法，经常应用于社会调查研究，

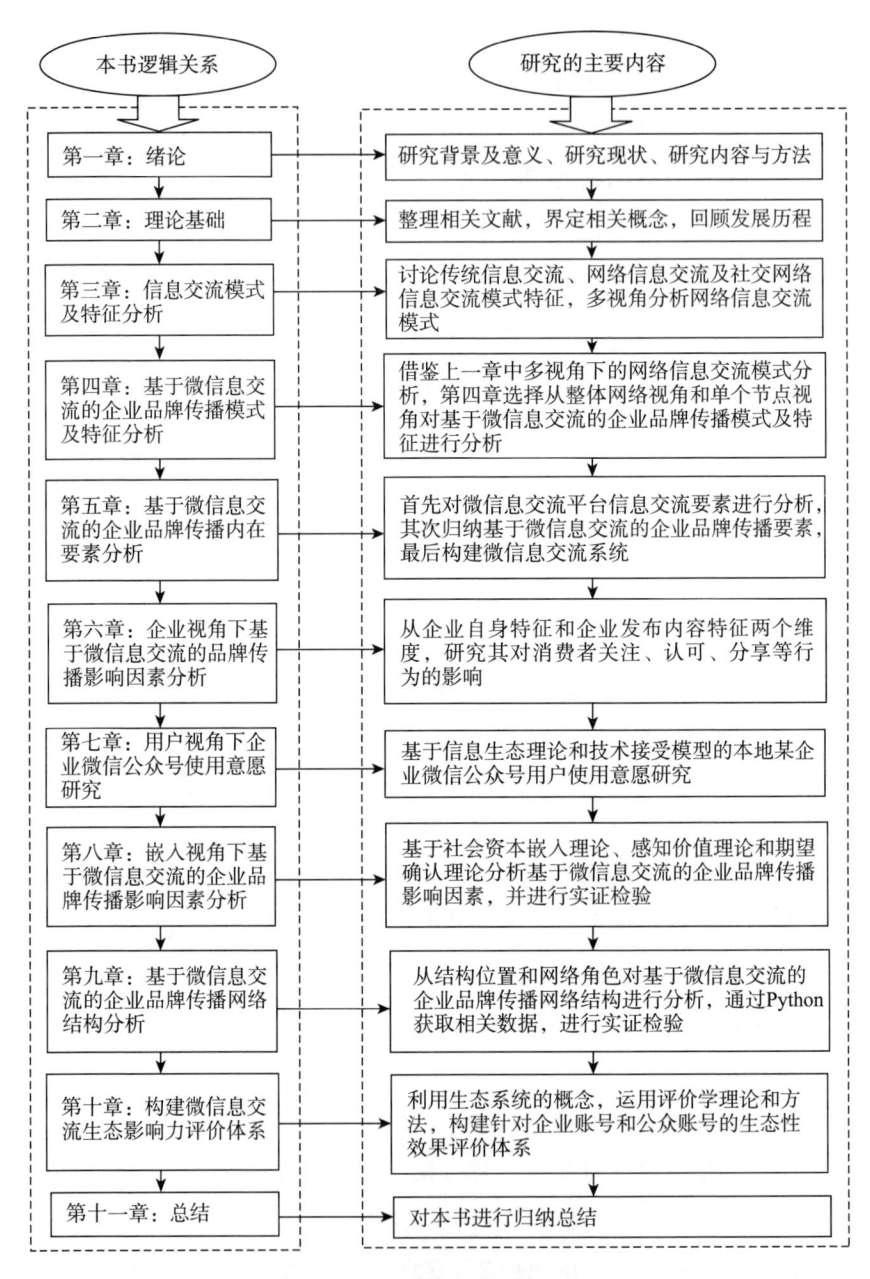

本书逻辑关系	研究的主要内容
第一章：绪论	研究背景及意义、研究现状、研究内容与方法
第二章：理论基础	整理相关文献，界定相关概念，回顾发展历程
第三章：信息交流模式及特征分析	讨论传统信息交流、网络信息交流及社交网络信息交流模式特征，多视角分析网络信息交流模式
第四章：基于微信息交流的企业品牌传播模式及特征分析	借鉴上一章中多视角下的网络信息交流模式分析，第四章选择从整体网络视角和单个节点视角对基于微信息交流的企业品牌传播模式及特征进行分析
第五章：基于微信息交流的企业品牌传播内在要素分析	首先对微信息交流平台信息交流要素进行分析，其次归纳基于微信息交流的企业品牌传播要素，最后构建微信息交流系统
第六章：企业视角下基于微信息交流的品牌传播影响因素分析	从企业自身特征和企业发布内容特征两个维度，研究其对消费者关注、认可、分享等行为的影响
第七章：用户视角下企业微信公众号使用意愿研究	基于信息生态理论和技术接受模型的本地某企业微信公众号用户使用意愿研究
第八章：嵌入视角下基于微信息交流的企业品牌传播影响因素分析	基于社会资本嵌入理论、感知价值理论和期望确认理论分析基于微信息交流的企业品牌传播影响因素，并进行实证检验
第九章：基于微信息交流的企业品牌传播网络结构分析	从结构位置和网络角色对基于微信息交流的企业品牌传播网络结构进行分析，通过Python获取相关数据，进行实证检验
第十章：构建微信息交流生态影响力评价体系	利用生态系统的概念，运用评价学理论和方法，构建针对企业账号和公众账号的生态性效果评价体系
第十一章：总结	对本书进行归纳总结

图1.4 本书逻辑关系和研究内容

可以用来获取社会群体的数据。除了问卷调查法，还有面谈、电话访谈等方式。问卷调查首先需要根据研究内容设定问题，其次以纸质版或者电子调查问卷的形式发放给调查对象，最后将填好的调查问卷进行整理分析，从中得出相应的结论。

3. SPSS 主成分分析法

主成分分析法的核心思想就是"降维"，把多指标问题通过分析降低维度，找出其中较为重要的综合指标，这些综合指标就是主成分。主成分包含了原来多个指标的大量信息，并且每个主成分之间互不关联，所包含的信息都互不重复。这些主成分不能通过直接观察得到，需要通过定量分析才能得到。

4. 社会网络分析

社会网络分析法采取定量分析的形式。目前在社会学、政治学、经济学等领域被广泛使用。此外，许多管理学家等也积极借鉴社会网络分析的方法。

5. 可视化研究

可视化（Visualization）是利用计算机图形学和图像处理技术，将数据转换成图形或图像在屏幕上显示出来，并进行交互处理的理论、方法和技术。

6. 聚类分析

聚类分析又称群分析，是通过数据建模简化数据来研究分类问题的一种多元统计方法，即将待处理的对象分配到相应的聚类中，使得同一聚类中的对象差别较小，而不同聚类之间的对象差别较大。

7. 模糊综合评价法

模糊综合评价法是一种基于模糊数学的综合评价方法。该综合评价方法根据模糊数学的隶属度理论把定性评价转化为定量评价，即用模糊数学对受到多种因素制约的事物或对象做出一个总体的评价。它具有结果清晰、系统性强的特点，能较好地解决模糊的、难以量化的问题，适合各种非确定性问题的解决。

8. BP 神经网络算法

BP 神经网络作为一种多层前馈网络，是由输入层、隐含层和输出层组成。BP 神经网络自身具有非线性映射能力、自学习和自适应能力，容易实现并行计算，而且不需要人为进行权重赋值，可最大限度消除主观因素的影响。因此，已经在预测、评价等方面取得广泛的应用。本书采用 MATELAB 构建 BP 神经网络评价模型。

第二章

理论基础

本章将介绍相关理论知识，界定企业品牌传播、微信息交流等相关概念，为本书奠定理论基础。此外，我们还研究了新兴的网络媒体——微信息交流平台的产生背景。作为一种方便、快捷、易用的新兴社交工具，微信息交流平台顺应和满足了用户的信息交流需求和信息获取需求，为企业品牌信息的传播提供了渠道和主客观条件。

第一节 微信息

技术的不断发展和人们需求的不断变化促进了交流媒介的不断更新。技术的发展丰富和完善了手机的内容和功能，使只有单一通信功能的手机逐渐退出历史舞台，智能手机集通信、娱乐和学习等诸多功能于一体，给人们带来了许多便利。功能强大的手机也给微信息交流平台的发展提供了一个更为便利的载体，更好地满足了人们快速、便捷获取信息的需求。换句话说就是，微信息交流平台的发展离不开技术和社交媒体的有机结合与发展。由于生活的快节奏化，人们不愿意花费大量的时间和精力来获取信息和进行交流，因而碎片化形式的微信息交流更受人们的欢迎和喜爱，人们可以以较低的时间成本实现获取信息和沟通交流的需要。

著名传播学专家罗杰·费德勒说过：人们需求的不断变化促进了交流媒介的不断更新，只有适应和满足人们的需要，它才会被时代和人民接纳，否则就会被人们抛弃。

一　微信息定义

微信息（Micro-Information）又称微内容（Micro-Content），是伴随互联网发展产生的新概念，最早是由 Nielsen 提出的。他认为网络微信息就是微型的文字片段，描述网页内容是它的主要作用。维基这样界定微信息：它不依附于其他信息，拥有独立、完整的内容，与其他内容数据相比，它是微小的。例如，图片、音频都是微信息。Leene 在 2006 年"微学习"会议上这样描述微信息：它是一种碎片化的信息，具有结构化和不可分割性等特点。

随着社交网络的兴起，人们的信息交流工具发生了很大的变化。微博、微信一经出现就迅速占领市场。通过微博和微信人们可以随时随地获取信息，并进行沟通，这种便利性、时效性和实用性使微博、微信迅速俘获人心，成为人们获取信息的重要平台。微信息的出现在很大程度上填补了信息获取在便利性和时效性上的空白，微信息环境已经成为信息环境的重要组成部分。但是，由于微信息传播较为广泛，信息较为杂乱无章，所以在这种信息环境下，人们获取信息的难度更大。

本书认为微信息是一种分散于大环境中、有待组织序化的信息碎片。用户创造的信息、用户添加的信息和用户行为产生的信息是它的三种具体表现形式，这些信息具有碎片化、非结构化、去中心化、传播长尾化等特征。

二　微信息特征

信息有着自己的特点和属性，关于信息的特性，国内外学者从各个角度进行了大量的研究和论述。但是由于信息特性的复杂和多样，我们不可能一一列举，而且在后续章节的学习过程中我们还会继续学习信息的某些特性，因而本节不对某些特征进行详细论述。为了使本节的学习更具针对性和目的性，我们总结出了微信息的几点特性，了解和学习这些特性有助于我们更加深入理解微信息的内涵。

1. 非独占性

微信息具有非独占性，它主要包含两个方面的含义，即传递和创新。

传递是指信息主体在拥有它的同时还可以将它传递给其他主体，其他主体在接收被传递过来的信息的时候可以将其内化为自己的信息；而创新是指信息传递的接收方可以在吸收别人信息的基础上进行信息创新。信息的非独占性是信息共享的基础，尽管专利或信息产权在某种程度上会出现独占，但是这种独占往往是有时间限制的。

2. 动态性

世界上没有什么东西是一成不变的，信息也不例外。随着社会实践的不断深入，信息也在不断丰富和变化。在新的社会实践下，新信息也必然会取代原有信息，因而信息是动态的、有生机的和有活力的。但是，信息的动态性又伴随强烈的依赖性，它深深地依赖人的智慧，信息只有被人类学习和运用，才能不断创新和发展，才能体现它的动态性。

3. 可转移性

从企业和信息的关系来看，企业中存在大量信息的集合，信息对企业来说十分重要，是企业获得成功的关键因素。信息的可转移性是信息十分重要的特性之一，并且对企业能力的提升起着重要作用。信息分为隐性信息和显性信息，随着信息的转移，隐性信息可转变为显性信息。传统经济学认为，人们使用信息是不需要成本的。但是实践表明，信息转移特别是隐性信息的转移是需要成本的。而且与普通的信息转移相比，隐性信息的转移成本更高、速度更慢、不确定性更强。

4. 资源性

在信息经济时代，信息与物质、能源并驾齐驱，共同构成了人类社会发展的重要因素。信息作为一种资源，已经超出了它本身固有的含义，具有不可替代性，对经济发展和社会发展起着重要作用。实践证明，信息在经济发展中所占的比重与创造的价值成正相关的关系，并且这种正相关正呈现上升趋势。信息在经济发展中已然不再是辅助角色，它已经成为经济发展中的核心要素。但是，与自然资源相比，作为资源的信息略有不同，它具有不损耗性、再生性、复制成本低、难于模仿等特点，这些特点是自然资源不具备的。

5. 收益递增性

著名经济学家克拉克曾指出："信息是唯一不遵守收益递减规律的生

产工具。"在信息的生产、传播和使用过程中，它可以平等传递给每一个使用者，它与信息使用者的多少没有关系，每个人都会得到同样的信息。而且，由于信息的应用范围越来越广，在生产要素中的渗透程度越来越高，信息的价值越发明显，和资本、土地、生产设备、劳动力等传统资源一同，对生产力的发展和收益的增加起着重要的促进和推动作用。从另一个方面来理解，信息资源的投入和其所收获的边际收益成正比。也就是说，信息资源投入的越多，其所收获的边际收益就越多，这种属性与传统的以稀缺资源为基础的收益递减规律有着本质的区别。

6. 积聚性

信息的积聚性与信息的创新性紧密相关，信息的创新是在收集和整合原有信息的基础上展开的，是以现有信息为基础实现的。同时，信息转移的效率在一定程度上受信息积聚潜力的影响。一般来说，信息接收者在原有信息基础上接纳吸收新信息的能力越强，信息转移的效率就越高。与信息接收者原有的信息背景相比，如果新信息的背景与之差异不大，那么信息接收者会更好地接收和吸收新的信息；反之，他就会很难接收新的信息。

三 微信息交流平台类别

随着高速通信网络以及智能互联终端的普及，各类微信息交流平台层出不穷，如微博、微信、贴吧、论坛、短视频网址以及新闻头条号等，它们快速发展并且迅速融入人们的日常生活中，对人们的生活有着重要影响。目前，微信息交流平台主要有以下几种。

1. 微博

最早提出微博这一理念并将其迅速应用的是 Twitter 的创办者埃文·威廉姆斯（Evan Williams），他创办的 Twitter 是全球最先提供微博服务的网站。与英文单词 Twitter 的含义差不多，埃文·威廉姆斯创办 Twitter 就是为了让人们更好、更自由地进行交流和沟通，他希望 Twitter 是简单的和易于操作的，人们都可以参与到 Twitter 的交流与互动中来。在 Twitter 上，用户具有极大的自主权。用户可以自主编辑内容然后发布，内容可以是所思所见所感。虽然只有只字片语，但是可以让用户释放压力、获得快乐。而且，人们也可以选择各种各样的工具在 Twitter 上发布推文，如手机和电脑，这在极大程度上便利了用户，提高了用户的使用感。除此之外，在这个生活节奏普遍很快的时代，微博较为简单的操作和较为简短的文字表达更能满足用户的需求。

就微博本身而言，微博具有较强的互动性和持续性。每当微博用户发布消息，成百上千的跟随者（即好友）就会关注，其中还有一些人会评论或转发。由于微博的用户可以不受时间和空间的限制，持续对信息进行评论和转发，所以微博可以以较低的时间成本获得较高的传播效果。而且，微博还引进了 API 技术，使用户可以在开放的形式下与其他应用建立联系，将微博转载出去，扩大了信息的传播范围，提高了信息的影响力。除此之外，谷歌地图也与微博建立了接口，人们可以在世界地图上看到世界各地的人们在微博上发表言论、转载和评价他人微博，信息的传播速度十分惊人、令人震撼。

总的来说，微博强大的吸引力主要表现在以下几点。首先，微博简化了用户发布信息的流程，使得信息的发布更加简单，易于操作。其次，微博可以应用于手机、电脑、网站、QQ 等各种媒介，在微博上发布的各种消息可以实时转载到其他社交媒体，微博的这种跨媒体的传播形式，在提高信息的互通性的同时，也提高了用户的使用体验。最后，微博的信息传播速度更快，影响力更大。由于微博具有庞大的粉丝基础，人们可以同时进行信息的搜索和分享，这在很大程度上提升了信息传播的速度，扩大了信息传播的范围，提高了信息的影响力。区别于传统媒体对信息的严格把关，微博很少对信息进行限制，因而用户在发布信息的时候拥有较大的自主权和自由度。除此之外，微博还会根据当天的搜索热度建立热搜榜单。

我们以新浪微博为例，它主要包括信息的发布、信息的转发、信息的关注以及信息的评论四个主要功能。用户可以编辑文本发布信息，转发那些自己感兴趣的和有用的博文，关注自己感兴趣的博主，这样自己的微博首页就会同步出现博主更新的博文，就可以实时关注他的动态；用户评论信息的过程就是用户主动参与沟通和交流的过程，它可以在一定程度上促进人们更加深入地认识问题。

英国电信首席科学家郎葛斯·华麦曾说过，微博在信息传播中的作用显著，人们不仅可以通过它来获取知识，还可以用它进行娱乐和沟通。除了提高人们的工作和生活效率，它还改变了人们对时空的感觉，具有很好的发展前景。

2. 微信

2010年10月，腾讯企业推出集发送语音短信、视频、图片和文字等功能于一体的手机通信软件——微信。2012年3月，微信用户人数成功破亿。截至2019年1月，微信的用户人数已成功突破10亿，并且呈现持续增长的态势。与其他微平台相比，微信的用户数量不断增加，呈现后来居上的态势，在这个迅速变化的移动互联网时代，微信引领着信息传播的潮流，帮助腾讯企业在竞争激烈的互联网市场上占领制高点。在网络经济时代，企业依托微信的火爆人气，积极创新，推出了一种新的营销模式——微信营销。微信打破了距离的限制，在用户之间建立了一种无形的联系，商家利用这种联系，采用点对点的营销模式向用户提供已订阅的信息，进而推广自己的产品。微信营销作为一种新型的网络营销方式，是建立在微信庞大的用户群体的基础上的。

微信作为社会化媒体的一种，改变了人们社交关系的强度，使人们的社交关系从"弱"到"强"，其中手机通讯录是这种"强关系"的重要载体。换句话说，微信扩大了人们的社交范围，将人们在现实生活中的关系延伸到了网络世界中，使得虚拟世界和现实世界相互对应。它构造了一个庞大的社会化网络，打通了微博、QQ、手机通讯录、邮箱等所有通道。尤其是微信公众平台的出现，给互不相识的陌生人搭建了一个平台，增加了微信营销的更多可能，也使微信营销更加精准和有效。此外，基于移动互联的手机通信软件，较常用的还有WhatsApp、LINE等。

四 微博和微信的多维比较

新浪微博和腾讯微信作为移动互联网新媒体平台的两大巨头，具有许多其他媒体所没有的优势。就信息传播而言，这两个平台的信息传播速度更快、影响范围和影响力更大，在信息传播中的作用和影响尤为特殊。这种特殊主要表现在微博和微信的共同特征上。

首先，新浪微博和微信在人群中的受欢迎程度更高，拥有较为坚实的粉丝基础。在信息的传播过程中，每个用户都集信息的传播者和接收者两个身份于一体。截至2018年第四季度，新浪微博月活跃人数升至4.62亿，其中移动端用户占比93%。根据《2018微信数据报告》，截至2018年9月，微信的月活跃用户已升至10.825亿，同比增长18%。不管是微博还是微信，它们的用户数量都呈现上升趋势，用户基础在进一步扩大。而且由于用户身份的特殊性，信息在传递过程中的不确定性增加。

其次，信息传播的即时性强、传播速度快是新浪微博和微信两大平台所具有的共同特点。与自媒体平台相比，传统媒体的约束相对较多，技术较为落后，对信息发布流程的把关也较为严格，因而在一定程度上影响了信息传播的即时性。但是，对新浪微博和微信的用户而言，由于新浪微博和微信的操作流程简单，所以他们可以独立自主地完成信息的发布。特别是手机功能的不断完善，使人们可以更为简单便捷地发布文字、图片、音频、视频等，这也在一定程度上促进了随拍随传的即时性信息的发展。

两大平台虽拥有众多优势，但也存在一些劣势和隐患。其中，信息传播主体多样化和信息质量参差不齐表现得尤为突出。特别是自媒体时代，宽松的信息政策更是加剧了这种现象，导致信息良莠不齐，泛滥成灾。此外，微信息交流平台的低门槛使得人人都可以担当发言人，"三人成虎"等的信息样态，在自媒体传播中占有很大的比重，严重违背了新闻信息发布"客观""中立""整体真实"的原则。而且，许多用户不能清楚地知道事实信息和态度信息的区别，常常将两者混淆，因此他们不能更好地阅读和吸收信息。

新浪微博和微信两大平台的参与使得信息传播变得更加复杂化和多样化，给企业的信息识别增加了很大的困难。除了在传播速度和粉丝基数等方面具有共性，两大平台在信息传播主体、内容、方式、影响力和受众等方面都存在一定的差异。

1. 信息传播主体的差异

新浪微博和微信在信息的传播过程中依靠的传播主体是不同的。新浪微博通常以大 V、官媒、事件当事人和草根群众为主要的传播主体，此外，新浪微博热搜榜也对信息的传播起到了推波助澜的作用。

与新浪微博较为开放的环境不同，微信的门槛和私密性较高，因而微信的信息传播主体较为受限，主要在微信好友中传播。微信用户主要通过三种方式来传播信息：与好友进行私聊对话、发布朋友圈以及订阅公众号。

在微信中，在传播主体受限的情况下，微信好友成为信息传播的主力军。但是由于微信的私密性，所以只有好友才能看到转发的内容。通常来说，突发事件很难在微信平台上引起广泛的关注和讨论，这一方面是由于微信自身的定位，另一方面是由于微信信息交流传播的受众较为有限。虽然，微信公众号的订阅和推送，在一定程度上促进了信息的传播，加深了用户对突发事件的讨论、评价和转发，但是碍于微信自身的限制，突发事件在微信中的传播仍然不具有优势，很难达到在微博上的热度和关注度。

2. 信息传播内容的差异

在新浪微博平台中，转发讨论是信息传播的主要方式，与公众利益、道德良知等相关的社会性问题是转发讨论的重点。此类问题关乎社会各个阶层和圈子，更能引起人们的共鸣，因而它能够迅速地渗透其中，实现信息的广泛传播。此外，新浪微博的首发爆料也是信息传播的一种方式。事件从被爆料开始到逐步发酵的过程中，充斥着各种声音和观点，这种广泛的沟通交流和多样化的内容信息在一定程度上促进了对事件的追踪以及事件的后续发展。但是在内容传播方面，新浪微博也有它的不足之处。微博作为博客进化发展的产物，与博客最大的不同就是它精炼简短的文字表述，虽然这在一定程度上满足了用户碎片化阅读的需求，但是它不利于用户进行深层次的思考。广大的用户群体可以在公众媒体平台——新浪微博上分享生活和参与话题讨论，它既包括用户的家常小事，也涵盖国家和社会的大事。

在 2019 年国庆期间，热门话题"新中国成立 70 周年""国庆 70 周年大阅兵"等阅读量分别达到了 14.2 亿次和 7.2 亿次，分别引发了 102.8 万次和 23 万次的话题讨论。用户在观看"庆祝中华人民共和国成立 70 周年阅兵式"的同时，不仅会关注官媒发布的新闻，还会积极地参与相关话题的讨论，踊跃地发表自己的观点和意见。

与新浪微博的传播内容不同，微信作为用户的私密空间，人们更愿意与好友分享生活和进行交流，信息的传播很少与社会性问题相关。相较于新浪微博，"自身形象建构""私人化内容发布指向"等是微信朋友圈信息发布者更为在意的问题，舆论喷发的现象一般只发生于微信朋友圈的讨论形成一定规模时。微信订阅号和公众号由于其自身定位的限制，对信息传播的促进作用很是有限。在信息推送方面，微信公众号有每天推送数量的限制，这在很大程度上降低了信息传播的及时性和开放性。但是，相较于新浪微博，微信公众号推送的文章一般质量较高，可以帮助用户更加深入理解和思考相关事件。

通常，人们更愿意通过新浪微博来获得信息，通过微信来进行沟通与交流。两者传播内容的差异是由于两者私密性和开放度的不同。就信息传播来说，新浪微博更适合表达观点和广泛讨论，这是由它自身的定位和附加功能决定的；而定位精准和深度传播的微信，则更利于信息的准确到达和梳理整合报道。

3. 信息传播方式的差异

由于新浪微博的开放度更高，一个用户的博文可以同时被其他多个用户看到并转载，因而在信息传播方面具有更强的发散性和流动性。随时随地分享新鲜事是新浪微博对自身的定位，也是新浪微博努力奋斗的目标。为此，新浪微博积极弥补自身功能的不足，推出了长微博，突破了之前对博文字数的限制，进一步促进了信息的传播。就突发事件而言，微博用户可以在较短的时间内，通过其主页的关注和推荐了解事件的原委，然后选择是否一键转发来帮助信息继续向外扩散。微信作为一个集沟通聊天、朋友圈分享和信息订阅服务等为一体的社交化平台，从某种程度上来说，它是移动互联网背景下QQ进化的产物。与新浪微博信息传播的方式不同，微信的传播方式主要表现在以下两个方面：一是聊天和发布朋友圈，积极地与好友进行沟通和交流；二是主动订阅公众号，在公众号上搜寻自己需要的信息。与微博所引起的较高的话题热度不同，微信自身的封闭性和私密性使得微信用户从自身的朋友圈和订阅的公众号上获取的信息难以得到广泛传播。

新浪微博上信息的来源广、渠道多，信息交叉求证的方式也相对较多。新浪微博可以实时跟踪事件发生、传播以及平息的全过程，掌握和把握事件的最新动态和发展方向，及时发布和更新第一手消息，帮助用户更好地了解事件的真相和结果。在信息的传播过程中，新浪微博的双向作用机制有着非常独特的作用，新浪微博较低的门槛和一键转发的功能，使得人人都可以当信息的传播者，过多的传播者和过快的信息更迭，滋生了更多的谣言，谣言在用户的进一步转发扩散下，冲击了原有的信息传播秩序，增加了人们分辨信息的难度。尤其是那些关于人民切身利益的事情，谣言的传播会加剧人们的恐慌，不利于社会的稳定与发展。但是，也正是由于双向作用机制和一键转发功能，我们可以追溯到谣言的来源，在持续跟踪事件的发展进程时，快速及时地粉碎谣言、修正信息。总之，在信息的传播过程中，新浪微博的这种双向作用机制可以帮助人们追溯信息的源头，也可以帮助人们辨别信息的真假。

与新浪微博信息传播的速度快、范围广不同，微信平台中的信息传播则效率低下、受众较少。在微信平台上，用户对朋友的熟悉和信任是微信信息传播的重要动力。一般来说，微信中的亲密好友的转发是微信朋友圈信息传播的渠道，这种熟人网络的存在，使得信息的说服力更强，人们更愿意转发、评论和探讨该信息。但是由于微信的门槛较高、私密性较强，与新浪微博等社交媒体相比信息更难得到传播和更新，这使得微信中的虚假信息更难得到及时更正。而且其"好友—好友"的信息传播方式，使得传播的渠道较为单一，再加上对朋友的信任，他们很难分辨信息的真假。众多事实表明，新浪微博粉碎谣言的速度确实快于微信。微信的这种滞后性也在很大程度上加大了虚假信息的影响力，不利于人们及时获取准确的信息。

4. 受众的差异

和微信不同，新浪微博的空间更为开放。在新浪微博中，用户不需要双向的认证和通过。单向关注后微博用户就可以在微博上浏览获取信息、转载相关博文，这在很大程度上促进了信息的广泛传播。新浪微博的这种特性，使得微博传播更像大众传播。人们无须考虑信息的接收方是谁等诸多问题，具有更高的自由度，可以更好地参与到信息传播的过程中去。新浪微博用户在传播信息时通常都是匿名的，这主要是由于以下两点原因：一是匿名性使他们不用承担实名制后应承担的责任；二是匿名性给予了他们更高的自由度，他们可以随意散播各种消息而不用承担后果。

而且和微信用户较为注重形象相比，新浪微博用户可以更好地放飞自我，他们可以根据自己的喜好扮演不同的角色。此外，新浪微博上的信息更容易被广泛扩散，出现聚众讨论的现象，这主要是由微博的匿名性和大众传播的特性决定的。新浪微博上信息的广泛传播，使得拥有不同背景、身份和经历的人共同关注一件事，在这种共同话题的纽带作用下，他们更易形成某种认同，这在一定程度上更利于达成群体共识。例如，在某一灾难或突发事件中，总会有网友不断地分享自己的类似经历，以引起更多人的共鸣和讨论，进而实现群体信息和情感的交流和沟通。

与新浪微博的单向关注不同，双向关注的微信更能实现用户间的有效沟通和交流。微信的私密性和封闭性，使得用户只有在相互关注且未被屏蔽的情况下才能看到对方的动态，朋友间可以对出现在朋友圈首页的动态进行点赞和评论。一般情况下，互相关注的微信好友很有可能私下就是挚友或熟人，拥有共同的兴趣爱好和交际网络，因而他们之间的联系不仅仅局限于线上媒体。微信人际交往形式的多样性，不仅体现在私聊会话的沟通交流上，而且体现在你来我往的点赞或评论中。在用户传播信息和交流的过程中，他们不仅可以使用传统的文字、图片，还可以使用语音、小视频以及视频通话等传播信息。与新浪微博具有某种"公共空间"的特性不同，微信的圈子更为私密，信息的传播主要通过好友和个人朋友圈以及关注订阅的公众号进行。

此外，基于物以类聚、人以群分的原则，因为某种特性聚集在一起的微信好友更容易形成相似的情感需求和价值取向，他们对于信息的选择和交流带有较强的同质性和主观色彩。

5. 信息传播影响力的差异

作为新媒体平台的新浪微博，更加偏向于传播社会新闻类的信息，在当今时代，它已经成为信息的集散地和舆论的控制厂。新浪微博信息传播速度之快、影响之大，令人咋舌，但是也产生了一些问题。一是匿名性和单向关注作为新浪微博的特点，给予了用户较大的空间，新浪微博用户无须经过繁杂的程序和认同就可以转载相关博文。由于庞大的用户基数，众多用户的单轮和多轮转发会造成信息泛滥成灾。二是新浪微博上信息的快速更迭淹没了许多有效信息。

而且，由于新闻对时效性和重要性的高要求，微博上事件动态的更新大多以百字以内的简短语句为主，在短时间内，很难拥有深层次的思考。从信息传播的速度和影响范围来看，微信的效果远远不及新浪微博。但是微信的高门槛和私密性还是在很大程度上阻隔了无效信息的进入，使得微信中的信息不那么良莠不齐。而且，微信公众号会在事情发展相对成熟和信息质量有保障的时候，对事件进行总结和梳理，为用户进行深层次思考提供一个渠道。

作为重要网络舆论场的新浪微博，"意见领袖"和"沉默的螺旋"效应是在其信息传播的过程中逐渐形成的。微博大V和媒体达人对信息的传播起着过滤和中介的重要作用。他们拥有庞大的粉丝基数，所以他们的意见和言论在很大程度上会影响公众的态度。当关于某一事件的消息和新闻漫天飞的时候，人们会倾向于关注那些具有公信力和话语权的意见领袖的意见，并且还会积极地评论和转发那些他们认同的极具传播价值的微博。基于强大的"粉丝效应"，相关博文被广泛转发，甚至进入微博热搜榜和微博话题榜，进而引起更多用户的关注。此外，由于这些榜单话题都具有很高的热度和关注度，所以主页和发现都会再次推荐相关微博，进一步提高它们的曝光率，进而潜移默化地促使人们站到大多数观点的队伍中。但是，在此过程中也会出现许多围观者，他们既不发表自己的看法，也不表明自己的态度，只默默地观察事态的演进。而这个过程中的少数派的观点和意见会被一波又一波的主流观点掩盖进而沉没。虽然，我们已经看到信息在微博中的传播较为顺畅，但是我们还应该看到影响微博信息传播的不利因素，为今后微博信息的更快传播打下基础。其中，影响微博信息传播的不利因素主要有以下三点：一是蹭相关话题热度却发送无关内容；二是热门话题被屏蔽；三是购买大量"水军"扰乱信息传播的正常秩序，使许多有效信息被淹没。这些行为都阻碍了信息的传播。而用户订阅公众号的行为更像是用户根据自己的需求主动满足自己的过程。在这个过程中，用户的自主权较大，对信息的获取更有针对性。这些信息也能最大限度地满足用户的需求，更利于用户对信息进行接收和吸收。

第二节　微信息交流的相关研究

一　信息传播和信息交流

信息传播是指在组织中信息的拥有者通过各种渠道和方法将信息传递给组织中的其他人的过程，在这个过程中个人拥有的信息会转化为组织的信息。从这个定义我们可以看出，信息传播不仅代表信息在个体层面的流动，还代表信息在组织层面的流动。信息的传播会激发和活跃人们的思维，促进人们的创新，进而推动组织的发展。但是我们需要明白的是，信息传播只是企业提高信息利用率、激发创新的一种手段，并不是企业生产经营的目的（张艳，2004）。

信息具有可重复使用性，也就是说，信息可以被多个人同时拥有和使用，它不会因为使用人数的变化而有所增减。相反，它还有可能在交流过程中增加自身的价值。而且对于信息而言，只有在流动中它才能最大限度地发挥它的价值。总之，信息只有在传播中才能不断得到丰富和发展。

许多企业意识到了信息传播的重要性，但是怎样才能做到信息传播呢？第一，企业要创造一个员工可以自由分享信息的空间；第二，企业要积极地提供途径和方法以供员工获取信息，积极地教育和培训员工，以提高他们获取信息的能力；第三，企业要鼓励员工积极与他人分享信息。这样企业才能最大限度地利用信息，在企业竞争中获取优势。

上面我们只是笼统地介绍了一下企业该如何做到信息传播，下面我们将详细介绍一下需要注意的几个方面。一是成员之间要相互信任，成员之间只有彼此信任才能毫无保留地分享信息，尤其是隐性信息，才能进行友好的合作，这样企业才能以更低的成本获取最大化的信息价值。二是信息传播要想更有效率,就必须基于社区。社区有实体和虚拟之分,所以企业可以根据自身情况建立适合自己的社区,提高信息传播效率,从而促进企业价值的增加。

企业要想生成信息和价值就必须进行信息传播。信息传播在促进企业进行创新的同时,还可以增强企业的实力,提高企业的竞争力。影响信息传播的因素有很多,主要包括信息获取技术、传播意识、信息支配权、组织结构、信息库等。

信息传播主要包含两个步骤:外化行为和内化行为。外化行为主要是从信息拥有者的角度来说的,具体指信息拥有者对信息的分享,这种行为可能是无意识的;内化行为主要是从信息接收者的角度来说的,具体指信息接收者对信息的消化、吸收和重建。总结来说就是,信息传播必须在信息双方(即信息的拥有者和信息的接收者)的互动下才能够实现,它是一种重视过程与结果的信息转移。

接下来分析信息交流。个体信息拥有者会和大家一同讨论他所拥有的信息,这个讨论的过程就是信息交流的过程。在信息交流过程中,不仅会实现信息的传播,还会促进人们对信息的创新。通过查阅信息交流的相关文献和研究,我们发现大部分学者都认为信息交流就是一个对信息进行学习的过程,它需要高度的沟通交流。信息交流不仅包含信息传递,更重要的是它还包含帮助他人学习以及吸收信息等的要素。

从上文我们可以知道,信息交流是一个沟通过程,在向他人分享信息的时候,要有重建的行为,要主动地去学习和分享信息。信息交流是一个互动性的行为,所以它涉及两个主体:信息的拥有者(即信息的提供者)和信息的接收者(即信息的需求者)。信息的提供者,顾名思义就是提供信息的人,这个人会尝试通过各种渠道和方法来提供信息,这其实也是信息传播的过程。而信息的需求者就是接收外来信息进而将其内化吸收的人。

信息交流要想实现必须同时存在两个因素,即信息的供求双方。只有供求双方达成了统一,信息交流才能进行下去。如果只有信息需求方而缺少信息供应方,或者只有信息供应方而缺少信息需求方,那么信息交流就无法进行下去（Wasko and Faraj，2005）。Nonaka和Takeuchi（1995）认为，信息转化需要经过社会化、外部化、结合化以及内部化的持续的相互作用才能实现。人们之间进行的信息交流和分享的过程就是信息社会化的过程。

由此，在一个社区中，信息转化的基本途径就是团队成员之间的交流，使个人信息成为组织的群体信息（赵曙明、陈兴淋，2000；樊平军，2003）。王德禄和韩岱峰（1999）认为，信息管理的每个环节都离不开信息的交流，没有有效的信息交流，信息管理也就无从谈起，信息转化也就无法实现。研究表明，信息创新的失败可以归结为内部缺乏交流或沟通（Freeman，1994）。因而，信息管理文献大多把改善内部的信息交流作为促进信息创新和信息转化的重要手段（Nonaka and Takeuchi，1995；王德禄、韩岱峰，1999）。Leonard和Swap（1999）及Fischer和Reuber（2011）也认为，人们之间只有通过不断地互动，以及不断地分享和交流信息，才能调动人民群众的才智，才能最大限度地利用和创新信息，进而促进社会的进步和创新。

二 信息交流的一般过程

信息交流是信息管理的基础，也是产生新信息的必要条件。信息交流有广义和狭义之分，广义的信息交流是以内容为导向的，而狭义的信息交流是指人与人之间的信息转移。研究表明，人们之间的互动交流是人们获取信息的重要来源，频繁的信息交流，可以使成员之间的关系更加密切，促进成员之间思想的碰撞，进而产生新的想法和思路，促进组织问题的解决。

信息交流是动态的、互动的过程，包括信息源、信息受体、信息内容及交流情境。首先，信息受体有信息需求，对信息需求进行识别，搜寻信息，定位信息源，向信息源求教；其次，信息源接收到信息需求后会及时给信息受体发出相应的解决方案，信息受体在接收到解决方案后会对信息进行整合和强化，进而解决问题，如若问题不能得到解决，信息受体会再度向信息源发出信号，或者转而向其他信息源求教。

由上可知，信息交流活动的有效性主要基于以下两点：一是信息受体详细了解其人际网络范围内的信息分布；二是信息受体能准确快速地定位信息源。信息交流活动能否顺利完成关键在于信息源的可达性以及信息受体寻求信息的意愿。一个信息交流活动如果是有效的，那么它最直接的表现就是问题得到解决，信息源被认可，信息受体愿意继续与之进行互动。

三　正式交流与非正式交流

信息交流有正式和非正式之分。依据信息交流的载体类型的不同，美国社会学家门泽尔提出了著名的正式交流论和非正式交流论。他认为正式交流和非正式交流的根本区别就在于是否经过文献传递中介系统。经过文献传递中介系统的就是正式交流，否则就不是。著名教授严怡民认为，非正式交流就是在没有科学文献系统和情报工作者的帮助下进行的信息交流。总之，区分正式交流和非正式交流的关键就在于是否借助文献信息系统并以文献为媒介。

区别于传统的信息交流，在网络时代，信息的交流都是在网络的基础上进行的并以网络为媒介。网络时代下，信息交流仍然有正式和非正式之分。黄水清教授认为区分网络环境下的正式交流和非正式交流的关键还是看"专职信息人员是否对信息进行了加工整理"。如果专职信息人员对信息进行了加工整理，那么该过程就是正式交流，否则就是非正式交流。

第三节　企业品牌信息

企业品牌信息包含"说什么"和"怎样说"两个部分。"说什么"指的是品牌信息的内容，它涵盖的东西较为广泛。"怎样说"指的是品牌信息的诉求和模式。而企业的品牌信息策略则是指行动指南和方法，具体来说就是企业如何推广它的产品、服务和活动。那么，在微信息交流平台上，企业品牌信息拥有哪些类型，如何提高品牌的曝光度以及如何提升企业和顾客的关系，接下来我们就此进行讨论。

一　企业品牌信息类型

与传统媒体增加产品或品牌的曝光率的目的不同，微信息交流平台上的营销活动的目的主要表现在以下两点：一是提高曝光率，二是改变顾客对品牌的印象，提升顾客和品牌的关系。

通过浏览和总结大量品牌官方发布的信息，为了更好地开展研究和学习工作，我们将品牌账号发布的内容分为两大类：一类是品牌相关内容，它包括品牌内容和品牌扩展内容两个部分；另一类是非品牌内容。那什么是品牌内容、品牌扩展内容和非品牌内容呢？品牌内容包含的信息十分丰富，它关注的重点更多在于与品牌直接相关的信息，例如品牌本身、品牌所属的产品和服务等；品牌扩展内容也和品牌信息有关，但它和品牌本身相去甚远，关注的范围相对较大，更多关注的是品牌内容之外的，与品牌所在领域相关的信息；非品牌内容是指那些与品牌本身无直接关系的信息。

品牌的实用性和功能性可以通过品牌内容和品牌扩展内容来体现。品牌个性则主要通过非品牌内容体现，它对企业来说也很重要。它可以帮助企业实施差异化战略，尽可能满足用户的需求，增加品牌对消费者个人的意义。总之，对于特定的用户群体而言，非品牌内容的发布有利于建立起用户和品牌之间的联系，密切他们之间的关系，从而提升用户对企业品牌的好感和信任感。

二　企业品牌信息管理策略

根据上文我们提到的品牌内容、品牌扩展内容和非品牌内容，我们按包含三者的程度将管理策略分为三种。只包含第一种的被称为策略一，包含前两种的被称为策略二，三者都包含的被称为策略三。我们会根据客户动机和目的的不同，选择恰当的策略。

对于那些以获取品牌信息为目的的用户而言，我们一般会根据他们的需求选择涵盖信息范围较广的策略二。因为这种策略更能满足用户获取信息的需求，使得他们在获得品牌内容的同时可以获取品牌扩展内容，进而提高企业的品牌管理效果。策略三和策略二相比，虽然涵盖的信息更多，但是非品牌内容的加入却会降低企业品牌的曝光率，淡化用户的品牌印象，进而降低企业的品牌管理效果。

对于那些更想获得娱乐感的用户而言，放松和娱乐是他们使用微信息交流平台的主要目的之一。基于用户的这种动机，我们通常会采用涵盖范围最广的策略三。因为策略三在传达企业品牌相关内容的同时，还会扩充非品牌信息，以幽默诙谐的语言吸引用户，使用户收获快乐和满足，进而提高用户对品牌的关注度，从而改善他们对品牌的印象和态度。虽然策略三可以满足用户娱乐和放松的需求，但是它也会在一定程度上淡化用户对品牌的印象、降低用户对品牌的认知度和联想度。

品牌关系管理理论认为，人们与品牌也会形成"关系"，品牌与人的关系和人与人之间的关系类似，品牌可以成为消费者的伙伴，人与品牌的关系会影响他们对品牌的态度和评价。

第四节　企业品牌传播

一　品牌传播的概念界定

余明阳等（2005）在《品牌传播学》中认为，品牌是企业形象的集中表现，品牌所有者通过各种方法、手段和渠道将品牌信息传递给目标受众的过程就是品牌传播，品牌传播的目的就是增加企业的品牌资产。

从这段话中我们可以看出品牌传播的对象、目的和媒介。首先，信息传播必须依靠媒介，媒介的合适与否在很大程度上决定了信息传播的效果。其次，我们需要知道企业并不是为了传播而传播，企业进行品牌传播是为了增加企业的品牌资产，进而提升企业的利益。最后，品牌传播的对象是目标受众。目标受众不仅包括既有的消费者，还包括企业的潜在客户。如何与既有的消费者维持稳定的关系，并在此基础上不断将潜在客户变为企业的忠实客户，是企业需要解决的首要问题。

关于品牌传播的定义，《品牌管理》一书写到："所谓品牌传播，是指企业以品牌的核心价值为原则，在品牌识别的整体框架下通过各种手段将企业设计的品牌形象传递给目标消费者,目的在于唤起消费者的认同感,并塑造一个企业刻意营造的形象。"从这个定义中我们可以看出品牌传播的主体、框架以及目的。首先,企业是品牌传播的主体。其次塑造品牌形象是品牌传播的目的。最后,以品牌识别为理论框架的品牌传播更有理论基础,更为严谨。

综述上文的观点,本书认为,品牌传播是一个品牌所有者借助各种传播媒介将品牌信息传递给目标受众的过程。企业希望通过这个过程达到塑造良好品牌形象,进而增加企业品牌资产的目的。互联网时代品牌传播的定义与之前相比大致相同,唯一的不同就是互联网时代,品牌传播的途径不再局限于线下,可以线上线下同时进行。我们可以发现,在互联网时代,品牌传播主要有以下几个特点。

第一,传播内容更具个性和娱乐性。互联网时代下,海量的信息和各异的信息表现形式使得品牌的传播内容更为丰富和有趣。与此同时,企业也面临同质化的品牌信息的问题。如何在这种情况下,突出企业品牌的特性,是企业需要解决的重要问题。此外,当下的年轻一代对服务的要求更高,除了产品功能的满足,他们还需要精神和心理方面的满足,故而,对传播内容的个性化和娱乐性提出了更高的要求。

第二,受众参与显著。在互联网时代,消费者拥有了更多的话语权,他们可以借助各种传播媒介发表对各个品牌的体验感受,这种自发性质的分享,不仅可以给其他消费者提供有效信息,还会在一定程度上促进企业品牌的传播。许多企业还会借助这种方式,主动引导消费者参与其中,这可以在很大程度上减少企业的硬性植入,缓解消费者的抵触情绪。

第三,中介环节减少。传统的间接传播模式需要借助报纸、电视等传播媒介才能将信息传播。而在互联网时代,信息的传播减少了许多中间环节,企业可以通过网络直接向消费者输送品牌信息,提高了信息传播的速度和准确性,拉近了消费者与品牌的距离。

二 互联网时代品牌传播的生态演变

传播生态是生态学在传播学中的应用,它主要用来形容日趋变好的传播环境。当今时代,互联网技术的快速发展和应用促进了品牌传播环境的变化,新的品牌传播环境正在形成。这种变化主要表现在信息量的增多、信息传播途径的多样化以及用户需求的独特化等方面。此外,互联网时代传播媒介的根本性变革颠覆了品牌传播环境,使整个传播环境集平等性、互动性、整合性和独特性于一体,开辟了传播领域的新格局。下面我们将具体介绍到底"新"在何处。

1. 互联网改变了品牌传播的格局,形成了数字化的传播空间

互联网时代,由于技术的快速更迭和网络的不断普及,网络和数字化的生活空间已经深入人们的生活,成为人们日常生活中必不可少的一部分。此外,线上线下相结合的传播方式,也在一定程度上加大了品牌传播的难度。

2. 信息的接收方和传播方的界限被打破,传播生态更具互动性和平等性

人们可借助互联网平等地进行沟通与分享,这种双向的沟通和分享,扭转了以前信息接收方的被动局面,使得沟通可以更为顺畅地进行,增强了信息传播过程的互动性。互联网时代,人人都是信息的传播者和接收者,这体现了传播生态的平等性。而互动性主要体现在信息的传播方和接收方之间以及接收方和接收方之间。在当今时代,信息的传播方会通过各种渠道主动了解接收方的看法和需求,增强与信息接收方的互动,进而提升自己的传播效果。而作为信息的接收方,他们也拥有自我表达的强烈欲望,他们不仅会与信息的传播方积极沟通,还会与其他的信息接收方进行沟通,打破了传统受众彼此孤立的状态,加强了彼此之间的互动和交流,进而削弱了传播方的主导性。

3. 社会环境与商业传播模式发生了改变,对品牌的传播和塑造有着很大的影响

互联网时代,企业可以进行各种不同形式的品牌传播。为了使品牌传播的效果更好,他们通常线上线下两手抓,在地推的同时利用网络传播的优点,在尽可能短的时间内使更多的人知道企业的品牌。同时企业还要将品牌传播的思想融入品牌发展的过程之中,充分利用每一个可以推广企业品牌的机会。但是推广和传播品牌时,企业要积极地融入"接地气"的内容,全面考虑接收者的精神需求和他们所处的虚拟空间。在互联网时代,品牌是由企

业与消费者共同参与构建的，品牌传播也是消费文化仪式的一种构建。

三　媒介赋权更多，消费者成为品牌产销者

在大众传播时代，大众传播媒介的专业机构掌握着信息资源配置的权力，信息传播是单向进行的，几乎不存在双向对话，传收双方的交流和互动几乎不存在。与大众传播时代不同，互联网时代，信息传播的时间和空间结构、广度和深度以及模式和关系结构都有了改善，这些改善给予了消费者更多的自主权和主动权。

赋权唤醒和激发了受众参与的热情。由于沟通和交流形成共识而聚集在一起的个体经过不断互动会结成统一体，与传播者进行平等的沟通和互动，营造全民参与的网络氛围，改变从前的被动局面。而作为个体的受众，他们也拥有很强的主观能动性。他们积极地搜寻信息、表达观点，投入地参与到交流与沟通中来，切实地建立和维护了自身的话语权，使自己在参与生产、共建的同时，可以进行消费和体验。这种全民参与的方式最大限度地集结了群众的力量，促进了传播环境的改变。

在这个人人都乐于表达和展现自己的时代，消费者更愿意积极地参与品牌价值的创造活动。由于消费者具有强大的主观能动性，他们掌握主动权，所以在品牌价值创造的活动中他们更愿意贡献自己的奇思妙想和建议，进而使品牌可以彰显他们的价值诉求。

互联网时代，信息传播的主体和用户都发生了变化，但是它也延伸了品牌传播的过程。

媒介赋权使消费者成为信息的产销结合者。媒介技术的发展使消费者可以参与媒介内容的创造，消费者不仅是信息的生产者还是信息的消费者。

对于新一代消费者来说，他们更喜欢通过社交媒体来评判企业的产品和品牌。对他们而言，他们更愿意相信社交媒体上用户的评价和口碑，而不是企业的宣传。这体现了消费者的主动地位和口碑效应的重要性。

四　消费者社区化聚合促进品牌发展

在这个技术和网络飞速发展和应用的时代，大量的社交工具的出现便利

了人们之间的沟通和交流。频繁快速的沟通交流迅速分化了大众市场,那些拥有相同兴趣和爱好的人们会自发形成新的信息交流社区。在这个时代下,消费者更加追求自我、强调个性。对品牌来说,他们不仅要提供优质的产品与服务,还要积极实施差异化的战略,满足消费者的个性化需求,以收获消费者的认同感。此外,更多的媒介赋权给了人们更多的自主权和主动权,人们有更多的权力去选择自己想要的生活方式,这在很大程度上促进了人类社会的变革。而且,技术的快速发展打破了人们的时空界限,产生了大量的互动和交流,使得兴趣相投、价值观一致的个体主动建立关系,形成新的组织和社区,在这个组织和社区中,大家可以获得情感上和心理上的满足。

品牌传播不是通过硬性宣传和强硬的方式使消费者必须购买产品和服务,它是企业文化的一种传播,目的是获得消费者的认同,因而在品牌建设的生态圈中,集聚的消费者社区占据中心位置。互联网改变了原先单纯依靠企业建立连接的方式,使消费者之间实现了时空的连接,在很大程度上降低了连接与集合的成本。

互联网时代,以共同兴趣和价值观为基础的消费者自发聚合为社区。一方面,作为社区中的一员,消费者与社区有着紧密的联系,他们的行为以及兴趣爱好构成了社区的整体行为。对于社区而言,他们更认同品牌所传递出来的价值信息。因而企业要想使本品牌可以更好地融入社区,就要结合不同社区的情况,在品牌传播时融入他们社区的特色和文化。另一方面,和其他形式的宣传相比,部分消费者更愿意相信其所在社区的口碑相传。与以前通过品牌宣传发生的购买行为不同,他们现在更倾向于消费者的口碑宣传,"消费者—消费者"的信息传播模式更受大众的喜爱和欢迎。因此,我们说消费者的社区化聚合促进了品牌的发展,且主要表现在品牌的主体、内容以及文化的改变上。小众群体的社区化聚合能更好代表他们的真正需求,由此也产生了一些特色品牌。

互联网时代,社区化聚合使得信息的交流和沟通更为方便,它在一定程度上打破了企业和消费者的界限,为他们之间进行交流提供了更大的便利。它也在一定程度上降低了信息的不对称性,有利于信息的双向传播。而且消费者口碑的好坏也成为判断品牌形象好坏的重要因素。最后,消费者权利的不断增加和地位的不断提高也对品牌产生了重要影响。

总之,在社会互动中获得自我认同,是消费者社区化聚合的本质和目的。而消费者社区化聚合引起的诸多改变也在一定程度上促进了品牌的生长。

第三章
信息交流模式及特征分析

模式就是用简短、直观的语言描述问题或者对象的一种方法。它有双重性质，首先，模式是定性的，它在一定程度上梳理和抽象化了现实事物，不能具体描述现实世界。其次，模式是对既有理论的高度总结和直观陈述，然后以一种更易理解的方式解释其背后蕴藏的规律和本质，可以更有效地促进我们对信息的认识。信息交流是指通过某一渠道对信息、数据等进行转移和交流的过程。为了更好地揭示信息交流过程中展现的规律性特征，更好地指导信息交流活动，故而本章对信息交流模式进行研究。

本章遵循不同时期信息交流的发展脉络，从传统信息交流，到互联网出现后的网络信息交流，再到社交网络信息交流，对其模式和特征进行分析。以时间和发展历程为轴，对信息传播的模式特征进行梳理，为之后的研究开展奠定理论基础，以更好地服务于基于微信息交流的企业品牌传播。

第一节 传统信息交流模式

只有在研究和总结传统信息交流模式的基础上，我们才能更好地理解和研究网络信息交流模式。米哈依洛夫广义的科学交流系统模式；以香农和拉斯韦尔为代表的线性传播模式；控制论传播模式；以马莱兹克为代表的系统模式；以及国内学者提出的部分信息交流模式，如严怡民的信息交流栈模式、许志强的情报交流守门人模式；等等。这些传统信息交流模式为我们提供了研究信息交流模式的新思路和新视角，给我们提供了重要的指导和方向，有利于我们对网络信息交流模式开展研究。此外，也为我们的后续研究打下了坚实的理论基础。

1. 米哈依洛夫广义的科学交流系统模式

20 世纪中期，苏联科学家米哈依洛夫在整理和发展门泽尔的正式和非正式信息交流理论的基础上提出了广义的科学交流系统模式，在当今时代广为流传，具体如图 3.1 所示。

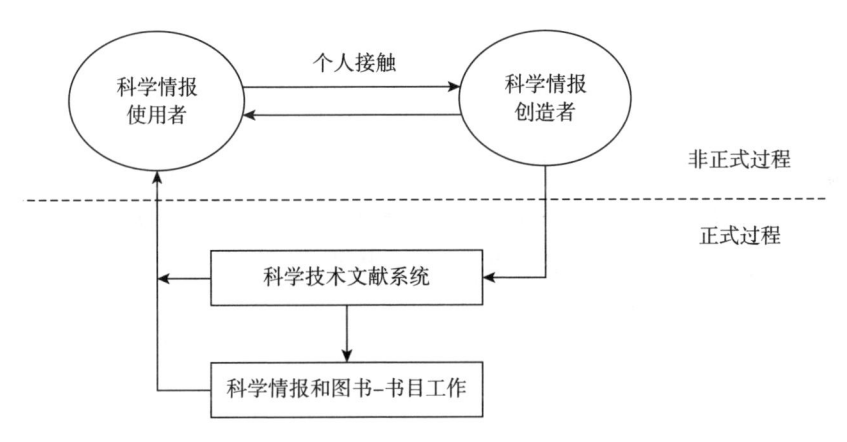

图 3.1 米哈依洛夫广义的科学交流系统模式

2. 线性传播模式

（1）Shannon – Weave 通信模型

美国科学家香农（Shannon）和韦弗（Weave）在充分了解和学习信息交流模式的基础上提出了机器通信交流模型。该模型自问世起，就对传播学、社会学、情报学、管理科学等领域产生了重要影响，并被他们吸收和借鉴，具体模型如图 3.2 所示。

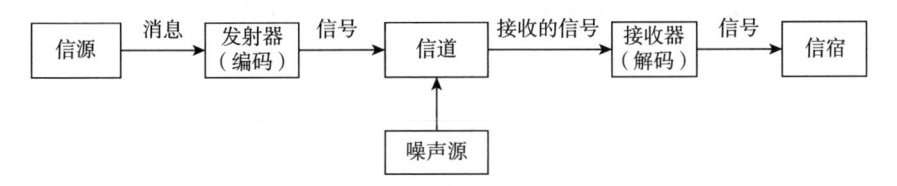

图 3.2 Shannon – Weave 通信模型

(2) 拉斯韦尔 5W 模式

美国科学家拉斯韦尔认为 5 个 "W" 即可回答信息交流行为的内涵，它们分别是 "Who" "Says what" "In which channel" "To whom" "With what effects"。这 5 个 "W" 又被称为 5W 模式或者拉斯韦尔模式，具体如图 3.3 所示。

谁（发送者）⇒ 说什么（消息）⇒ 经哪种渠道（媒介）⇒ 对谁（接收者）⇒ 有什么效果（影响）

图 3.3　拉斯韦尔 5W 模式

3. 控制论传播模式

控制论传播模式认为信息传播过程是一个双向通信线路和一种循环的自我调节系统，它包括两个方面：一是传播者和接收者因果关系的循环结果，二是传播者的自我反馈。控制论传播模式如图 3.4 所示。

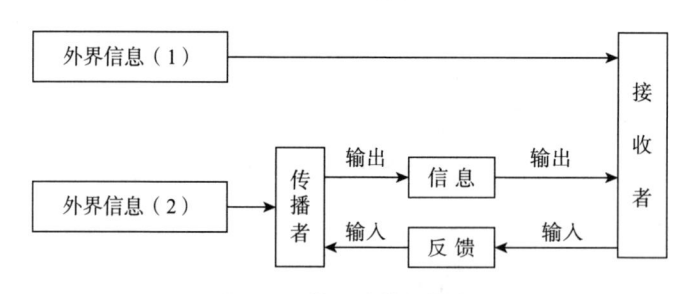

图 3.4　控制论传播模式

在此模式中，传播者把从外部获取的信息进行加工整理后传播出去。接收者选择传播者和其他方面发来的消息，并对它们做出反应，这样反馈作用就产生了。反馈有正负反馈之分，正反馈也叫积极反馈，它是指传播者输出信息与真实信息之间的偏差；而负反馈是指输出信息和输入信息之间的偏差。信息的负反馈可以调节传播过程，使传播活动更有目的性和目标性。

4. 系统模式

德国学者马莱兹克提出了大众传播过程的系统模式，认为信息传播是一个相对复杂的过程，它受到各种社会因素的影响。传播系统中的每个主要环节都是这些因素或影响力的集结点。影响和制约传播者的因素包括传播者的自我印象、传播者的人格结构、传播者的同僚群体、传播者的社会环境、传播者所处的组织、媒介内容的公共性所产生的约束力、受众的自发反馈所产生的约束力、来自讯息本身以及媒介的压力或制约等。影响和制约接收者的因素包括接收者的自我印象、接收者的人格结构、接收者所处的受众群体、接收者所处的社会环境、讯息内容的效果或影响、来自媒介的压力或制约等。影响和制约媒介与信息的因素主要包括两个方面：一是传播者对信息内容的选择与加工，这种选择和加工是传播者背后的许多因素起作用的结果；二是接收者对媒介内容的接触选择及接收者对媒介的印象，而对媒介内容的接触选择是基于接收者本身的社会背景和社会需求做出的，对媒介的印象是基于接收者平时的媒体接触经验形成的。

马莱兹克的系统模式说明，社会传播是很复杂的，要想评价一个传播活动或传播过程，必须对涉及该活动或过程的因素进行系统而全面的分析。马莱兹克关于大众传播过程的系统模式如图 3.5 所示。

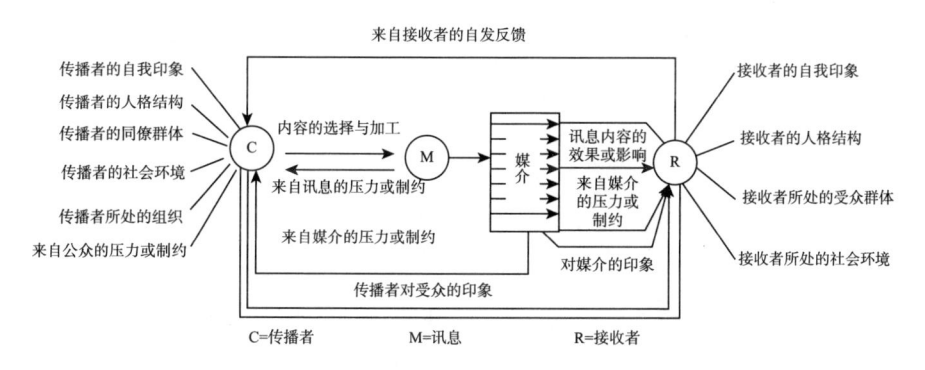

图 3.5　马莱兹克关于大众传播过程的系统模式

5. 国内学者提出的部分信息交流模式

（1）信息交流的栈模式

20 世纪 90 年代中后期，严怡民等（1996）在《现代情报学理论》一书中提出了信息交流的栈模式，如图 3.6 所示。该模式认为，信息在传收方的传播交流过程中需要经过信息栈，对信息进行处理后再传递是信息栈的功能，它可以是人或系统。栈交流是指在信息交流过程中，有信息栈的参与；零栈交流表示信息栈不参与信息交流过程。

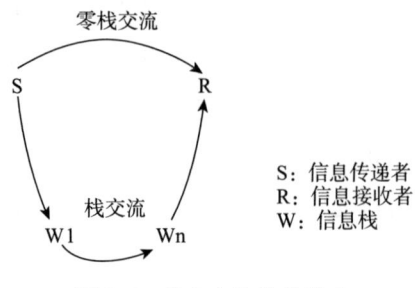

图 3.6　信息交流的栈模式

（2）情报交流的守门人模式

许志强（1992）将管理心理学领域的"守门人"一词应用到信息交流领域，创建了信息交流守门人模式，具体如图 3.7 所示。在信息交流守门人模式中，守门人集信息交流的主体和中介于一体，具有特殊的地位和作用。简而言之，他们既可以当情报工作者，也可以当编辑或教师。在信息交流的过程中，守门人既要梳理和筛选信息，又要充当信息收发者之间交流的中介。守门人的特殊功能将信息的收发者密切地结合了起来，催生了新的信息交流关系和模式。

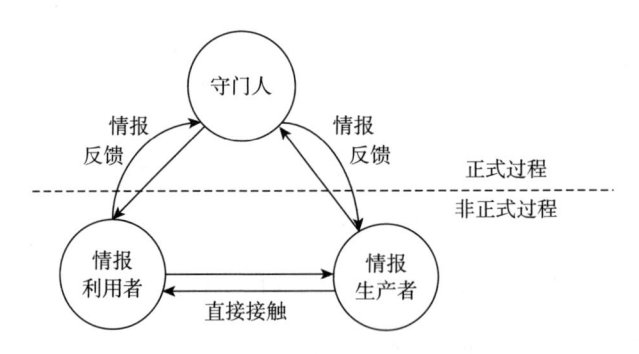

图 3.7　情报交流的守门人模式

（3）文献信息交流过程循环模式

在不断对信息交流系统进行研究和学习的过程中，周文骏（1986）又从新的角度即交流要素角度，对文献信息交流系统进行了研究，发现信息在收发方之间的转移才是文献信息交流系统的目的。文献信息交流系统包括了信息的三个领域：生产、服务和利用领域。文献信息交流是一个周而复始的过程，如图 3.8 所示。

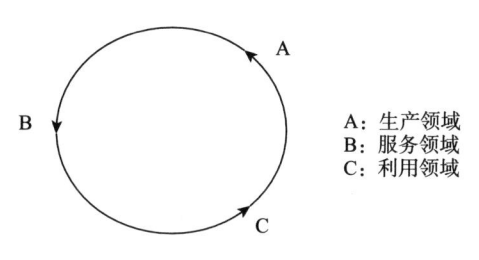

A：生产领域
B：服务领域
C：利用领域

图 3.8　文献信息交流过程循环模式

（4）文献传播过程的基本结构模式

为了更好地理解和学习文献传播过程，周庆山（1997）总结了它的基本结构模式，如图 3.9 所示。文献作为这个模式的对象，与其他因素一同构成了一个完整的文献传播过程。信息在这个过程中，有两种表现形态：一是直接进入传播渠道；二是间接进入传播渠道，即信息经过加工整理后再进行传播。信息交流过程中的重要环节就是接收者对信息的反馈，反馈可以到达各传播渠道和信息发送者的手中。环境因素作为信息交流过程的主要障碍因素，严重影响信息交流的质量。为了保证信息交流过程的顺利进行，必须控制环境因素。

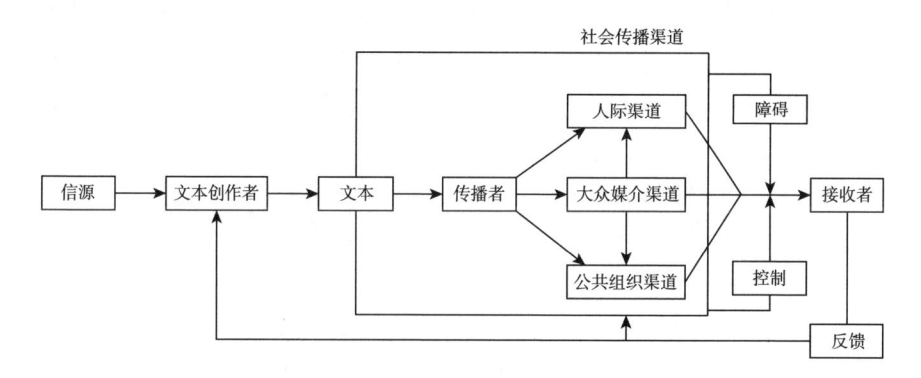

图 3.9　文献传播过程的基本结构模式

第二节　网络信息交流模式

通过对各种各样的信息交流模式的分析，可得知信息交流形式虽然多样，但本质是相通的。根据信息交流载体的不同，米哈依洛夫提出了著名的正式信息交流过程和非正式信息交流过程理论，后经整理得到了现在广为人知的广义科学交流系统模式。而机器通信交流模型的提出，更是为借助机器开展的信息交流活动提供了指导。严怡民提出的信息交流的栈模式认为，信息在传收方的传播交流过程中需要经过信息栈，对信息进行处理后再传递是信息栈的功能。栈交流是指在信息交流过程中，有信息栈的参与；零栈交流是指在信息交流过程中没有信息栈的参与。情报交流守门人模式的守门人具有双重身份，它可以充当信息交流的主体和中介。简而言之就是，它既可以当情报工作者，也可以当编辑或教师。在信息交流的过程中，他们既要梳理和筛选信息，又要充当信息收发者之间交流的中介。守门人的独特功能，密切结合了信息的收发方，使信息交流出现了新的关系和模式。

背景和角度的不同导致这些不同的信息交流模式的出现，它们在一定程度上指导了过去的信息交流活动。而且信息交流模式也必定会在环境的变化下发生变革，新技术新需求也必然会导致新的信息交流模式的出现。

1. Hurd 的未来科学信息交流模式

美国学者 Hurd（2000）在总结和分析原有的科学信息交流的基础上，提出了未来科学信息交流模式，具体流程见图 3.10。他认为，在网络的帮助下，看不见的学院规模会越来越大，影响范围也会不断扩大，那些利用

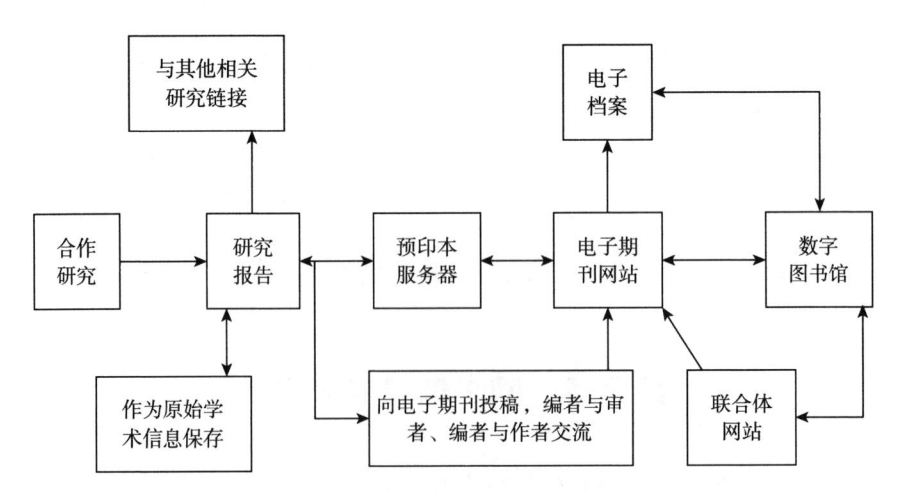

图 3.10　未来科学信息交流模式

技术手段存储的信息和数据更有利于他人使用。对那些手稿交流优于出版物交流的具有预印本文化的学科，预印本数据库将更支持初期成果的及时分享。网上相关研究和预印本文献也会向无形的学院提供免费的信息和数据。

2. 新情报交流系统

当今时代，在互联网大范围普及和技术快速发展的环境下，情报交流模式和划分标准都与时俱进，发生了一定的变化。为了更好地认识和学习新的情报交流系统，我们需要重新认识正式交流和非正式交流。

在学习和研究的过程中，我们发现新情报交流系统的"新"主要体现在以下几点。一是新的载体。与以前的载体相比，现在的载体形式更为多样。二是新的利用方式。人们不再仅仅通过文献获得情报，他们还会利用网络获得电子信息和数据库的资料。三是情报工作的难度和情报信息的精准度发生了变化。与以前简单进行情报信息的加工和整理不同，现在的情报信息更为精确，使用也更为方便。

在技术和工具的帮助下，人们可以跨越时空的界限随时随地进行情报交流，以及获取世界各地的信息，对于那些不愿意印刷出版自己研究成果的作者，他们可以选择在网上发布自己的作品。也正是由于这种方式的使用，正式和非正式情报交流的区别越来越不显著，因此，交流的过程变得更为复杂。

新情报交流系统如图 3.11 所示。从图 3.11 我们可以看出，新情报交流系统的出现并不是对传统情报交流系统的完全否定，两者是继承与发展的关系。新情报交流系统在继承了传统情报交流过程的先进性的同时，不断地探索和研究新的交流途径和模式。与传统的面对面沟通不同，现在的非正式交流更多是通过网络媒介来实现，而这种方式也在很大程度上打破了人们的时空界限，使人们能够更加方便、快速、及时地进行信息沟通和反馈。此外，由于依靠网络媒介进行的非正式信息交流是双向互动的，所以它模糊了情报收发者的界限。与非正式交流相比，正式交流更多依靠专业的信息机构对情报进行加工、整理和上传，以便用户借助网络工具进行信息检索，正式交流的范围更大，滞后时间也缩短了。

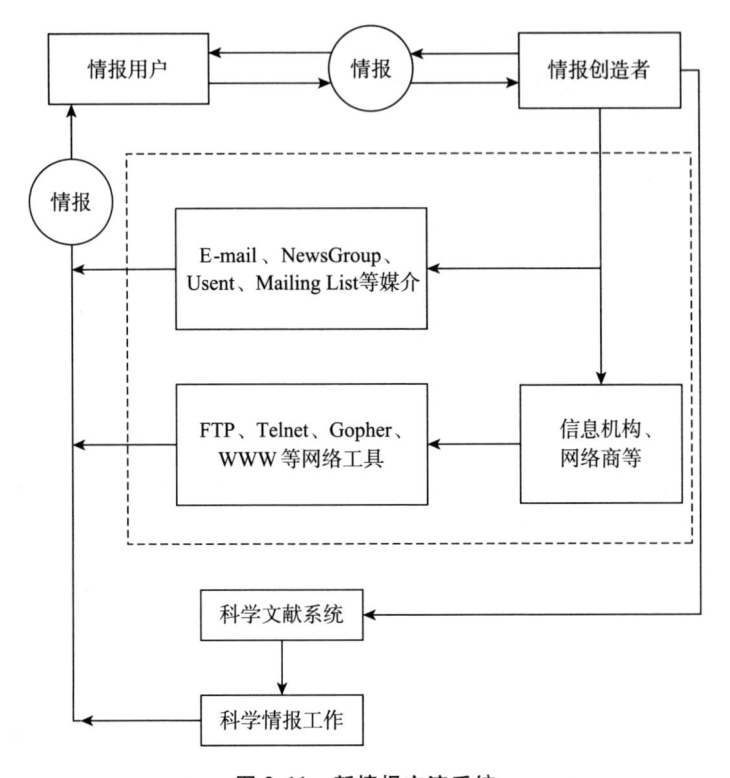

```
                    ┌─────────┐      情报      ┌──────────┐
                    │ 情报用户 │◄─────────────►│ 情报创造者│
                    └─────────┘                └──────────┘
                         ▲                           │
                         │    ┌──────────────────┐   │
                       ┌───┐  │ ┌──────────────┐ │   │
                       │情 │◄─┤ │E-mail、NewsGroup、│ │   │
                       │报 │  │ │Usent、Mailing List等媒介│ │   │
                       └───┘  │ └──────────────┘ │   │
                         ▲    │         │        │   ▼
                         │    │ ┌──────────────┐ │ ┌──────────┐
                         │    │ │FTP、Telnet、Gopher、│◄┼─│信息机构、│
                         │    │ │WWW等网络工具   │ │ │网络商等  │
                         │    │ └──────────────┘ │ └──────────┘
                         │    └──────────────────┘      │
                         │            │                 │
                         │      ┌──────────┐            │
                         │      │科学文献系统│◄───────────┘
                         │      └──────────┘
                         │            │
                         │      ┌──────────┐
                         └──────│科学情报工作│
                                └──────────┘
```

图 3.11　新情报交流系统

同时，情报创造者借助网络工具上传作品的行为具有非正式交流和正式交流的性质，属于半正式的范畴。这种模式既有正式交流模式信息积累和保障的特点，又有非正式交流模式的特点，是一种介于正式交流和非正式交流之间的交流模式。

3. 基于信息流的网络传播过程

信息流是人们实现信息交流的各种方式，从面对面的直接交谈到采用各种现代化的传播媒介，它主要包括信息的收集、传递、处理、储存、检索、分析等过程。在网络环境下，一个完整的信息流的运动过程主要包括5个部分，它们分别是信息采集、信息处理、信息传递、信息接收和信息利用，具体过程见图 3.12。

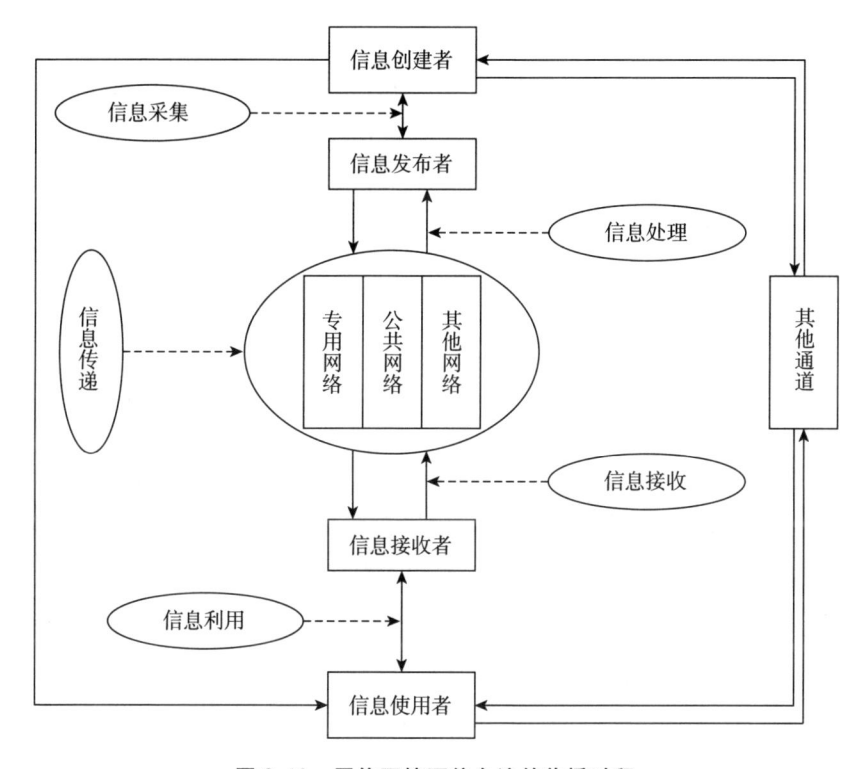

图 3.12 网络环境下信息流的传播过程

第三节 网络信息交流的特点

1. 网络传播的传染病模式

在网络信息交流环境下,哥夫曼提出了社会传播传染病模式。他认为信息传播和传染病的传染是类似的,都具有在短时间内快速传播的特点。其中,病毒就是信息,患者就是信息的传播者,被传染者就是信息的接收者。在这个过程中我们需要知道信息和受众的关系就是病毒和被传染者的关系。为了充分利用两者之间的关系,我们可以采用如下措施。一是找准信息交流过程中的关键人物。瞄准那些可能对信息感兴趣的人,积极地与他们进行沟通,提高信息交流的效果。二是要尽量发送那些贴近用户习惯的信息。因为大部分的人只对他们熟悉的事物感兴趣,人们越熟悉相关信息,就越有可能传播它。

2. 人际传播与大众传播结合

人际传播和大众传播作为信息传播的其中两种，虽然各有特点，但都对信息的传播起着重要作用。人际传播更加注重人的参与和创造；大众传播的服务是分散的，用户的参与性和创造性很低，更加注重信息的提供。两种传播方式各有利弊，但是结合起来却能优势互补，因而产生了人际传播和大众传播相结合的信息传播方式。

3. 多层面交流结合

网络信息交流模式包括"人"与"人"、"人"与机器、机器与机器和人机整体复合四种交流模式。第一，"人"与"人"交流模式。在网络信息交流中，由于人无法进入虚拟空间，所以"人"与"人"的交流事实上是不同思想之间的碰撞和交流。例如在网聊或打游戏时，大多数情况下，我们并不知道对方是谁，但是这并不妨碍我们交流或者打游戏。第二，"人"与机器的交流模式。"人"与机器的交流是一个双向交流的过程。例如，人通过编程的方式主动与机器交流，向它传达自己的想法；同时机器也可以运行计算出结果，然后展示在屏幕上，向人传递信息。此外，我们也可以借用理解"人"与"人"交流模式的方法来学习和理解此模式。第三，机器与机器的交流模式。机器与机器的交流模式就是机器之间的信息交流，此过程并没有人的参与，是信息在虚拟空间的交流和传递。机器之间的交流也有一个发展历程，它已经从早期单纯的磁盘数据之间的交换发展为今天的多系统间的多媒体信息交换，不需借助人力，在相互协作下完成任务的几台机器就体现了机器与机器之间的交流。第四，人机整体复合交流模式。人机整体复合交流模式从局部发展到整体，变的是复杂度，不变的是信息交流原理。

4. 多样信息源结合

传统的信息交流中，信息传播方的固定性决定了信息传播方必须要有可靠的信息来源。只有信息来源充足，信息传播方才能源源不断地为人们提供信息。

5. 单向传播与多向传播结合

网络信息交流进一步扩展了多向主动传递。用户要想在充斥着大量信息的互联网上准确查找到自己需要的信息，在没有工具帮助的情况下，是不可能实现的。为了帮助人们更好地检索信息，网络提供了大量的服务工具和辅助检索工具。互联网主动提供了大量信息并为它们建立了目录、索引和文摘，以便用户能在最短的时间内找到自己所需要的信息，这在很大程度上方便了用户。除此之外，它还打破了时空的限制，提高了信息交流的速度，使多向主动传递的服务的范围不断扩大。

网络信息交流进一步增强了单向主动传递。单向主动传递是指信息机构主动为信息需求者提供服务，信息机构在提供服务之前会全面了解用户需求。互联网特有的功能和服务，给信息机构提供了便利，有利于他们提供更加具有针对性的服务，以更好地满足用户的需求。

网络信息交流进一步增强了多向被动传递。在网络化环境下，用户可以利用各类网络工具在电脑上浏览或下载信息机构发布在网络上的有用信息。除此之外，用户还可以采用浏览-检索的方式搜寻信息。一般情况下，用户在输入检索式后就会得到和检索式相关的内容，然后用户就可以进一步选择自己需要的信息。多向被动传递的载体也发生了变化，它由以前的文献转为了现在的各种网络平台，文献载体慢慢淡出人们的视线。

单向被动传递在网络环境下能够更快更好地实现。单向被动传递最主要的就是为用户提供咨询服务。随着技术的发展和互联网的普及，单向被动传递的用户范围在不断缩小，但这并不意味着它就失去了存在的意义。对于网络用户而言，他们不需要咨询信息中心和情报部门就可以从网络上检索出自己所需要的信息，单向被动传递对他们而言没有什么用处。但是对那些非网络用户而言，他们不能自主地从网络上找到自己所需的信息，这个时候他们就要寻求专业信息机构的帮助，进而达到自己的目的。

6. 同步交流与异步交流结合

同步交流强调的是信息收发者信息交流的实时性；而在异步交流中，信息收发方较为自由，可以根据自己的意愿选择交流的时间。

广播和电视作为同步传播媒体有很严格的时间限制，什么时间段播放什么节目基本是固定的，受众只能据此合理安排自己的时间。属于异步交流类型的报纸和杂志，对时间的要求不高，受众有较大的自主权和决定权，他们可以自主选择获取信息的时间。

网络交流形式多样，集多种方式于一体。人们可以利用邮件实现异步交流，同时，人们也可以在网上实时接收当下发生的事件的信息，进行同步交流。在网络上，用户可以自主选择交流的方式。他们可以选择同步交流和异步交流中的一种，也可以在两者之间来回转换。对于选择异步交流的用户而言，他们拥有更大的自主权和决定权，可以自由选择获取信息的时间。

7. 信息发送者与接收者的角色变化

需求驱动行为。在微信息交流的过程中，用户出于对信息的需求，积极地与他人沟通和交流，这就驱动了用户信息交流的行为。在信息的交流过程中，用户逐步满足了自己的需求。

网络时代诞生了一种新的交流方式：社交网络微信息交流。它属于非正式交流，具有自发性和直接性。此外，由于它以网络为基础，所以还拥有交互性的特点。

微博的信息交流主要体现在两个方面。一是博主充当信息的传播者，在其主页与其他用户进行交流。博主可以通过撰写有趣或者引人思考的博文吸引其他用户关注、评论、点赞和转发，进而积极地与他们进行讨论和交流，实现信息的共享和转移。二是微博用户除了是信息的传播者，还是信息的接收者。他们浏览和评论他人博文的过程就是他们接收信息的过程，但是他们并不是一味地接收信息，在信息接收的过程中，他们也会进行筛选和选择。

8. 信息交流长尾理论

与"二八定律"不同，长尾理论认为，即使是微内容，大量聚集起来也会产生巨大的财富。微内容的来源非常广泛，包括论坛、博客、维基百科以及数据库等。内容管理系统（Content Management System，CMS）对聚集起来的微内容进行统一管理后，会在很大程度上增加它的信息财富。总之，长尾理论的核心思想就是不轻视任何一个事物的价值，即使它很微小，在大范围和长时间的积累下也会拥有无穷大的价值。长尾理论模型如图 3.13 所示。

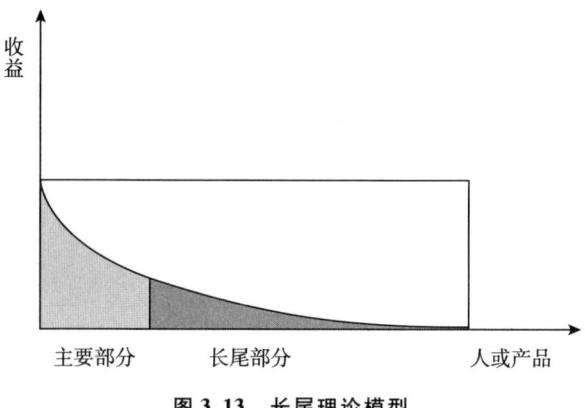

图 3.13　长尾理论模型

第四节　社交网络信息交流模式

当前，社交网络是最流行的信息传播形式，Facebook、Twitter、微信、新浪微博等作为其中较为知名的社交网络应用，已成为信息交流分享的新途径和信息传播的重要平台。社交网络信息传播模式分为：中心式传播、关键点传播、链式传播。

1. 中心式传播

中心式传播是一种一对多的传播，当中心节点发布信息后，与其存在关系的节点会收到信息，之后部分节点会将信息进行再传播，此时就形成了一个以中心节点为中心的"圈子"。中心式传播模式常出现在名人、专家等的信息传播过程中。

2. 关键点传播

关键点传播是指在信息传播的过程中，某些节点发挥了至关重要的作用。在信息传播的过程中，有时信息传播的发送者所发送的信息在初始阶段并未产生大规模的传播，但是经某一节点的传播后，信息的传播范围扩大，形成了中心式传播，我们就将这一节点称为关键节点，但并不是所有的关键节点都能形成中心式传播。

3. 链式传播

链式传播是指信息的传播路径是以原始节点为起点，沿某一方向进行的传播。链式传播的传播路径较长，但是传播范围不大。这一传播模式常出现在某一专业领域的信息传播中，信息的专业性较强，传播的范围较窄，但传播的深度较深。

第五节　多视角下的网络信息交流分析

信息交流具有交互性和互动性的特点，它通常存在于一个复杂的社会环境中，因此信息发送者、接收者和信息本身都同样会受到外部因素的影响。同时，网络创造出了一个虚拟的社会环境，在这个环境中，人们不以真面目示人，很少受到社会外界环境的干扰，更能表达自己的真实想法。此外，网络还创造出了一个可以容纳大量信息的近乎无限的虚拟空间。在这个空间中，人为和技术因素对信息交流的影响小了，人们可以传播交流各种信息；只要拥有基本的装备——电脑和网络，人人都可以接触信息，信息的收发者的地位也变得更为平等。

这些网络的新特性使网络信息交流变得更为复杂。为了更好地对信息交流进行描述，我们将网络信息交流简化为基于整体网络视角下的信息交流和基于单个节点视角下的信息交流。

一　整体网络视角下的信息交流

网络是通过某种"手段"把一些分散的"节点"连接起来而形成的一个整体。计算机网络作为网络信息交流的媒介，本质上是一个途径或平台。它可以借助通信设备和线路将分散在不同地方的有独立功能的多个计算机连接起来，在完善的网络软件（网络通信协议、网络操作系统等）支持下，实现计算机彼此间的数据通信和资源共享。由此可以看出，网状的模式应该是网络信息交流的基本模式。本书对发送者、接收者、信息、媒介、噪声等信息交流的基本要素进行概括，得到了一个如图 3.14 所示的网络信息交流的基本模式。

首先，网络信息交流在一定程度上打破了信息收发方之间的界限，所以，在网络信息交流中，每个人都集信息的发送者和接收者两种身份于一

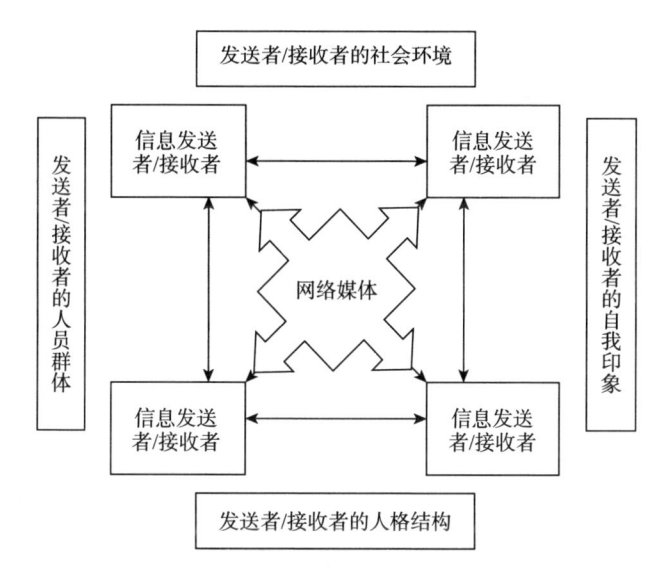

图 3.14 网络信息交流基本模式

体，他们在接收他人传递来的消息的同时，可以将消息传递和交流出去。

其次，网络创造出的虚拟空间给网络信息交流者提供了一个可供交流的空间。在这个空间内，他们受社会环境及道德的约束较少，可以采用匿名的方式进行信息的搜寻和发布。但是，由于他们仍处于一定的社会环境中，有着自己独特的社会经历和人格特点，所以这些因素也在一定程度上导致了他们兴趣爱好的不同以及在网络上接收和发送的信息类型的不同。

再次，在网络信息交流中，我们可以利用各种各样的媒介进行交流，如邮件、网页、博客、BBS 论坛、视频和音频等。与传统媒体常常使用的单向信息交流不同，在网络信息交流中，信息转移的方向、信息交流模式和传递模式都是多种多样的。信息转移的方向可以是单向的和多向的。信息交流模式拥有一对一、一对多和多对多等多种模式。此外，用户也可以同步或异步进行信息的传递。

最后，无论是在传统的信息交流模式中还是在网络信息交流模式中，都需要对交流媒介进行选择。在传统信息交流模式中，人们更看重权威性和真实性；而在网络信息交流中，用户会依据自己对信息类型和交流方式的喜好，选择不同的交流媒介。一般来说，人们更倾向于人气高的交流媒介。因为在这种交流媒介下，参与的人数会更多，信息量也会更大。

二 单个节点视角下的信息交流

为了更加具体深刻地理解网络信息交流的过程,我们构造了一个具体的模型。这个模型选取了网络信息交流中的一部分——从一个节点到另一个节点的信息交流,具体如图 3.15 所示。

图 3.15 清楚地展现了信息交流过程中影响信息收发者的因素,它们分别是自我印象、人格结构、人员群体和社会环境,它们会影响信息发送者对信息的选择以及信息接收者对信息的理解。

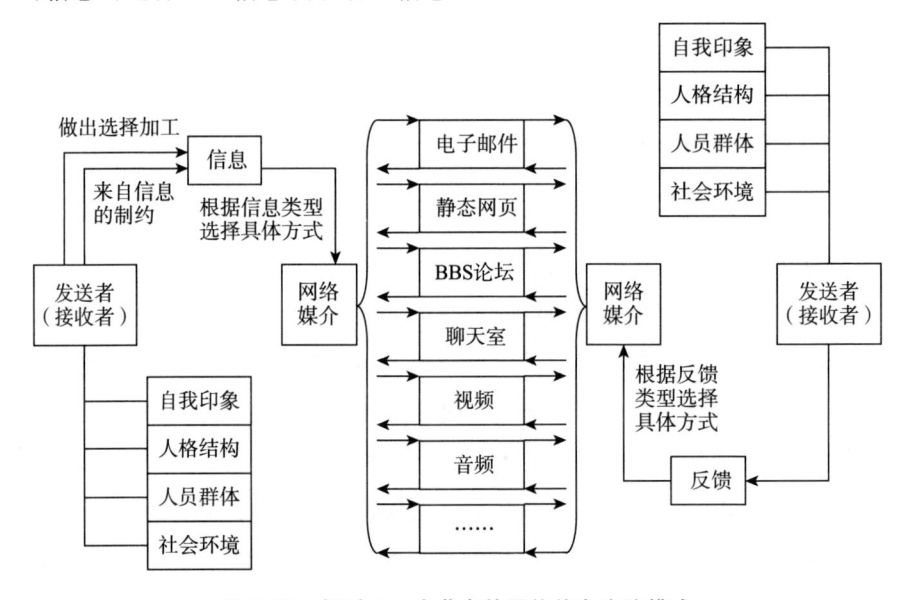

图 3.15 相对于一个节点的网络信息交流模式

网络信息交流环境中信息收发方会进行互动和交流。信息发送者会依据已经筛选整理过的信息类型选择传播媒介,进而进行信息的传递。接收者收到信息后,会受到上述几个因素的共同影响,在完成对信息的理解后,他们也会选择恰当的传播媒介及时将自己的反馈传递给发送者。

我们需要知道,这个模型只解释了信息在两个节点间的传递和反馈,比较简单和易于理解。其实在实际生活中,信息的传递过程较为复杂。信息在节点间传递和反馈的同时也积极地向其他节点扩散,进而使得传播和交流在一个更大的范围内进行,并最终形成一个循环流通的信息交流网络。

第四章
基于微信息交流的企业品牌传播模式及特征分析

随着互联网和通信技术的发展，企业品牌传播形式也开始从传统传播形式向新型的以网络媒介为载体的传播形式逐渐过渡。各种新型的互联网应用伴随着网络时代的到来如雨后春笋般涌现，相应的网络传播活动也层出不穷。这些互联网应用在双向互动交流的基础上，以开放、共享、参与和创造为重点，鼓励用户积极参与、分享、创造内容，并使传统的"单信道、单向度"的网络传播模式发生了改变，所有人均可以自由平等地在网络上发表自己的评论和看法。人们可以以网络为媒介交流信息、发表观点。人们不仅是互联网信息的被动接收者，还是互联网信息的制造者和传播者。

企业品牌传播活动在生机勃勃的互联网中开始茁壮成长。在网络上发表产品的使用感受的消费者数量日益增长，经过网友评论转发，这些发表的产品使用感受所产生的影响力是传播者也没有预料到的。相应的，也有越来越多的消费者在购买产品之前会主动在网络上搜索产品相关信息和评价，并以此作为是否要购买的参考依据。企业品牌传播突破了时间与空间的限制，在网络上显示出了强大的生命力。

由于信息在网络上具有传播速度快和传播范围广的特点，所以网络逐渐成为一种新的、强大又高效的企业品牌传播渠道。微信息交流平台作为企业品牌传播的最佳平台，具有开放、高效和低成本的特征。微信息交流平台凭借其巨大的影响力，对企业的品牌传播发挥了重要的积极作用。因此，在第三章对信息交流模式及特征探讨的基础上，本章将对基于微信息交流的企业品牌传播模式及特征进行研究和讨论。

第四章"基于微信息交流的企业品牌传播模式及特征分析"与第三章的内容一脉相承，从多视角对基于微信息交流的企业品牌传播模式及特征进行了分析。

第一节　单个节点视角下基于微信息交流的企业品牌传播模式

本书在阅读和学习大量文献和资料的基础上，结合前文对企业品牌传播模式的研究，构建了一个单个节点视角下的微信息企业品牌传播模式，如图4.1所示。

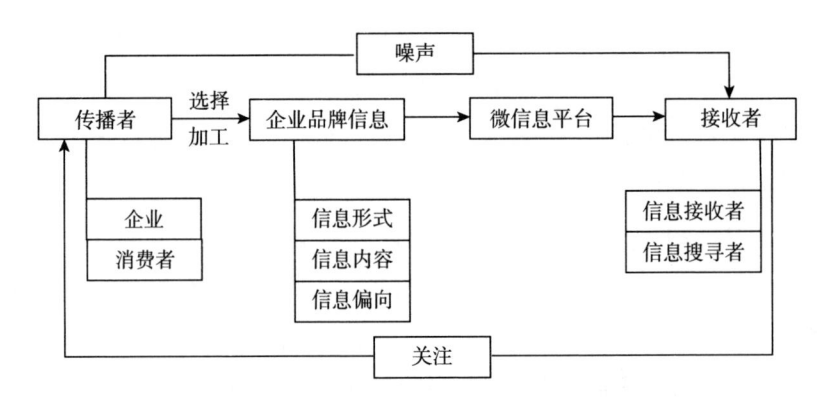

图 4.1　单个节点视角下的微信息企业品牌传播模式

从图4.1我们可以看出，微信息交流平台上的企业品牌信息仍然是在信息的收发者之间进行传递、交流和互动。在这个过程中它还会受到噪声等因素的影响，特别要强调的是这里的信息传播者和接收者并不是随意的，他们是通过关注连接在一起的。也就是说，他们中的一方必须关注另一方。由于此模式只展示了单个节点视角下的信息传播，因而较为简单。事实上此模式内的企业品牌信息的传播是重复进行的，与此同时它还会不断地向外扩散，持续扩大品牌的影响力。

此外，此模式为了更好地显示信息在收发者之间的传递，还对信息的收发方进行了细致的分类。而且此模式虽然标明了信息的传播者和接收者，但是事实上由于微信息交流平台的双向互动，信息传播者和接收者的界限已经被打破。一般情况下，用户都具有双重身份，既可以是信息的传播者，也可以是信息的接收者。

此模式可能还会存在没有展示出来的其他信息传播的环节，如企业品牌信息的再传播和反馈。微信息交流平台上，用户将接收到的品牌信息继续向外传递的行为就是企业品牌信息的再传播。信息的再传播不仅改变了信息接收者的身份，还扩大了企业品牌的影响范围和影响力。而信息的反馈环节可以在很大程度上影响和改变用户对企业品牌的印象。正向和负向的信息反馈都会强化和改变用户对企业品牌的态度，优化信息传播流程。

第二节　单个节点视角下基于微信息交流的企业品牌传播要素分析

企业品牌信息的传播离不开信息以及信息的收发方。也就是说，信息传播要想顺利实现，这三个因素缺一不可。基于微信息交流的企业品牌传播也不例外。在网络中，信息的传播者可以是企业信息的发布者，也可以是评价相关产品或服务和转载相关产品或服务评价的普通消费者；信息的接收者就是购买产品或服务的客户和潜在客户；信息就是企业品牌传播的核心内容，它一般与企业的产品或服务相关，形式多样。下面我们将详细分析和介绍微信息交流平台的企业品牌传播要素。

一　微信息交流平台企业品牌信息传播者

从图4.1我们可以发现，在微信息交流平台上，企业品牌信息传播者主要分为消费者和企业两类。与传统的企业品牌传播只在消费者间被动进行不同，在互联网时代下，消费者也可以与企业一样主动传播企业品牌信息。

1. 消费者

消费者作为企业品牌信息的有力传播者之一，会在使用和体验了企业的产品和服务后对企业的产品和服务进行评价。消费者对产品或服务的直接体验是消费者在微信息交流平台上讨论该产品和服务的直观原因。消费者的评价会在很大程度上影响企业的品牌形象。积极的、满意的正向评价有利于建立、塑造和维持企业良好的品牌形象；反之，则不利于企业品牌形象的树立。尤其在微信息交流平台的助力下，这些影响会被无限放大。因为人们总是倾向于相信和转发那些他们认同的人发布的信息，企业品牌信息在信息的收发方中来回转换，对企业品牌的传播起了助推的作用。而且，微信息交流平台信息的双向传播使得消费者可以畅意地表达自己对企业的想法。

2. 企业

微信息传播的高效、便捷和影响范围大的特点吸引了众多企业对微信息交流平台的关注。他们注册和管理账号，并且借助平台的双向互动，积极地与用户进行交流。当发现有不利于本企业品牌形象构建的信息时，他们会及时进行处理，处理方式通常有如下两种。一是积极扩散企业的正面信息。企业要充分利用一切可以利用的渠道，尽可能散播企业的正面消息，将企业的良好形象传递给更多的人。二是认真对待负面信息，积极地寻找原因和解决问题。企业要想从根本上消除负面信息，就必须从产品和服务入手，积极寻找问题产生的原因，并尽快解决问题。在这个过程中企业还要优先安抚消费者的情绪，尽量满足他们的需求，防止负面信息的进一步扩散。

为了更好地宣传企业品牌，企业还要掌握主动权，发挥主观能动性，积极策划活动。好的品牌活动可以迅速引起用户的关注，提升他们对企业品牌的印象。例如，星巴克就通过策划大量活动给消费者留下了良好的印象，促进了星巴克良好的品牌形象的建立和传播。

二 微信息交流平台企业品牌信息接收者

同样，从图4.1我们可以看到企业品牌信息接收者有信息搜寻者和信息接收者两种。与信息接收者相比，信息搜寻者的目的性和主动性更强。

1. 信息搜寻者

信息搜寻者一般较为谨慎，在做选择和决定之前他们更倾向于寻找大量信息。他们认为掌握的情报和信息越多,自己所承担的风险就越小。互联网时代下,人们不再听信商家的一面之词,他们会充分利用各种渠道和途径主动搜寻自己需要的信息,主观能动性更强。在全面了解企业产品和服务之后,他们才会做出相应的购买决策。对信息搜寻者来说,搜寻信息更像是他们的一种生活习惯和爱好,他们喜欢搜集并善于分享。

2. 信息接收者

信息接收者一般都是偶然、无意识地接收企业品牌信息,他们本身并没有打算主动去了解企业品牌信息,因而在信息获取方面更具被动性。其中,在微信息环境下,信息接收者一般会在两种情况下无意识地接收信息。第一种情况是自己所关注的博主发布信息。微博关注就意味着用户接受了该博主对自己传递信息的行为,用户可以在自己的微博主页上接收该博主更新的信息。如果该博主发布一条有关某商品或某企业的品牌信息,那么该博主的所有粉丝都可以第一时间在自己微博的主页上看到该信息。第二种情况是接收他人的私信或者@。微博上其他用户可以通过私信或者@他人的方式传播自己的信息,被私信和@的人就会无意识地被动接收相关信息。由于这种行为给很多用户带来了困扰,所以新浪微博及时添加了相关功能,让新浪微博用户可以对其自行进行设置,避免了无用信息的打扰。

三 微信息交流平台企业品牌信息

1. 企业品牌信息形式

微信息交流平台的自由和开放在很大程度上决定了微信息形式的多样性。企业品牌信息的形式既包括文字,也包括图片、音频、视频和长文字图片等。除此之外,企业还可以利用互动软件增强互动性。微信息交流平台企业品牌信息的一大特色就是丰富、灵活、多变的信息表现形式。

2. 企业品牌信息内容

消费者发布的信息主要包括体验类信息、分享类信息和反馈类信息。以体验为基础的企业品牌信息更强调使用感和体验感,一般是指消费者亲自使用产品后发表的评价。以分享为基础的企业品牌信息是指消费者与他人分享的自己了解到的相关信息，它不要求消费者进行亲身体验。以反馈为基础的企业品牌信息更强调消费者与企业之间的互动，消费者通过点赞、投诉和建议等方式向企业传达自己的感受。其中，以体验和分享为基础的企业品牌信息没有企业的参与，信息的传播只在消费者之间进行。

企业传播的品牌信息主要分为助推和创造两个层面。助推是指企业大力推广那些消费者对企业的良好评价，达到借消费者之口树立品牌形象的目的。创造是指企业充分发挥自己的主观能动性，创造条件来传播品牌信息，打造品牌的知名度，从而为产品营销做好铺垫。与消费者传播企业品牌信息不同，企业在传播时带有很大的功利性和目的性，这就对企业的传播活动提出了更高的要求。

3. 企业品牌信息偏向

企业品牌信息的偏向可以分为正面、中立和负面三种。消费者的满意度是由产品或服务质量的好坏直接决定的。对产品有较高满意度的消费者倾向于发布正面的企业品牌信息，而对产品满意度不高的消费者更倾向于发布负面的企业品牌信息。一般情况下，为了提升顾客的满意度，树立企业的良好形象，企业会采用实质性的奖励来激励消费者。与态度中立的消费者相比，实物或金钱的奖励更能刺激持负面态度的消费者，他们会改变对企业的态度，进而传播企业的正面信息。

四　反馈

"反馈"一词是控制论的基本概念，它最早由罗伯特维纳提出。与在控制论中的含义不同，传播学领域的反馈是指信息的接收者向传播者传递的对已收信息的意见和建议。反馈在很大程度上会影响其他消费者的选择，对企业品牌信息的传播有着重要作用。反馈可以通过以下方式进行：直接发送给企业传播者；与消费者再次进行在线交流或者是转发评论原企业品牌信息。

五　噪声

噪声是不在传播者意料范围内的对正常信息传递的干扰，是信号从发出到接收过程中产生的差异。噪声在信息传播的过程中是不可避免的，微信息传播也不例外。信息自身的真实性以及信息和注意力的矛盾性都会引起噪声的出现。这里我们需要特别强调一下信息和注意力的矛盾性。由于信息是无限的，注意力资源是有限的，所以许多信息会被忽略掉，而这会造成噪声的出现。

第三节 整体网络视角下基于微信息交流的企业品牌传播网络

微信息交流环境下，企业品牌传播网络是传播主体、主体间的社会关系和网络形成的链接式网络，是多种网络拓扑结构构成的复杂多样的网络结构。根据信息传播理论和计算机网络拓扑结构分析基于微信息交流的企业品牌传播网络结构，主要将微信息交流环境下企业品牌传播网络结构分为链状、树状、星状、网状四种基本类型。

1. 链状信息传播网络结构

链状信息传播网络结构是层级递进式的网络结构，是在微信息交流平台上由企业向用户传递和推送品牌信息，借助用户分享或转发而形成的网络结构。信息源为企业，信息传播主体构成网络上的节点，节点之间是单向或者双向的信息传播，信息传播路线是线性的。企业发布品牌信息，用户I接收信息，这时信息就完成了一级传播，如果用户I产生分享行为，将信息传递给了用户II，且用户II接收信息，信息就完成了二级传播，每一级的用户都可能产生信息反馈。链式传播的层级越多，企业品牌传播的范围就越大，企业通过微信息交流平台实现品牌传播和营销的效果就越好。

2. 树状信息传播网络结构

树状信息传播网络结构以链状信息传播网络结构为基础。微信息交流平台用户众多，在企业进行品牌传播的过程中，一般面向多个用户，会有多个用户成为一级传播者，之后会产生更多的二级传播者，以此类推，就会形成基于微信息交流的树状企业品牌传播网络结构。基于微信息交流的树状企业品牌传播网络结构是基于用户间的信任形成的。

3. 星状信息传播网络结构

星状信息传播网络结构是指企业品牌传播过程中依靠核心节点或意见领袖的作用而形成的网络结构。在星状信息传播网络结构中，存在一个核心节点，其他节点均是由关注该企业账号的其他信息传播主体构成，并且围绕这个核心节点形成了相互作用的关系。星状信息传播网络结构中各个链接节点之间的信息通过核心节点向四周发散和辐射，信息流动方向既可以是单向的，也可以是双向的。信息传播主体之间通过点赞、评论等方式互动交流，也可以产生信息二次转发和分享。控制星状信息传播网络中的核心节点和意见领袖就能控制信息流动，进而有效控制舆论。同样，如果核心节点失去作用或消失将造成网络瘫痪，整个网络无法进行正常运营，使得网络的整体稳定性较差。

4. 网状信息传播网络结构

网状信息传播网络结构是复杂交互型网络结构。如图 4.2 所示，该网络结构中，圆圈和箭头分别代表节点和信息的传播方向。其中，一个节点又代表一个参与信息交流的用户。每个节点都有承上启下的作用，既接收信息又传播信息。由于节点扮演着不同的角色，为了区分它们，突出它们的不同地位，我们用符号Ⅰ、Ⅱ、Ⅲ来标识它们。其中用户Ⅰ是信息的制造者，是整个传播网络的起点和中心，代表企业品牌传播的初始源头。用户Ⅱ、Ⅲ是信息的扩散点。用户Ⅱ接收和传播用户Ⅰ发出的信息，形成信息的二级传播；用户Ⅲ接收和传播用户Ⅰ、Ⅱ发出的信息，形成多级传播。边缘未标注数字的节点表示信息传播的终止节点，他们在收到信息后停止对信息进行传播，该条信息路线终止。图 4.2 中的箭头表示企业品牌信息传播的方向，事实上，它是可以双向传播的。由于微信息用户社区的开放性，信息传播路径结构更为复杂。

第四节　整体网络视角下基于微信息交流的企业品牌传播网络特征

通过上文的学习，我们发现了微信息企业品牌传播网络的四个特点，下面我们将一一介绍。

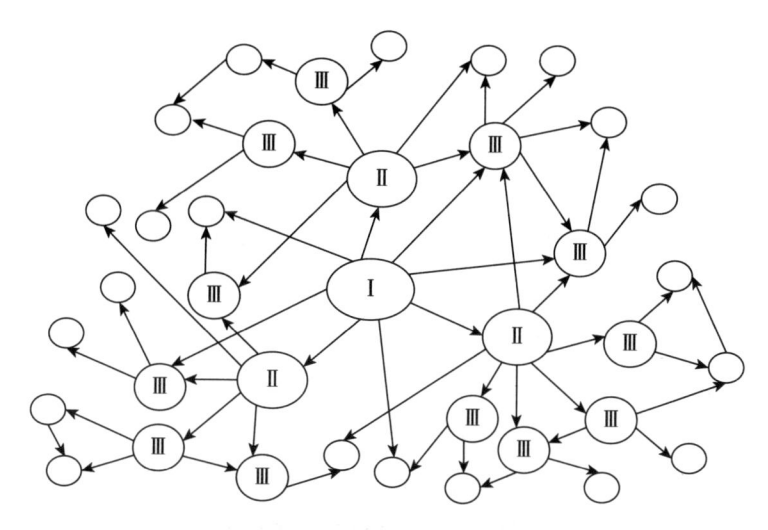

图 4.2 网状信息传播网络结构示意

1. 信息传播呈网状结构，弱关系传播优势明显

微信息交流平台上的关注功能帮助用户确立联系，关注与被关注使得每个用户既在被关注的信息传播网络中占据中心位置，又参与了其关注的对象的信息传播网络。社交网站之所以能够运行就是因为人们之间直接或间接的联系，Stanley Milgram 的"六度分隔理论"也表明了人们之间的这种联系在社会关系中发挥着巨大作用。微信息交流平台上，用户星罗棋布，所以，以用户为中心的信息网络交错复杂，呈现网状结构。但是我们需要知道，人们之间虽然是普遍联系的，但是这种联系也有强弱之分。关系并不是越强越好，弱关系在信息传播中也有着很大的优势。社会学家格兰诺维特认为，弱关系更像是一种纽带，沟通和连接了强关系群体，打破了信息在强弱关系群体间流动的壁垒，使信息可以更加自由地流动。强连带一般只会形成小圈，而弱连带却可以将小圈连接起来形成大网。微信息虽然形成了一个庞大的社交网络，但是它更侧重于获取信息。研究显示，与生活中的人际关系网络相比，微信息交流平台的用户对那些与自己有相似爱好的网友及名人更为关注。由此我们可以看出，微信息交流平台的用户不仅关注人，还关注自己感兴趣的其他信息。用户因为信息搭建起的弱联系更有利于促进企业品牌信息的传播。

2. 信息的多级传播突出信息搬运工的作用

二级传播理论认为，信息并不能直接流向一般受众，它需要通过意见领袖向外传播，即形成"大众传播——意见领袖——一般受众"的形式。微信息交流平台上的信息呈现多级传播的趋势。微信息沿着关注线在传播节点间流动，信息发布者发布的信息会层层传递，进而到达更远的节点。微信息上的网络搬运工并不是毫无感情的搬运机器，他们在传输信息时也可以发表自己的看法。微信息的转发和@功能降低了信息搬运的成本，信息搬运工迅速成为信息扩散的主力。

3. 信息的转发机制反复吸引用户的注意力

无限的信息和有限的注意力资源的矛盾，使企业认识到要想在竞争中取得优势就必须获取大众的注意力，这也成为各企业的一大争夺点。微信息时代，与传统时代相比，受众注意力资源已从广告商手中分散到受众手中。与自吹自擂相比，消费者更愿意关注以用户实际体验为主要内容的网络微信息。此外，微信息的转发功能可以重复传播企业的品牌信息，这是众多用户自发参与转发形成的。与单一的广告商相比，微信息的转发传播主体是多变的。只要用户认为企业的品牌信息是有价值的，该条被转发出去的信息就很有可能在经过无数次的传播之后再次被传播回来，进而再次吸引用户的注意力。

4. 传播链具有偶然断裂性

从图4.2我们可以看到，企业品牌信息是沿着一定路径传播的，每条路径上都有着诸多节点，这些节点的地位和作用突出，掌握着信息的进行与终止。如果收到信息的用户觉得该信息有价值并继续转发，那该条传播链得以延续，否则，该条传播链中断。信息继续传播与否全由微信息用户决定，它具有一定的偶然性。用户不同于机器，拥有自己的判断和看法，因而用户转发的信息体现了用户的价值判断。所以诸多用户的共同作用决定了企业品牌信息的传播路径和状态。

第五章

基于微信息交流的企业品牌传播内在要素分析

通过对信息交流模式的研究可以看出，不论从什么角度出发，"Who""Says what""In which channel""To whom""With what effects"，即"谁""说了什么""经哪种渠道""对谁""有什么效果"这几个部分对信息交流模式的研究都是必不可少的。本章首先对微博微信这两类具有代表性的微信息交流平台的信息交流要素进行分析，之后在此基础之上归纳分析基于微信息交流的企业品牌传播要素，最后从系统论角度出发，构建微信息交流系统。

第一节 微博信息交流要素分析

一 主体

第四章的基于微信息交流的企业品牌传播模式特征中，网络信息交流模式打破了信息接收者与发送者之间的壁垒，信息发送者和信息接收者之间的角色可以互换。

互联网改变了传统的中心化的信息交流模式，微博信息交流所采用的去中心化的模式使话语权不再被垄断，普通人也可以畅所欲言，随心所欲表达自己的观点，这种模式受到了大众的偏爱，成为新一代互联网的发展趋势。在传统的信息交流理论中，信息发送者是指发送信息内容的一方，而信息的接收者是指接收信息内容的一方，这种传统意义上的信息发送者与接收者被微博所构建的基于人际沟通的信息获取平台所颠覆。在微博这个自由交流的平台上，信息发送者和接收者都是交流的主体，这使传统意义上的信息接收者具有了信息接收者和信息发送者双重身份。

微博作为重要的网络信息交流工具，其交流机制和模式具有独特之处。微博用户可以通过自己的微博账号发表140字以内的小文，或转发评价其他用户发表的内容，吸引感兴趣的朋友或陌生人一起关注讨论，从而达到和他人进行交流与互动的目的。

从社会学的角度出发，用户需求驱动用户行为。在微博信息交流过程中，用户是交流行为的主体，需要与他人交换信息，并且具有信息需求，用户信息交流的行为由这些需求驱动，使信息在信息交流的过程中实现转移，从而达到交流的目的。

微博信息交流作为网络时代一种新的交流方式，属于非正式交流的范畴。在这个过程中用户之间的交流往往是自主、直接的，并且由于是通过网络实现的信息交流，其具有网络信息交流方式所特有的交互性。

微博用户的信息交流主要体现在两个方面，一方面是博主在自己的微博主页上与他人所进行的信息交流。博主可以通过发表他人感兴趣的博文吸引其他用户分享、转发和评论，也可以和其他用户共同研究和讨论关注的各种话题，而这可以根据不同的博客主页设置，通过发送好友请求、接受邀请、互加好友、互相关注等方式来实现。博主在这个过程中实现了与他人分享交流的目的，同时也使信息发生了转移。另一方面，博主在信息交流的过程中，同时扮演着信息生产者和信息接收者的角色。博主在浏览其他用户的博文和评论后会获得一定的信息，然后从中筛选出自己感兴趣或对自己有用的信息，接着把这些信息消化吸收为自己所用，博主在这个过程中既是信息生产者又是信息接收者。

博客是一种传统的社交工具，而微博的信息交流是一种建立在用户关系基础上的主动交流模式。在新浪微博中，只要用户双方相互关注了，那么彼此就可以即时地在自己的首页上看到对方更新的微博内容，这就是新浪微博最与众不同的follow式交互体验。如果是在只有一方可以看到另一方更新的微博内容，即单方面关注的情况下，那么被关注一方则无法接收其粉丝的信息，这时的微信息交流是呈广播式的。但是和传统广播式相比，关注者和被关注者双方在单方面关注的情况下仍然可以通过评论和转发的形式参与互动，而最大的区别就在于互动的过程中传统意见领袖对信息传播的影响已大大降低。微博用户接收信息后，通过对接收到的信息进行分析整理，加入自己的想法和观点，再次进行信息的传播。除此之外，微博用户在信息交流的过程中一人饰多角，同时扮演着信息发送者和信息接收者的角色，在信息传播过程中，信息的接收者和发送者间地位平等，因此微博信息交流具有多中心性的特点。

二　内容

用户一般是通过个人发布或群组讨论两种方式在微博上进行信息交流，且交流的信息内容即微博博文的表达较为简洁精炼。本节根据国内外各大微博门户网站对微博内容主题的划分，从日常生活类、新闻资讯类、休闲娱乐类、人文社科类、企业行业类五个类型的主题对微博信息交流的内容进行论述。

1. 日常生活类信息

微博信息交流中占比较大的就是日常生活类的博文，其分布相当广泛，人们生活的各方各面都有涉及，对于人们获取常识性的信息有很大的帮助。同时，当人们在日常生活工作或感情方面遇到问题时，这些博文的内容会为人们的行动及心理提供一定程度的帮助与指导。用户总是会选择性浏览自己感兴趣的内容，而这些内容又和用户的工作生活息息相关，很容易与用户产生共鸣，加之这些博文内容常常以非常精炼简洁的语言形式呈现在广大用户眼前，所以很容易引起用户强烈的兴趣，让用户主动进行评论转发，从而完成信息的共享与传播。与专注于日常生活中某一方面内容的网站相比，微博中的此类信息内容繁杂且信息量庞大，人们可能无法轻易地筛选出自己需要的信息。因此，用户会根据需要通过微群或话题的形式进行信息交流，比如时尚潮流微群、"80后""90后"联盟等。此外，健康、美容、美饰、情感、美食等也都属于日常生活的一部分，微博中同样有以这些内容为主题的微群，如上班族、吃货帮、瘦身美容减肥、创业等。

2. 新闻资讯类信息

以往的新闻资讯类信息大多通过传统的传播渠道进行传播,如广播、电视、报纸等,如今微博凭借其实时高效的特点,成为新的重要传播渠道。由于微博不受时间和空间的限制,传播信息既方便又高效,所以可以使用微博发布新闻热点和新闻信息。很多传统的新闻媒体都已经注册了自己的官方微博,把微博作为发布官方消息的渠道之一。如《新周刊》《南方都市报》《财经报》等报纸杂志;铁路、高速公路、航空、电力、银行等相关大型国有企事业单位;广州市政府新闻办、云南省人民政府网等各级政府官媒;等等。此外,它们还可以利用直播间与民众进行互动,从而产生更多的信息。微博相较于传统媒体而言是一种新的新闻资讯传播交流模式,它的特点是更加实时和透明。从中国互联网络信息中心和北京缔元信互联网数据技术有限公司发布的数据可以看出,网民目前逐渐开始使用微博来获取最新的新闻资讯,社会大事件、突发事件都开始在微博传播发酵,而新闻资讯类信息则在其中占据重要的地位。

3. 休闲娱乐类信息

休闲娱乐类信息也是微博信息交流中的重要组成部分。对名人效应的极大利用是新浪微博比较明显的特征,明星在微博中与大众具有很强的互动性,在互动过程中产生的大量休闲娱乐信息会吸引更多的人参与其中,这拉近了普通民众与名人之间的距离,使人们感觉明星的生活不再遥不可及,而在此过程中,明星与名人扮演着十分重要的角色,发挥了舆论领袖的作用。比如新浪微博首位粉丝超千万的微博用户姚晨,作为较早注册微博的用户,其凭借脍炙人口的影视作品和诙谐幽默而又朴实的语言,在短短两年时间里粉丝数量就超过千万人。摄影、音乐、星座、绘画等各类主题的微博个人账号和群组也数量众多,产生和传播各类休闲娱乐信息。

4. 人文社科类信息

人文社科包括人文科学和社会科学两大类别,研究对象包括人的价值、文化、精神和观念等各个方面。相较于SNS社区,微博社区中的人文社科类信息有些散乱,系统性不强,但由于参与人数众多,微博社区中对人文和社会科学的研究通常具有独特的视角,可以带来深刻的启发。人文社科也有官方的微博，比如一些著名的经过微博社区身份认证的文学家、历史学家、教育学家、艺术家等学者的官方微博。其信息的产生主要有两种方式，一是微博的发布、评论和转发；二是微群、话题的互动讨论。在微博社区中，文学、历史、经济、文化、传媒、教育、艺术、戏剧等内容都属于人文社科类信息的范畴。

5. 企业行业类信息

随着微博的逐渐发展，其用户基础广泛而庞大，越来越多的企业也开始入驻微博社区，通过微博发布产品信息、宣传企业形象、增强用户互动、进行品牌传播，并且随着微博逐渐向垂直化趋势发展，企业行业类信息逐渐兴起。微博因其表现形式和传播特点，信息内容一直存在广度有余但深度不足的特点，信息内容冗余零碎，这一缺陷随着微博的不断发展逐渐显现出来，同时微博还面临新的营销模式的探索。微博开始逐渐发展新的模式——垂直微博，而企业行业类信息作为垂直微博内容的重要组成部分，也随着垂直微博的发展而扮演着越来越重要的角色。在微博社区中企业行业类的官方微博可以即时更新权威信息，方便与民众进行互动，使民众能够更有效地参与企业信息传播，拉近了与民众的距离。

三 机制

机制原本是指机器的结构以及它是怎样工作的，但是现在机制是指一个系统的内部组织和运行变化规律，已经被广泛应用到自然现象和社会现象中。机制在任何一个系统中都是根本的、必不可少的。微博社区的交流机制是指用户在社区中进行正常的交流活动所需的内部组织形式以及交流活动过程中发生变化的规律。本书主要从三个方面对微博社区的交流机制进行探讨，即跟随机制、传播机制、搜索机制。

1. 跟随机制

用户在成功注册微博之后，一般会经历"follow"和"followed"这两个过程。其中，"follow"是指用户选择自己感兴趣的其他用户并对其加以关注的过程，而"followed"则是指用户被关注的过程。用户发布新内容时，其关注者可以第一时间在自己的主页上看到并阅读这些微博内容，通过这种"follow"过程，用户之间建立起联系并逐渐形成庞大的交流网络。这种关系可以是一对一或一对多的，用户可以主动关注他人，也可以等待他人关注，他们可以设置隐私权限，选择愿意关注的人或感兴趣的人，还可以管理感兴趣的人的分组。在"follow"和"followed"的过程中，信息在微博这个交流互助的平台上不停地发生转移，迅速流动。

一般来说，微博社区内的信息是在跟随机制的基础上传播的，即用户的信息通过跟随者的链路向外以射线状发散传播，拥有非常快的传播速度。但是很容易能够看出，这样的传播速度只有在假设的完美条件下才能实现，而在现实情况中，微博社区是一种碎片式的传播形式，所有信息传播都很容易终止。如果不能保证跟随者会阅读、评论或转发用户发布的新内容，那么信息有可能就此停止传播，传播链路可能就此断开。

2. 传播机制

微博社区用户的主要交流媒介是微博内容，用户 A 在其微博首页上发布新的微博内容，其关注者（例如用户 B、C 等）同时在接收终端（PC、PDA、手机等设备）上接收该微博信息。

在这个信息传递过程中，信源和信宿之间的信息流动是一种"后背对前脸"的形式。用户可以有许多自己的跟随者，也可以选择跟随其他的用户。随着跟随者的集聚，信息随用户社交圈的不断扩大以一种广播的形式向外传播给其他跟随者。跟随者如果在浏览到该微博时没有时间阅读，可以先收藏再查看，或是对其进行转发，向其跟随者传播，还可以在微博内容下评论，而用户可以选择是否对该评论进行回复，这是一个可以反复交流的双向过程。

用户的微博主页在发布一条新微博时就成为一个信息传播的节点，因此用户信息传播的基本框架的组成包括发布、收藏、转发、评论及回复。收藏功能使得用户可以在快速浏览的过程中先将自己感兴趣的内容收藏，等空闲时再阅读，从而对用户的信息的沉淀和吸收有一定的促进作用。用户的微博内容经过其跟随者的转发可以被更多用户浏览到，从而实现了信息在一定范围的传播共享。跟随者可以在原作者的微博内容下发表自己的观点，达到与原作者交流与互动的目的，由于跟随者是从不同视角对微博内容进行的理解，因此通常会给原作者以有益的补充，对原作者的想法与思路有一定的启发，能够促使原作者的隐性信息显现出来。回复是原作者在看到其他用户的评论后给予的反馈。跟随者对原作者的微博内容给予评论，原作者受到启发后可能会有新的想法，可以对评论进行回复，与跟随者进行在线的交流互动，这是一个双向互动的过程，用户在互动过程中会受到新的启发，从而达到交流的目的。

与传统的手机即时通信软件相比，微博是一种新的点对面的传播模式。微博用户可以通过微博进行情感的宣泄或即兴的表达，此时该用户并不清楚他的微博内容会被哪些用户接收，也不需要别人对其进行关注，就是说微博用户只是单纯地想要一个对外宣泄的出口，并没有被回应的需求。而接收信息的用户可以根据自己的喜好来决定是否对其进行回复。从该过程我们可以看出，微博既属于单向传播又属于双向传播，用户在交流时不会受到过多限制，不再那么拘谨。

3. 搜索机制

在微博社区中，每天都有无数用户在不断发布各种带有图片或视频的微博信息，因此当用户需要某些信息时，他需要在大量的信息中快速查找。这里的信息一般包括三类：第一类是用户的个人信息，用户可以根据自己的兴趣爱好选择要关注哪些用户；第二类是最新信息，尽管用户可以实时查看关注的用户更新的内容，但这只是用户感兴趣的信息的冰山一角，所以用户还需要从别处获取最新信息；第三类是热门信息，热门信息是某段时间内热度最高、讨论最多的话题，但它并不一定是最近产生的信息。基于上述用户对信息的需求，微博社区具有搜索功能，可以为用户提供方便快捷、精准有效的搜索服务，让用户能够在最短时间内搜寻到自己需要的信息，带给用户良好的体验。

四 效果

1. 微博信息交流可以影响人们对信息的关注

由"议程设置"理论可知，微博信息交流的过程可以影响人们对信息的关注。"议程设置"最早出现于美国政论家李普曼的《舆论学》一书中，他认为，我们对事物的认识会受到新闻媒介的影响。之后，美国学者麦库姆斯和肖对这一理论假说进行了实证研究，提出了"议程设置功能"这一想法。他们认为，新闻媒体是可以针对不同话题使用不同的方法来干扰人们对"世界大事"的判断的，这一功能就是"议程设置功能"。换句话说，媒体可以设置话题和信息来干扰人们的视线，影响人们的判断，比如为了转移大众的焦点或影响某个热点话题的热度，微博设置了热门话题的关键词和排行榜。议程设置理论主要是从用户的认知层面引导用户的想法，对用户社会认知所产生的效果是长久有效的，而且议程设置作为信息交流传播的媒介，能起到重新构造社会环境的作用。

2. 因人而异的微博信息交流效果

在 1940 年的美国总统选举期间，Lazarsfeld 根据"伊里调查"得出了选择性接触假说理论。该理论认为，用户在面对新闻媒体传播的信息时不会全部接收，他们会选择性接收与自己观点一致或类似的信息，而对于与自己观点不一致的信息通常会置之不理。用户对信息的预设立场和选择性行为会影响整个信息交流过程。由于这种接收与自己观点一致的信息的选择性行为，每个用户最终接触的信息都是不同的，并且他们对相同信息的理解和记忆也会由于个体的不同而存在很大的差异性。

3. 信息交流效果由用户的需求是否得到满足衡量

使用与满足理论起源于 20 世纪 40 年代，该理论的主要研究内容是用户为何接触媒介及其使用情况。从该理论我们可以知道，衡量信息交流效果的基本标准是用户的需求是否得到满足。该研究认为，不同的用户有不同的需求，用户接触和使用媒介是为了满足自己的某种特定需求。因此，使用与满足理论主要研究大众传播给人们带来的心理上和行为上的效用，主要通过分析用户接触媒介的动机以及这些接触满足了他们哪些需求来实现。此外，用户的能动性是该研究的重点内容，所以衡量信息交流效果应将用户个人需求的满足放在首要位置。

4. 理想的微博信息交流效果是可以通过培养得到的

20 世纪 60 年代末，涵化理论在对美国暴力犯罪的研究中被提出，该理论又被称为培养理论。该理论认为，人们在看待和认识现实世界本质的过程中，会在很大程度上受到社会传媒所展示的"象征性"现实的影响，它对人们有长期的、潜移默化的影响，能够在不知不觉中培养、改造人们的世界观。而通过对微博进行研究我们可以发现，尽管在微博上进行信息交流时主观世界与客观世界之间一定会存在一定的偏差，但是这种偏差是由于用户多样性而产生的，偏差并不大。尽管如此，在微博的信息交流过程中，由于培养因素的存在而产生的社会共识，会在很大程度上对社会秩序的稳定发挥重要作用。

5. 人们可以在微博上自由发表意见

德国女性社会学家 Noelle-Neumann 提出了沉默的螺旋理论，该理论认为，大众传媒对社会具有强效果。人们在对某件事发表自己的观点时，如果有大多数人与他的意见相吻合，那么他会更加放心大胆地阐述自己的看法；反之，如果大多数人与他的意见相左，那么他在表达看法时便会瞻前顾后甚至保持沉默。在这样一个循环往复的过程中，处于沉默的一方必然会更沉默，而有优势的一方则会更加侃侃而谈。这样的理论被很多媒体人拿来用在营造舆论环境上，利用该理论使舆论向自己期望的方向发展。但是，随着现代互联网的飞速发展，沉默的螺旋的作用逐渐减弱，特别是微博出现后，人们可以充分自由地在网络交流平台上交流互动，随心所欲地发表自己的看法和观点。尽管在现在的时代，人们依然会受到舆论环境的影响，但是这种影响必然会慢慢减弱，直至消失。

第二节 微信信息交流要素分析

一　主体

和微博一样，用户在使用微信进行信息交流的过程中同时扮演着信息接收者和信息发送者的角色，我们对信息价值的判断是以用户每天信息浏览的频度为依据的。企业在微信营销的过程中必须对用户间的关系加以关注，了解哪些用户发布或转发的信息更容易被社会网络中的其他用户浏览认同，从而使信息实现其价值，扩大信息传播的范围。

信源可能是专业的营销团队创作的，也可能是个人用户创作的，它是信息的开始。如今，我们面临的是一个信息来源错综复杂并且信息数量呈爆炸式增长的环境，因此，信源的影响力在一定程度上影响着用户行为，如用户是否会关注或用户是否会将这条信息传播出去。用户的影响力在信息传播时是非均匀分布的。在这个前提下，于晶等（2013）进行了定量研究，发现用户的影响力与关注者数量之间不存在显著的相关关系，但是如果某个用户的影响力比较大，那么影响力越大，其粉丝数量越多，两者之间存在正相关关系，所以在营销过程中一定要好好利用明星效应。同时，通过杭璐（2012）的实证研究我们可以看出，在明星发布的微博信息中，最受用户信任的信息是明星的生活记录，而广告信息的用户信任度最低。由此我们可以看出，信息传播虽然可能受明星效应影响，但是大部分微博用户对明星微博的关注仍保持着理性的态度。因此企业应该巧用植入的方式进行微信息营销，而不能简单地把信息毫无针对性地向外传播。陈昱霏（2013）认为，企业微博的综合影响力不能仅仅靠其自身微博更新快、转发次数多、活跃度高来体现，企业并没有给予消费者互动这个问题足够的关注。尽管大品牌的微博拥有大量的固定粉丝，但是其中很大一部分粉丝的活跃度都不高，粉丝的忠诚度较低，因此微博营销很难以较低成本实现产品快速推广的目标。毕凌燕等（2013）通过将微博信息流与 PageRank 算法思想相结合，提出评价企业微博营销效果的模型，从实证研究的结果可以看出，微博的转发次数多并不代表营销效果好；相对而言，企业的微博营销效果随着互动影响力大的用户的转发而提高。程雪芬（2012）的研究也得到了类似的结论，她的研究表明，粉丝数和平均转发量是企业微博营销效果的决定因素，而微博的活跃度对企业微博营销效果并没有明显作用，所以企业微博与粉丝的互动才是关键。

由此，我们认为信息发送者对信息传播的广度具有深刻的影响。信誉好、口碑好的企业更容易受到用户的信任。

二 内容

营销信息不仅仅是传统意义上简单地把信息毫无针对性地向外传播，它还承担着塑造品牌、维护形象、维系客户、推广产品等职责，因此需要提前了解社会大众需要哪些信息内容，之后再投其所好地巧妙植入。Suh（2013）对 Twitter 流行度进行了传播内容方面的研究，结果表明，内容因素和环境因素是 Twitter 流行度的两大影响因素。其中，内容因素是指信息处理线索的语义认知功能，它又进一步被分为感情色彩、文本长度、话题类别以及后续话题信息能否获取等；而环境因素则是指发布者的特征。Java 等（2010）的研究表明，用户日常发布的信息内容主要分为信息共享、新闻发布、日常唠叨和交流对话这四类，而这四类信息传播的强度和广度具有十分显著的差别。汪守金等（2013）认为，微博信息传播的深度与广度会受到微博话题内容的影响。他们在研究中把突发事件类、文体类、生活类三类话题作为研究对象并进行数据分析。从结果可以看出，从传播深度和广度的角度来看，金字塔规律和"二八法则"都适用于上述三类话题的微博，但是仅从广度来说，突发事件类、文体类、生活类话题的广度依次缩小；而从深度来说，文体类、突发事件类、生活类话题的影响力依次递减。由此证实了不同类别的话题在传播时存在差异性。此外，除了信息内容，信息的表达方式也对吸引用户浏览转发起到了至关重要的作用。微信平台最开始是以语音来吸引用户，随着信息载体变得多样化，微信平台也开始推广图片或微视频等各种具有独特性的表达信息的形式。李昕（2013）通过研究指出，更可能实现持续性扩散进而获得更高转发量的微博通常包含着图片或视频、话题或外部链接，也可能是@他人的微博或者其本身就是转发别人的微博。其中，有最多转发量以及最快转发速度的信息都是通过嵌入图片或视频的方式发布的。

三　渠道

信息传播的载体就是传播媒介。微信是一种具有各式各样功能的即时通信工具，在营销模式中拥有独特的竞争优势，它的各式各样的功能均可以成为信息传播媒介，使用户想要传递信息时有更加多样的选择，使用体验也会因选择有所不同。但是传播内容的形式会受到微信功能的限制，比如用户在使用微信的附近的人功能时，只能向对方发送文字和图片，因此还需要把其他要素特征联系在一起来选择传播媒介。

信息传播媒介因微信营销模式的不同而不同。比如，附近的人、漂流瓶、扫码加好友及支付、分享转发和微信营销号等营销模式对应的传播媒介分别是：附近的人功能、漂流瓶功能、扫一扫功能、微信分享功能以及微信公众平台功能。

第三节 基于微信息交流的企业品牌传播要素分析

技术的发展改变了人们获取信息的方式，也改变了人们进行信息交流的方式，同样，企业在进行营销的时候，也随着网络环境的改变而不断地改变自己的营销方式。在这样的背景下，企业需要不断地适应环境，以获得竞争力，创造价值。网络对企业品牌传播的冲击也是巨大的，随着移动网络和智能手机的出现，越来越多的企业选择基于移动网络的微信息交流平台进行企业品牌传播。本节从信息交流的主体、内容、渠道及效果这些方面分析微信息交流环境下的企业品牌传播要素，并进行优劣势比较分析，讨论在微信息交流这种网络交流形式下，参与信息交流的主体、内容、渠道及效果的特点和相互关系。

一 主体

企业在进行品牌传播的过程中，参与信息传播的主体发生了改变。在传统的企业品牌传播过程中，主体一般为企业，即营销发起者，但是随着移动互联时代的到来和微信息传播平台的发展，企业品牌信息的传播主体发生了改变，失去了明确的界限，范围变得更广。最突出的改变在于用户在基于微信息交流的企业品牌传播的过程中，不再仅是被动接受，而是积极地投入其中，并且伴随话语权的提升，占据越来越重要的地位。用户可以主动对感兴趣的内容进行转发或评价，信息传播受众和主体的身份界限开始变得越来越模糊。

二 内容

同样，伴随着科技的进步，信息的内容也在发生巨大的变化，企业在进行品牌传播时，可供选择的微信息交流平台也更为丰富。在内容的表现形式上，除了文本形式，音视频、图片、动画等都更能够生动、准确地展示企业的品牌形象及传达企业的信息。

除了形式的改变，伴随着用户需求的增长，用户对信息内容涉及领域的需求也越来越多。除了企业信息、活动信息、产品信息和服务信息，用户还需要相关领域的资讯信息、日常的问候以及其他有趣的内容等。

三　渠道

以往企业进行品牌营销时，更多的是选择大众传播媒介，包括电视、报纸、广播等。现在，随着人们获取信息的方式的改变，社交媒体的人际传播凭借高效、低廉的特点，越来越受到企业的青睐。特别是伴随着移动互联网时代的到来，人们获取的信息越来越碎片化，企业越来越倾向于选择微博微信类微信息交流平台进行品牌营销。

四　效果

效果就是指企业开展品牌传播活动后，对企业、用户或者社会环境产生的影响。作为企业来说，企业是希望通过品牌传播，扩大企业在用户和社会中的影响力，获得用户的认同和好感，进而将其转换为消费行为。而利用微信息交流平台可以很好地促使用户参与信息传播活动，提升用户的参与度，并且多样的内容形式和传播形式，可以更好地刺激用户，使用户产生兴趣，进而促成其产品消费行为。

第四节　微信息交流系统

本书通过引入系统论来讨论微信息交流的作用机理。

一　微信息交流系统概述

我国航天之父钱学森先生把"系统"定义为，"系统是由相互联系、相互作用的诸要素组成的具有一定功能的有机整体"。定义中系统应具备以下几个条件：第一，组成要素有两个或两个以上；第二，各要素间相互关联；第三，具有特定的功能。

微信息交流系统是一个非常复杂的系统，在该系统运行的过程中有大量的用户参与，传递了大量的信息，同时实现了各种各样的功能，所以我们在对其进行管理时也需要运用系统化的管理思想和运作模式，从而实现对信息交流活动的管理、监控以及引导。

微信息交流系统是一个具有特定功能的有机整体，它是在一定的时间和空间范围内由不同的要素所构成的，这些要素主要包括参与信息交流的信息、有交流需求的用户、信息转移的渠道以及交流活动所必需的设施设备等。微信息交流系统的特定功能包括信息的传播获取、社会、经济以及文化功能，这些功能优化了信息交流活动并使之更加合理化，从而达到了通过微信息交流实现信息传播的最终目的。

系统论是一门新兴科学，核心思想是从整体的角度来看待事物，其研究的主要内容是系统的模式、规律和结构，因此它同时涵盖逻辑学和数学。贝塔朗菲是系统论的创始人，同时也是一名理论生物学家，他认为，任何一个系统都是有机的整体，这个整体所能实现的新功能是各组成部分单独存在时所无法实现的，因此它并不是各个部分的简单组合。亚里士多德曾经说过，"部分之和大于整体"，他既说明了系统是一个整体，又反驳了与之相对的观点，这个观点认为只要各个组成部分的功能良好，整个系统的功能一定也好。

此外，各要素在系统中都有自己特定的位置和功能，它们并不是孤立存在，而是相互联系在一起从而在系统中发挥特定的作用。系统中各要素彼此之间密不可分，要素如果离开了系统这个整体，就失去了其在系统中所特有的意义。

从系统论的观点出发，控制、管理和创新微信息交流系统，并优化和利用系统要素之间的相互关系及运动规律，可以使微信息交流系统满足和实现用户的需求和目标。本书认为可以利用微信息交流系统来实现企业品牌传播的目标。

二 构建微信息交流系统

微信息交流系统的构成要素包括用户、设施设备、渠道和信息等,在此对于电脑和网络这些微信息交流所需的设施设备不予考虑,因为它们之间没有什么差异。进行微信息交流的双方既是信息发送者又是信息接收者。进行微信息交流的用户作为一个信息接收者,他在外界通过各种方式获得信息,然后通过学习把信息进行归纳总结,并将其以文章的形式发表在网络上与其他人共享,而当其他读者在其发布的信息中找到了自己需要的信息时,信息会再次发生转移。此时该用户又成为信息发送者。所以,微信息交流是从用户作为信息接收者获取信息开始,到用户作为信息发送者发布自己归纳总结的信息为止,形成了一个信息转移的回路。

1. 信息发送者获取信息

用户作为信息发送者在存在信息需求的情况下通过各种方式来获取信息。他可以通过日常生活工作的经验积累或是向他人学习获取信息,也可以通过信息搜索获取信息,如通过搜索引擎、超文本链接等工具来检索所需信息,这就完成了信息的搜集过程。这些信息可能是散乱无序的零次信息,也可能是其他用户的隐性信息外显化的信息。

2. 信息发送者吸收、生产并发布新信息

该用户在获取信息之后,会主动对信息进行筛选和过滤,主要包括两个方面的过程:一方面,该用户将大量且分散的隐性信息显化成显性信息;另一方面,在自己的思维方式和理论基础上,该用户将这些显性信息进行再次过滤和筛选,并将其消化吸收。该用户通过这样消化吸收的过程使信息获得了提高,而且自身还会获得不同的心得体会,将这些心得体会写成博文发布至网上,就完成了从隐性信息到显性信息的转化。

3. 信息接收者通过微信息交流平台获取信息发送者的信息

用户在作为信息接收者时通过各种方式检索到信息发送者的文章,并在顺利接收了文章的信息之后又从收集信息的过程开始,对文章的信息进行过滤和消化吸收,至此就完成了信息接收的过程,上一个用户的信息就进入了下一个用户的信息系统中。

4. 信息接收者吸收、生产并发布新信息

信息接收者在将上一位用户的信息消化吸收后,将自己的新思想和新观点以文章或评论的方式继续发布出来和他人分享交流。所有的信息转移至此都已完成。

双方在转移信息的过程中交互扮演着信息发送者和信息接收者的角色,完成一次又一次的信息转移。这样的信息转移过程把转移主体和对象合而为一,形成了一种良好的互动关系,在微信息交流的过程中既有效促进了信息转移主体间的信息交流,又使信息转移的效率得到了提高。

第六章

企业视角下基于微信息交流的品牌传播影响因素分析

在第五章中,我们从信息传播的主体、内容、渠道及效果四个方面,对基于微信息交流的企业品牌传播要素的特点及相互关系进行了分析。其中,信息传播的主体既可以是人,也可以是组织,企业作为信息传播的主体,在信息传播的过程中起到至关重要的作用,对信息传播的效果影响显著。但在对本土企业基于微信息交流的品牌传播现状进行调研时,课题组发现企业在利用微信息平台进行品牌信息传播的过程中,会遇到很多问题,如传播效果不显著、对新的传播环境不适应、对新兴传播平台不熟悉、对新兴传播技术不了解等。

为了使企业能够更好地利用微信息交流平台,对企业信息进行更好地传播,本章从企业特征和企业发布内容特征两个维度,研究其对消费者关注、认可、分享等行为的影响。

第一节　构建基于微信公众号的企业品牌传播影响因素模型

目前网络上各类信息传播平台众多,其中微博微信类微信息交流平台因其巨大的用户基数而被广泛关注。根据 CNNIC 发布的第 43 次《中国互联网络发展状况统计报告》中的数据,截至 2018 年 12 月,微信、微博的使用率分别为 83.4%、42.3%。微信、微博凭借其庞大的用户资源而被企业广泛关注，企业将其作为重要的信息传播媒介，向用户传递企业相关的品牌信息和产品信息，塑造良好的企业形象，提升消费者对企业品牌或产品的认可，进而使消费者向更多用户分享企业传递的信息，帮助企业获取更大的市场份额和更好的发展（夏立新，2019）。学者针对企业微信息传播的研究也很广泛，对其传播结构（冯缨、汪竹，2017；徐宝达等，2017）、影响因素、口碑营销、传播影响力评价（张海涛等，2019b）等都进行了卓有成效的探讨。

但是现有的研究多侧重于消费者视角，分析消费者决策和行为意愿的影响因素，较少从企业视角和企业创造内容视角，分析其对信息传播的影响。虽然目前微信的使用率更高，但是大部分研究仍然以微博为研究对象进行分析，对微信公众号信息传播的研究相对较少。因此本章选择企业视角，从企业特征和企业发布内容特征，对基于微信公众号的企业品牌传播影响因素进行分析。

一 企业特征对用户行为的影响研究

从企业账号的可信度和活跃度两个方面，总结与企业自身相关的影响因素。

1. 可信度的研究

与传统信息交流不同，网络信息交流打破了私人社交领域的界限，我们获取的大量信息来自弱关系甚至是陌生人，并且网络中充斥着大量的垃圾信息、虚假信息、冗余信息等。因此，在网络信息交流中一个潜在的问题就是信息来源的可信度问题。信息来源的可信度是指信息的接收者感知到的信息传播者的可靠性，不关乎信息内容本身（舒振刚，2018）。Zhang（2010）认为，信息发布者被感知到的可信度越高，其发布的内容被采纳的可能性越大。Forman 等（2008）认为，在信息传播的过程中，信息发布者自身的描述信息会成为产品信息的补充和替代，提升消费者感知信息价值的能力。Metzger 等（2010）通过实验证实，对网络信息可信度的评价，可以通过信息发布者的知名度和认可度两个指标进行，在信息来源的可信度较高时，信息传播的范围更广。在面对真假难辨的信息时，消费者更倾向于从对自身描述详细和经过身份认证的企业账户来获取信息。

2. 活跃度的研究

石磊等（2012）以新浪微博及 Twitter 平台用户为研究对象，通过分析其分布特点和信息传递方式，构建用户活跃度模型，提出在微博信息传播的过程中，活跃度指数能够反映用户特征。原福永等（2012）以微博用户影响力为研究对象，构建测量模型，分析了用户被关注度、活跃度对微博影响力的作用。丁雪峰等（2010）以微博意见领袖为研究对象，提出意见领袖的评价算法，用户活跃度是其中一个重要指标。丁汉青和王亚萍（2010）同样以意见领袖为研究对象，构建意见领袖识别指标体系，提出可根据用户使用微博的频次和微博信息传播的范围进行识别。赵蓉英和曾宪琴（2014）提出，微博粉丝数是微博信息转发的基础，微博账户的活跃度和活跃时间对微博信息转发有显著影响。长孙萌（2019）提出了包括活跃度在内的微博信息传播若干影响因素，并对微博信息传播效率进行了分析。

二 企业发布内容特征对用户行为的影响研究

内容特征是对信息的描述，是指信息的表达方式和呈现技巧。学者从不同的视角对信息的特征进行了相应的研究。Shi 等（2016）提出了信息的互动性和娱乐性特征，并讨论了其对用户与企业微博互动的影响。Vries 等（2012）提出了信息的生动性和互动性特征，并讨论了其对信息流行度的影响。常亚平和董学兵（2014）提出了信息的相关性、可靠性、客观性、时效性和趣味性特征，并讨论了其对信息分享意愿的影响。徐颖等（2018）提出了信息的趣味性、交互性和显著性特征，并结合情绪认知理论，讨论了其对信息渗透度的作用机理。胡玲和韩悦心（2018）提出了信息的趣味性、有用性和互动性特征，并讨论了其对消费者口碑再传播的影响。

基于上述研究，本书从信息的专业性、趣味性和互动性，讨论与企业发布内容相关的影响因素。

1. 专业性

企业微信公众号与普通微信账号的存在目的不同，企业微信公众号的存在是为了使消费者有更多、更方便和更权威的渠道，去了解企业信息，对企业产生信任，并愿意将信息传播和分享给他人。徐颖等（2018）认为，不同于企业微博，企业微信公众号的主要目的是向用户告知企业相关信息，注重信息的专业性和准确性。Constant 等（1996）认为，用户只有在获取有价值的、专业的、感兴趣的信息时，才会有进行信息传播的动力和欲望，当信息的专业水平不太高时，用户对信息传播的欲望就不是很强烈。

2. 趣味性

趣味性指的并不是信息内容本身具有趣味性，而是其表现形式具有趣味性。常亚平和董学兵（2014）认为，信息的趣味性更有利于用户对信息的接收，可以触发信息传播行为。Eisend（2009）认为，幽默的表达方式能够提升信息的吸引力，对信息传播产生积极影响。Chung 和 Zhao（2003）认为，有趣的广告信息可以触发积极情绪，遏制消极情绪，提高用户对产品的接受程度。胡玲和韩悦心（2018）认为，网络口碑传播成功的关键就在于信息的趣味性。

3. 互动性

互动性一般指企业对消费者问题的解答，或对消费者评价、心得、感受等信息的评价、回复、转发或分享等。胡玲和韩悦心（2018）认为，互动性有利于企业品牌传播，可以提升用户对企业的关注度和忠诚度，提升用户转发信息的意愿；企业与用户间的互动，能够显著提升信息的转发量和产品的销售量。王战平等（2014）认为，企业会通过提问、转发、评论、抽奖等方式与用户进行互动，提升用户信息感知，使用户愿意接收信息内容并转发给自己的好友。Seol 等（2016）认为，较高的互动性可以使用户得到情感满足、产生积极情绪，从而引发用户积极行为。

三 用户行为

冈部庆三（1987）指出，信息行为即通过多样化的渠道进行的信息发送、接收、分析、处理、存储行为。Davenport 和 Prusak（1997）指出，信息行为即信息的检索、分析、利用、分享、存储等行为。Wilson（2000）

指出，信息行为即主动的信息搜寻和利用行为，同时还有被动的信息接收行为。胡昌平（2004）指出，信息行为是为了满足用户的信息需求而进行的信息的查询、接收、传播、交流、分析和利用等行为。Helen（2009）指出，信息行为即用户所有有意识、无意识、主动和被动的行为。

进入互联网时代后，信息倍增，人们信息的来源和获取信息的渠道也越来越多，特别是在社交网络盛行的当下，用户已不再只是信息的接收者，而转变为既是信息的接收者又是信息的发送者，其信息需求也变得越来越多样化和多维化，呈现社会化和综合化的特征。张青青（2015）对微博、微信平台的用户行为进行研究，将用户信息行为分为信息浏览、查询、分享和利用四类行为。周春雷和李木子（2016）将微信用户的信息行为分为创建、发布、转发、评价和点赞五类，指出用户的信息动机、心理状况、支付能力及外部环境对用户信息行为具有积极影响，而信息过载和人际关系离散对用户信息行为具有负面影响。薛杨（2017）认为，微信平台的企业信息传播中，用户的信息行为指用户阅读、吸收、转发、创建企业在微信平台上发布的信息。从用户角度，可将用户的行为分为对信息的关注和对信息的分享两部分，对信息的关注行为分为阅读、点赞、评论和收藏四类行为，而对信息的分享行为分为分享、转发和评论转发三类行为。

过往的研究表明，微博、Twitter 类的信息传播，多是在弱联系的节点中进行，而微信、Facebook 类的信息传播，多是在强联系的节点中进行。因此微信中更强调好友间的信息分享，虽然其在信息传播的速度和广度上略逊于微博，但是其传播的深度更深、影响力更大。由于在强联系的关系网络中，节点在专业性、价值观等方面的共性更大，对于企业来讲，通过微信信息传播获取的用户针对性更强，转化率更高。因此通过用户行为可以很好地评价企业微信公众号信息传播的影响力。

本书将微信公众号信息传播过程中用户的行为分为信息的阅读、点赞、评论、关注和分享，并将其分为两个阶段。第一阶段，用户对企业微信公众号发布信息的阅读、点赞和评论，代表了用户对信息的接收和评价。这些行为只有用户自己知晓，用户的好友是不能通过用户的这些行为获取到企业信息的，因此在这一阶段，信息只是传递到了用户这里，并没有得到进一步的传播。我们称这一阶段的用户行为为用户接收行为，行为的测量指标包括阅读总量、超 10 万阅读量文章数、超 10 万阅读量文章数占比、平均阅读量、头条文章阅读量、头条文章平均点赞数量、头条文章平均留言数量等。

第二阶段，用户对企业微信公众号发布信息的关注、分享，代表了用户对信息的持续接收和传播。用户对企业账号的关注意味着用户对企业发布的信息的兴趣较为强烈，愿意持续接收企业发布的信息，并且在这一阶段，用户将接收到的信息分享在微信的"在看"功能中，其微信好友就可以接收到用户分享的信息，达到信息传播的效果。我们称这一阶段的用户行为为用户传播行为，行为的测量指标包括粉丝数、平均在看数、头条文章在看数、最大在看数等。

四 理论模型

基于上述研究分析，本书将构建企业特征、企业发布内容特征和用户行为之间影响关系的理论模型，如图 6.1 所示。

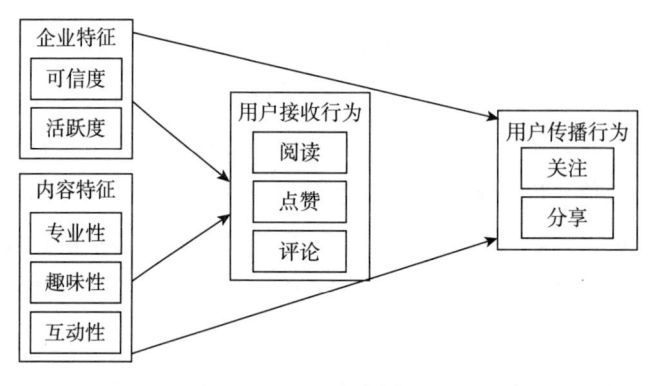

图 6.1 理论模型

1. 企业特征维度

说服传播理论认为，信息的来源、信息本身和传播受众对口碑的说服效果具有显著影响，并进而影响了受众接收信息后的态度。在企业特征维度，作为信息来源的企业，是信息传播的起点，既决定了信息传播的手段和工具，也决定了对信息内容的取舍。企业自身的特性可以提升消费者对企业品牌的认可程度，进而直接影响企业产品的市场接受程度。根据对前人研究的分析，本书认为企业的可信度越高，用户越愿意阅读其发送的信息内容，并对其发送的内容产生认可，有意愿将其分享和传播给其他用户；而活跃度越高则表明企业信息更新的速度越快、频率越高，信息越不滞后，用户阅读和转发的可能性越大。

因此，企业的可信度和活跃度对用户的信息接收行为具有积极影响，对用户的信息传播行为也具有积极影响。

2. 内容特征维度

企业微信公众号的主要目的是向用户传递企业相关信息，较为注重信息的专业性和准确性，还要兼顾信息的趣味性，提升信息的吸引力。同时，为提升用户的关注度和忠诚度，还需加强信息的互动性，提升用户传播信息的意愿。

因此，信息的专业性、趣味性和互动性对用户的信息接收行为具有积极影响，对用户的信息传播行为也具有积极影响。

3. 用户行为维度

用户行为维度根据用户信息行为的不同而分为两个阶段。首先，用户只是对信息进行阅读、点赞或评论，说明用户接收了信息；其次，如果用户对信息十分感兴趣，想进一步持续接收信息或将信息进行分享，那用户就会产生关注行为或分享行为，这时用户才有了持续的信息传播行为。

计划行为理论是描述个体态度和行为关系的理论，其认为个体的行为（信息传播行为）是由意向（信息接收行为）决定的，而意向是行为的必要阶段和决定因素。由此可知，用户行为意愿与用户行为之间相关性很强，即用户信息传播行为与用户信息接收行为具有显著相关性，因此用户信息接收行为是用户信息传播行为的前置中介变量。

第二节 企业微信公众号信息采集

一 研究设计

在研究对象选取上，课题组对各微信公众号统计平台提供的2019年1~6月的排名前100的企业公众号进行了筛选及统计整理。以企业公众号出现的次数作为统计指标进行了排序,确定了 101 个企业公众号,作为本次研究的数据样本。

量表选择上,研究模型共涉及 10 个潜在变量:可信度、活跃度、专业性、趣味性、互动性、阅读、点赞、评论、关注、分享。在确定了变量后,本书针对微信公众号信息传播的特点,综合已有研究选取的测量指标,最终针对变量选取了 24 个指标(见表 6.1)。

表 6.1 量表指标体系

维度	构念	测量指标	指标解释
企业微信公众号特征	可信度	认证信息(relia)	公众号是否得到官方认证
	活跃度	文章总数(postfre)	公众号发布的文章总数
		发布次数(postrate)	公众号发布的总次数
		信息推送量(postsum)	公众号信息推送数量与微信平台所限最大推送数量之比
		信息推送频率(posttime)	公众号推送消息的次数与微信平台所限的最大推送次数之比
企业发布内容特征	专业性	原创信息占比(originalrate)	原创信息占全部推送信息的比例
		企业信息占比(enterpriseinfor)	媒体访谈、新产品发布会、企业愿景等内容占全部推送信息的比例
	趣味性	视频信息占比(videorate)	视频信息或音频信息占全部推送信息的比例
		图文信息占比(imgrate)	图文信息占全部推送信息的比例
	互动性	互动信息占比(intera)	与用户的互动信息,包括对其他用户的评价、转发等,占全部推送信息的比例
用户信息接收行为	阅读	阅读总量(readsum)	全部文章的阅读量
		超 10 万阅读量文章数(readover10w)	超 10 万阅读量的文章数量
		超 10 万阅读量文章数占比(readover10rate)	超 10 万阅读量的文章数量占总文章数量的比例
		平均阅读量(readaverage)	每篇文章的平均阅读量
		头条文章阅读量(headline)	全部头条文章的阅读量
		头条文章阅读量占比(headlinerate)	全部头条文章的阅读量占总文章阅读量的比例
		最大阅读量(readmax)	单篇最大阅读量
	点赞	头条文章平均点赞数量(headlinelikes)	头条文章平均点赞数量
	评论	头条文章平均留言数量(headline comment)	头条文章平均留言数量

续表

维度	构念	测量指标	指标解释
用户信息传播行为	关注	粉丝数（fans）	关注公众号的人数
	分享	头条文章在看数（headlinenow）	全部头条的在看数
		平均在看数（readnow）	全部文章的平均在看数
		最大在看数（readnowmax）	单篇文章的最大在看数
		在看率（readnowrate）	在看的数量与文章总阅读量的比例

二 数据采集

课题组在选择和归纳这些测量指标时，主要从两个角度来考虑，一是选择能较准确量化的指标；二是参考现有的比较有影响力和知名度的微信数据统计平台公布的数据和调研数据。尽量避免主观性判断给整个指标体系带来过大的影响。

基于上述原则，课题组在 2019 年 10 月对这 101 家企业 9 月的微信公众号信息进行了采集，每家企业采集的信息包括是否得到官方认证、公众号在 9 月发布的文章总数等 24 条数据，共采集了 2424 条数据。数据的描述性分析如表 6.2 所示。为使研究数据在同一量纲上，本书对数据进行标准化处理。

表 6.2　数据描述性分析

指标	N	最小值	最大值	均值	标准偏差
relia	101	0	1	0.57	0.497
postfre	101	0.1	1	0.6444	0.34593
postrate	101	0.02	0.97	0.2715	0.24922
postsum	101	2	197	28.54	28.022
posttime	101	1	30	11.42	9.941
originalrate	101	0	78.87	12.0379	20.41961
enterpriseinfor	101	0	1	0.3554	0.3072
videorate	101	0	0.92	0.1308	0.1861
imgrate	101	0	1	0.9365	0.15173
intera	101	0	1	0.2503	0.27237
readsum	101	130000	5030000	918514.85	807193.144

续表

指标	N	最小值	最大值	均值	标准偏差
readaverage	101	2047	100000	41353.78	28007.127
readover10w	101	0	24	3.49	4.789
readover10rate	101	0	1	0.183	0.2378
headline	101	110000	2480000	519702.97	506172.807
headlinerate	101	0.17	1	0.656	0.25711
readmax	101	18784	100001	82515.95	25882.746
headlinelikes	101	14	15772	616.95	1706.6
headlinecomment	101	0	100	28.93	28.143
fans	101	28543	4293680	982362.02	882263.786
readnow	101	6	9282.8	396.421	1068.3421
readnowmax	101	29	20809	1805.25	3357.509
headlinenow	101	74	360977	8156	37205.59
readnowrate	101	0	30	0.963	3.0552

第三节 实证分析

1. 信度分析

信度分析通常是测量事物一致性的方法,具体来说是通过同一方法对同一事物进行分析。信度分析 Cronbach's α 系数是当前运用最广泛的衡量测量表有效性与可靠性、一致性与稳健性的指标。Cronbach's α 值越高代表测量表越稳定,Cronbach's α 大于 0.7 代表高信度,表示问卷测量表较稳定。Cronbach's α 在 0.5 和 0.7 之间表明信度一般,但可以勉强进行下一步的实验。若 Cronbach's α 系数小于 0.5 则表示信度较低,不适宜进行下一步实验。在社会学研究中,要求研究中量表的信度系数大于 0.6。

本书利用 SPSS 26.0 进行信度分析,结果如表 6.3 所示,本书的变量设计通过了信度检验,可以进一步进行分析。

表 6.3　可靠性统计

Cronbach's α	基于标准化项的 Cronbach's α	项数
0.140	0.696	24

接下来删除相应变量，求剩余变量之间的 Cronbach's α，如果相应项删除之后的 Cronbach's α 仍较大，说明是否删除项对原有的数据没有影响，可以保留。如表 6.4 所示，本书的数据量表的选取是合理有效的。

表 6.4　可靠性统计量表

变量	项已删除的 Cronbach's α
可信度	0.701
活跃度	0.724
专业性	0.704
趣味性	0.708
互动性	0.719
阅读	0.592
评论	0.659
点赞	0.711
关注	0.699
分享	0.525

2. 效度分析

效度分析是用来判断测量数据的方式是否科学、合理的方法。其测量结果可以判断研究是否能够准确地衡量出构念的特质。效度越高代表测量结果越能反应研究的特性。当前应用最广泛的效度指标是 KMO 和 Bartlett's 球体检验。通常，KMO 值越大，说明模型中变量的净相关系数越低；KMO 值越小，说明变量间的共同因素越少，净相关系数越高。接下来本书进行因子分析，而后进行数据的降维，最后对因子之间的关系进行验证。本书使用 SPSS 26.0，运用主成分分析法对因子进行验证，根据本书的模型假设，选取 7 个因子对相关性矩阵进行验证，因子旋转使用最大方差法。效度检验结果如表 6.5 所示，KMO 值为 0.666，由于本书研究属于社会科学类研究，当 KMO 值大于 0.6 时，可以进行下一步因子分析。

表 6.5　KMO 和 Bartlett's 球体检验

KMO 检验		0.666
Bartlett's 球体检验	近似卡方	2183.813
	df	276
	显著性	0.000

根据本研究的模型假设与实际情况，通过因子分析得出了 7 个因子，累计解释方差为 77.348%，各个变量特征符合要求，因此样本的数据合理（见表 6.6）。

表 6.6　因子分析结果

成分	初始特征值			提取载荷平方和			旋转载荷平方和		
	总计	方差贡献率（%）	累计方差贡献率（%）	总计	方差贡献率（%）	累计方差贡献率（%）	总计	方差贡献率（%）	累计方差贡献率（%）
1	5.141	21.419	21.419	5.141	21.419	21.419	4.372	18.219	18.219
2	4.741	19.755	41.174	4.741	19.755	41.174	4.311	17.964	36.183
3	2.778	11.575	52.749	2.778	11.575	52.749	2.456	10.232	46.415
4	1.974	8.226	60.975	1.974	8.226	60.975	2.137	8.904	55.319
5	1.572	6.549	67.524	1.572	6.549	67.524	2.038	8.491	63.810
6	1.311	5.464	72.988	1.311	5.464	72.988	1.686	7.027	70.836
7	1.046	4.360	77.348	1.046	4.360	77.348	1.563	6.512	77.348

本章通过正交因子旋转，得到旋转之后的成分矩阵，再得到研究的 7 个因子，分别为可信度（reliability）、活跃度（activeness）、专业性（professional）、趣味性（interesting）、互动性（interactive）、用户接收行为（accept）以及用户传播行为（spread）。接下来，采用 Stata 26.0 软件，构建多元回归方程，验证本书的中介效应模型。

进行因子分析的时候，将分析出的 7 个因子保存为新的变量，并计算因子得分。接着对因子进行相关性检验，结果如表 6.7 所示。可以看出，变量之间的相关关系大都小于 0.3，因此不存在多重共线性，且其他变量与中介变量用户接收行为之间存在显著的相关关系，这也是中介效应模型必须满足的基本条件。

表 6.7 相关性分析

变量	reliability	activeness	professional	interesting	interactive	accept
reliability	1.0000					
activeness	0.0636***	1.0000				
professional	0.0658***	0.1618***	1.0000			
interesting	0.0327***	0.0929***	0.0119***	1.0000		
interactive	0.1391***	0.2403***	0.1771***	0.1401***	1.0000	
accept	0.0364***	0.3022***	0.1754***	0.0771***	0.4573***	1.0000

注：*** 表示 1% 的统计显著水平。

3. 基础模型分析

为了验证用户接收行为的中介效应，本书使用逐步回归法进行验证：第一，构建自变量与因变量之间的回归方程，检测其显著性；第二，构建自变量与中介变量之间的回归方程，并检验其显著性；第三，构建自变量、中介变量与因变量之间的回归方程，并检验其显著性。

根据本书的实际情况，首先构建自变量与因变量的回归方程，采用逐步回归法，依次将企业的可信度（reliability）、活跃度（activeness）以及信息的专业性（professional）、趣味性（interesting）、互动性（interactive）纳入对用户传播行为（spread）的影响模型中［模型（1）~（5）］，模型回归结果如表 6.8 所示。

$$spread_i = \beta_1 reliability_i + \varepsilon \quad (1)$$

$$spread_i = \beta_1 reliability_i + \beta_2 activeness_i + \varepsilon \quad (2)$$

$$spread_i = \beta_1 reliability_i + \beta_2 activeness_i + \beta_3 professional_i + \varepsilon \quad (3)$$

$$spread_i = \beta_1 reliability_i + \beta_2 activeness_i + \beta_3 professional_i + \beta_4 interesting_i + \varepsilon \quad (4)$$

$$spread_i = \beta_1 reliability_i + \beta_2 activeness_i + \beta_3 professional_i + \beta_4 interesting_i + \beta_5 interactive_i + \varepsilon \quad (5)$$

表 6.8 基础模型分析结果

变量	（1）	（2）	（3）	（4）	（5）
reliability	0.0881***	0.0418	0.2436	0.0210	0.0055
	(0.0354)	(0.0339)	(0.0336)	(0.0336)	(0.0317)
activeness		0.2506***	0.2335***	0.2297***	0.1621***
		(0.0116)	(0.0116)	(0.0117)	(0.0114)
professional			0.0207***	0.0208***	0.0008***
			(0.0023)	(0.0022)	(0.0003)
interesting				0.0012***	0.0023***
				(0.0003)	(0.0001)
interactive					0.0002***
					(0.0001)
常数项	0.0688	0.3574	0.4495	-0.5298	-0.4391
	(0.0313)	(0.0327)	(0.0339)	(0.0406)	(0.0386)
样本数	101	101	101	101	101
调整 R^2	0.0011	0.0913	0.1073	0.6224	0.205
F 值	6.183	234.74	187.55	1532.75	241.00

注：括号内为标准误（standard error），*** 表示 1% 的统计显著水平。

为了提升模型的稳定性，在进行模型回归的时候，采用拔靴自举法自举 100 次，从而增加数据的可靠性。结果发现，活跃度、专业性、趣味性、互动性对用户的接收行为均有显著正向影响。对于企业的可信度，在不加入其他因素的情况下，对用户的接收行为具有正向影响。但是加入其他影响因素之后，影响不显著，可能的解释为：该指标测度的是公众号是否得到官方认证，是虚拟变量，用来描述可信度较为片面；用户在使用公众号时，更加注重其他的信息质量，而不太关注是否得到官方认证。

4. 中介效应模型分析

进一步地，将自变量与中介变量一同纳入用户传播行为的影响模型，具体来说是将中介变量用户接收行为（accept）纳入基础变量对用户的影响模型中，分别构建模型（6）~（10），并用 Stata 26.0 进行验证，结果如表 6.9 所示。

$$spread_i = \beta_1 reliability_i + \lambda accept_i + \varepsilon \tag{6}$$

$$spread_i = \beta_1 reliability_i + \beta_2 activeness_i + \lambda accept_i + \varepsilon \tag{7}$$

$$spread_i = \beta_1 reliability_i + \beta_2 activeness_i + \beta_3 professional_i + \lambda accept_i + \varepsilon \tag{8}$$

$$spread_i = \beta_1 reliability_i + \beta_2 activeness_i + \beta_3 professional_i + \beta_4 interesting_i + \lambda accept_i + \varepsilon \quad (9)$$

$$spread_i = \beta_1 reliability_i + \beta_2 activeness_i + \beta_3 professional_i + \beta_4 interesting_i + \beta_5 interactive_i + \lambda accept_i + \varepsilon \quad (10)$$

表 6.9 中介效应模型分析结果

变量	(6)	(7)	(8)	(9)	(10)
$reliability$	0.0671***	0.0348	0.0336	0.0248	0.0325
	(0.0221)	(0.0218)	(0.0218)	(0.0218)	(0.0218)
$activeness$		0.0804***	0.0795***	0.0807***	0.0754***
		(0.0078)	(0.0079)	(0.0079)	(0.0080)
$professional$			0.0014***	0.0014***	0.0002***
			(0.0005)	(0.0004)	(0.0005)
$interesting$				0.0004***	0.0005***
				(0.0002)	(0.0002)
$interactive$					0.0002***
					(0.0000)
$accept$	0.7817***	0.7527***	0.7814***	0.7525***	0.7591***
	(0.0091)	(0.0094)	(0.0095)	(0.0095)	(0.0100)
常数项	−0.0524	−0.1470	0.4634	−0.1226	−0.1184
	(0.0195)	(0.0214)	(0.0221)	(0.0270)	(0.0269)
样本数	101	101	101	101	101
调整 R^2	6.133	0.6219	0.6220	0.6224	0.6237
F 值	3692.43	2250.91	1913.41	1532.75	1284.19

注：括号内为标准误（standard error），*** 表示 1% 的统计显著水平。

根据模型分析，我们发现中介效应模型中的大部分变量的系数均小于基础模型中变量的系数。同时，在模型中仅有可信度这一个变量的时候，企业公众号的可信度可以正向影响用户的传播行为。但是当模型中纳入其他因素之后，可信度对用户的传播行为的影响变得不显著。活跃度（activeness）、专业性（professional）、趣味性（interesting）、互动性（interactive）对用户的传播行为均存在显著的正向影响，且用户接收行为在各个企业公众号的特征对用户信息传播的影响中起到中介作用。

第四节　小结

一　研究发现

对收集到的数据进行定量分析后，本书的主要发现有如下几个。第一，企业发布和推送信息的频率，即企业账户的活跃度，对用户的信息接收行为和信息传播行为有显著的正向影响。第二，企业账户与其他账户不同，企业希望发布的信息被用户信任和认同，并愿意将信息传播出去。因此，信息的专业性对用户的信息接收行为和信息传播行为有显著的正向影响。第三，企业发布的信息内容多是企业的产品信息或活动信息等，内容相对来讲比较固定。因此，信息呈现形式的趣味性就成了决定用户信息传播行为的重要影响因素。第四，企业发布的信息中包含与用户的互动性信息，如转发抽奖、积赞、问题解答等，这些信息可以提升用户的黏性和忠诚度，对用户的信息接收行为和信息传播行为有显著的正向影响。第五，在企业特征中，可信度的正向影响不显著，可能是由于用户对企业公众号是否得到官方认证并不十分看重，而可能看重其他因素，如周围人的影响、公众号发布信息的质量等。第六，用户接收行为的中介作用显著，证明接收行为是传播行为的必要阶段和决定因素。

二　研究启示

为了更好地利用微信公众号进行营销推广，提升和传播品牌形象，扩大用户规模，增强用户黏性，企业需做到以下几点。第一，可以适当增加信息推送的频率，提高企业账号的活跃度，掌控信息发布的节奏。第二，消费者的信息行为受到企业发布的信息内容的驱动，信息特征本身是消费者行为的重要影响因素。因此，企业要提高原创信息的比例，提升信息内容的专业性和权威性，通过发布专业性强的信息，使用户对企业产生信任并认同企业品牌理念。第三，在提升专业性和权威性的同时，也应提升趣味性，提高阅读友好性，如增加推送信息的视频与图片信息的比例等。第四，为增进用户黏性进而增加用户的信息接收行为与信息传播行为，企业要多与用户进行互动。企业发布促销方面的互动信息，会显著提升用户的信息传播意愿和行为。

第七章

用户视角下企业微信公众号使用意愿研究
——以某物业服务公司为例

随着新媒体的发展,企业在构建品牌形象、与用户进行线上品牌互动时,更多地选择以社交媒体为载体的品牌传播模式。移动网络和智能手机普及率在不断提高,人们获取信息以及进行信息交流的方式也在不断变化,人们更多地利用微信这类移动端的社交软件沟通。微信公众平台具有灵活性、互动性、时效性的特征,被越来越多的企业使用和喜爱。

微信活跃用户数量剧增,截至2018年,其活跃用户数量突破10亿,接近10亿的用户端口,是企业进行品牌传播的重要窗口。随着市场经济体制改革的不断深化,市场经济环境也在不断改进优化,这对企业来说是一把"双刃剑",既有机遇又有挑战。企业品牌传播更需要像微信这样具有辐射力和活力的平台,"微信+"这种传播模式符合企业品牌传播的需求,为企业拓宽了品牌传播渠道。微信平台是一个零成本的传播平台,利用自媒体对企业的品牌及文化等进行宣传,可以推进企业品牌的发展与战略的实施。

截至2017年底,微信公众平台已经有1000多万家企业及品牌在使用,每月活跃账号数超出350万个。企业品牌传播的重要载体已经转变为微信公众平台,越来越多的用户活跃在微信平台上,这是企业品牌传播的新机遇。通过微信发布的官方数据,我们可以看出,微信用户中的19%关注了企业商户账号。其中,有接近6%的用户关注了营销推广类的企业账号。"微信公众平台+企业",是对传统线下传播模式的改进创新。"零成本""大领域"作为线上传播的亮点,极大提升了企业品牌传播能力。微信凭借着互动性、及时性的特点,已经成为众多企业品牌传播不可缺少的载体。在新媒体时代背景下，企业进行品牌传播的内在需求完全可以由"线上＋线下"以及线上"一对一"等品牌传播的新渠道来满足。

为了了解企业利用微信息平台进行企业品牌传播的情况，课题组对河南省多家企业进行了广泛深入的调研。调研涉及多个行业，包括房地产业、物业管理业、高新技术产业、旅游业等，获取了大量的一手数据和资料，对企业基于微信息交流的品牌传播的情况有了较为深入的了解，下面选取其中的一个典型企业进行实证分析。

第一节　企业开展微信息服务的情况

一　企业简介

某物业服务公司于2000年在郑州市登记成立，已被评为国家一级物业管理资质企业、荣获"中国物业服务百强企业"的荣誉称号。公司现在已成为中国物业管理协会常务理事单位、河南省物业管理协会会员单位、郑州市物业管理协会副会长单位。在郑州的物业服务行业中，该公司的综合实力名列前茅。公司自成立以来不断发展，积累了雄厚的实力以及完备的管理经验，凭借这些优势，分公司已经遍布郑州、北京、南京、济南、沈阳多地。凭借着专业水平，公司与很多企业达成了战略合作，是河南省首家通过严格筛选招标与世界500强企业富士康合作的物业服务企业。此外，公司还与大连万达集团有合作关系。

该物业服务公司始终以服务业主为目标，坚持"标准化服务、制度化管理"，已经通过了ISO9001质量管理体系认证，形成了符合公司特色的经营管理模式，在制度、程序、档案等方面的管理模式都是独一无二的。

在信息服务方面，公司不断引进新的高科技管理技术，用技术管理替代过去的人力管理，将物业管理与互联网融合在一起，有效改进了内控管理、强化了现场管控、提升了客户对服务的满意度，形成了网络信息化管理体系。

在互联网时代，企业管理思维与互联网思维相撞，这就需要企业不断创新企业内控、基础服务、增值服务。该物业服务公司通过自主创新研发信息化系统 20 余个，同时利用线上和线下平台进行宣传推广，为客户提供服务，形成了差异化、多元化的增值物业服务。公司的这些举措为公司节省了成本，缩短了业务流程，并最终实现了移动终端智能管控及大数据管理。

随着移动互联网使用的持续深化，为了更好地服务业主，该物业服务公司在微信平台上设置了 28 个公众号，这些公众号分别针对不同的用户群体展开服务，截至 2019 年 2 月，注册用户已达 4 万余人，单篇文章最少阅读人数 1834 人，最多阅读人数 2305 人，用户规模比较庞大，用户活跃度比较高。因此本书选择该物业服务公司作为实证分析对象之一。

2018 年 12 月 29 日~2019 年 1 月 27 日该物业服务公司公众平台每日访问总业主数见图 7.1。

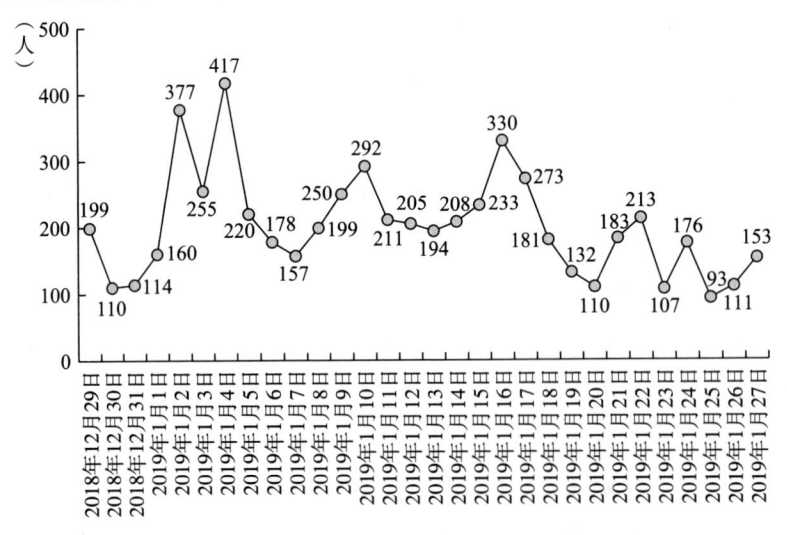

图 7.1　2018 年 12 月 29 日~2019 年 1 月 27 日该物业服务公司公众平台每日访问总业主数（绑定房间的业主数）

随着智能手机和移动网络的普及，以微信为代表的移动社交应用成为人们获取信息和进行交流的重要工具。针对这一现象，企业也广泛地开展了基于微信公众号的企业品牌传播活动，以该物业服务公司为例，我们从服务栏设置、微信息内容、传播效果等方面介绍该企业开展微信息服务的基本情况。

二　服务栏设置分析

进入微信公众号，界面的底部即为服务栏。服务栏是用来展示公众号主要功能的，同时用户想要快速获取服务也可以通过服务栏。订阅用户打开微信公众号界面，首先看到的就是服务栏，订阅用户可以通过服务栏内设的链接打开相应的界面进行操作，接受相关服务。处于一级界面下的服务栏作为用户第一眼看到的内容，是企业展示品牌形象的第一次机会，可以有效地降低订阅用户获取订阅号信息的时间成本。一般情况下，微信为公众号提供了至多3个一级服务栏，至多5个二级服务栏，每个服务栏的名称允许在四个汉字或者八个字母以内。

该物业服务公司的28个微信公众服务平台下都有相应的服务栏，并针对自己服务对象的不同特点略有差异，但总体归纳起来，使用最为频繁的为以下4个模块：报修、投诉建议、物业缴费和智慧物业。各模块每日访问总业主数如图7.2所示。

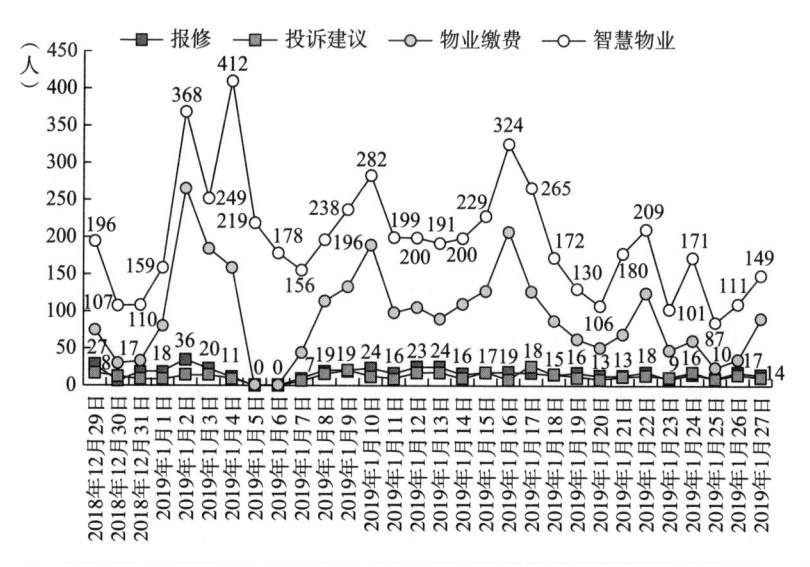

图 7.2　2018 年 12 月 29 日 ~ 2019 年 1 月 27 日公众服务平台各模块每日访问总业主数

三　微信息内容分析

企业公众号是企业品牌传播的重要载体，扩展了企业品牌传播的路径，成为企业品牌传播的窗口。企业要想丰富品牌文化，让消费者通过微信公众平台多角度了解企业品牌，提高消费者的品牌忠诚度，实现品牌的有效传播，达到良好的企业品牌传播效果，就需要在内容上多下功夫，使品牌的产品和文化不是死板出现，而是更能够深入人心。通过观察企业公众号的发文情况，发现该企业微信公众号发布的内容一般有以下三种类型。

1. 企业品牌资讯类信息

霍夫兰认为，信源的可信度越高，其说服效果越好，反之则越差，这就说明树立良好的企业形象、争取受众的信任是改进传播效果的基本前提。在笔者调研的 28 个企业微信公众号中，绝大部分公众号均有提供关于企业形象、品牌资讯的推文。这类推文主要包括企业简介、品牌文化、企业荣誉、创始人、企业故事、社会责任等内容。社交网络时代的品牌营销是文化、价值和情感的营销，节能环保、人文关爱等责任和价值观往往可以给人们带来精神上的巨大满足感。该物业服务公司公众号就经常发布诸如《众志成城，攻坚克难——富士康员工入住攻坚战!》《风雨无阻的守护》《物业集团上半年经营分析会》等企业品牌形象资讯类的文章。2019 年 2 月 14 日，西郡原著邻里之家公众号发布介绍物业服务的文章《物业服务 | 不期而遇的温暖，守候浪漫归家路》，文中介绍了物业连夜清理小区积雪的情况，获得了业主的大量点赞和评论，业主纷纷为物业点赞，表示感谢。通过这种方式，品牌的影响力深深扎根于消费者的心灵深处，从而让消费者对品牌产生情感上的依赖，而这种依赖正是品牌忠诚度的最初表现形式。现代企业和品牌的竞争已经不是价格、质量和服务等层面的竞争了，品牌背后更高层次的企业文化才是赢得消费者信赖和对品牌认同的重要武器。

2. 互动活动类信息

互动活动类信息既能提升订阅用户对微信公众号的黏性，又可以借助订阅用户的朋友圈进行二次传播。2018 年 11 月 7 日，西郡原著邻里之家公众号发布文章《用一种"奥式健康生活"，来度过 2018 仅剩的六分之一时光》，组织业主一起"约定跑"，通过打卡换奖金的激励机制，一方面倡导了健康的生活方式，另一方面帮助业主在线下找到了同住一个小区的热爱跑步的志同道合的朋友，营造了健康友善的社区环境。

而每逢佳节，公众号一定会通过发布文章送上节日的祝福，并开展一系列活动庆祝节日，如端午节的包粽子活动、儿童节的绘画活动等。这些文章并没有硬生生地夸奖企业的优势，而是通过线上线下的活动塑造企业的品牌形象，起到了品牌传播的目的。

3. 生活科普类信息

在生活科普类信息中，公众号会发布一些实用的业主感兴趣的内容，多是一些生活小贴士、健康知识和生活小窍门等，经运营人员编写和图文排版后发布。2019年4月13日，该物业服务公司公众号发布的文章《健康生活，"运动宝典"不可少》一文中，就为业主介绍了正确的运动方式，让大家感受到了运动的快乐。

除了上述类型，笔者对这28个微信公众号进行抽样调查还发现，这些微信公众号发布的内容有时候也不仅仅局限于一种话题类型，它们往往会将不同的话题类型相互融合，达到共同宣传企业品牌的目的。

四　传播效果分析

笔者在分析传播效果时，主要从公众号的受众参与度、推送时效与微信传播指数方面综合进行分析。

1. 受众参与度对企业微信公众号传播效果的影响分析

社交媒体"快餐化"已经成为当下新媒体传播的最大特征。而这种特征也使得企业微信公众号的用户黏性一直得不到提高，更多的时候，受众只是被动地接受公众号的推送。28个微信公众号的发文、文章阅读、文章分享和文章收藏情况如表7.1所示。

作者在对企业微信公众号进行定量研究时发现，阅读和分享排名靠前的推文中，有85%的推文包含了受众参与或与受众自身息息相关的内容。这种类型的推文主要来自企业品牌资讯和线下活动，如公众号西部原著邻里之家的推文《积分清零倒计时｜本周末专场兑换攻略抢鲜知，来就兑了》和推文《奥式生活｜心归自然，漫山云脚——西郡原著业主云脚之旅邀你参加》的阅读量就比较高，这类推文排名如此靠前是因为用户有极高的

表 7.1 公众号用户参与情况

公众号id	粉丝数量(人)	发文		文章阅读				文章分享				文章收藏				文章阅读来源			
		发文数量(篇)	上期发文数量(篇)	阅文次数(次)	文章阅读率(%)	上期阅文次数(次)	阅文次数环比(%)	分享次数(次)	分享率(%)	上期分享次数(次)	分享次数环比(%)	收藏次数(次)	收藏率(%)	上期收藏次数(次)	收藏次数环比(%)	朋友圈阅文次数(次)	朋友圈阅文次数占比(%)	好友转发阅文次数(次)	好友转发阅文次数占比(%)
36	5188				0.0		0.0		0.0		0.0		0.0		0.0		0.0		0.0
37	88114	4	5	1371	1.6	658	108.4	65	4.7	13	400.0	0	0.0	1	−100.0	183	13.3	178	13.0
65	3916	0	1		0.0		0.0		0.0		0.0		0.0		0.0		0.0		0.0
40	2915			7	0.2	100	−93.0	0	0.0	0	0.0	0	0.0	0	0.0	0	0.0	0	0.0
41	801				0.0		0.0		0.0		0.0		0.0		0.0		0.0		0.0
42	767	1	0	221	28.8	0	0.0	2	0.9	0	0.0	0	0.0	0	0.0	0	0.0	4	1.8
43	4874				0.0		0.0		0.0		0.0		0.0		0.0		0.0		0.0
44	1094				0.0		0.0		0.0		0.0		0.0		0.0		0.0		0.0
45	1796	1	0	71	4.0	0	0.0	0	0.0	0	0.0	0	0.0	0	0.0	0	0.0	0	0.0
46	809				0.0		0.0		0.0		0.0		0.0		0.0		0.0		0.0
47	1863	2	1	97	5.2	52	86.5	4	4.1	0	0.0	1	1.0	0	0.0	0	0.0	10	10.3
48	2184	1	0	144	6.6	0	0.0	1	0.7	0	0.0	0	0.0	0	0.0	15	10.4	0	0.0
49	2617	2	0	418	16.0	0	0.0	28	6.7	0	0.0	1	0.2	0	0.0	265	63.4	29	6.9
50	70				0.0		0.0		0.0		0.0		0.0		0.0		0.0		0.0
51	1368				0.0		0.0		0.0		0.0		0.0		0.0		0.0		0.0

续表

公众号id	粉丝数量(人)	发文		文章阅读			文章分享				文章收藏				文章阅读来源			
		发文数量(篇)	上期发文数量(篇)	阅文次数(次)	文章阅读率(%)	上期阅文次数(次)	阅文次数环比(%)	分享次数(次)	分享率(%)	上期分享次数(次)	分享次数环比(%)	收藏次数(次)	收藏率(%)	上期收藏次数(次)	收藏次数环比(%)	朋友圈阅文次数(次)	朋友圈阅文次数占比(%)	好友转发阅文次数(次)	好友转发阅文次数占比(%)
52	1214	1	0	49	4.0	0		0	0.0	0	0.0	0	0.0	0	0.0	0	0.0	0	0.0
53	1796	1	0	45	2.5	0		0	0.0	0	0.0	0	0.0	0	0.0	0	0.0	0	0.0
54	1239	2	1	69	5.6	37	86.5	0	0.0	0	0.0	0	0.0	0	0.0	0	0.0	0	0.0
55	2106	3	0	799	37.9	0		1	0.1	0		0	0.0	0	0.0	0	0.0	1	0.1
56	2618	0	3	30	1.1	302	−90.1	1	3.3	0		0	0.0	0	0.0	0	0.0	0	0.0
57	2588	1	0	122	4.7	0		0	0.0	0	0.0	0	0.0	0	0.0	0	0.0	0	0.0
58	2323	2	3	102	4.4	123	−17.1	2	2.0	0		0	0.0	0	0.0	0	0.0	0	0.0
59	976	0	0		0.0	0	0.0	0	0.0	0	0.0	0	0.0	0	0.0	0	0.0	0	0.0
60	760	1	0	20	2.6	0		0	0.0	0	0.0	0	0.0	0	0.0	0	0.0	0	0.0
61	772	1	0	13	1.7	0		0	0.0	0	0.0	0	0.0	0	0.0	0	0.0	0	0.0
62	835	0	2	10	1.2	26	−61.5	0	0.0	0	0.0		0.0	0	0.0	0	0.0	0	0.0
63	814	0	0		0.0		0.0	0	0.0	0	0.0		0.0	0	0.0	0	0.0	0	0.0
72	589	0	0		0.0		0.0	0	0.0	0	0.0		0.0	0	0.0	0	0.0	0	0.0

参与度。因此，企业要让微信公众号的阅读用户有参与感，让受众感受到自己的评价及建议受到了品牌的重视，并且采取了行动。品牌公众号的这类推送信息可以提升用户的参与热情，增加文章阅读量，达到品牌传播效果。

从上述例证分析可以看出，那些有受众参与的推文相比其他无用户参与的推文，不仅阅读量有显著提升，而且可以助推用户社群组织的建立。这些参与其中的用户会形成一个社群组织进行沟通交流，让用户找到归属感，使用户的品牌黏性增强。企业可以根据公众号的后台数据以及用户在社群中的讨论内容，再加上意见领袖的反馈意见，对产品及服务进行改进，同时完善公众号的服务功能，从而使品牌传播效果实现质的飞跃。

2. 推送时效对企业微信公众号传播效果的影响分析

信息化时代，运用互联网进行信息的推送，具有较强的时效性，因此对公众号运营者的要求也越来越高。运营者不仅要将信息第一时间传播出去，还要有一定的预判能力，能够对事态的发展做出预判，提前做好准备。通过对公众号点赞量和阅读量的统计数据分析可以发现，关于社会热点的推文可以获得更多的用户关注和更好的传播效果。例如，公众号在各大节日、暴雨大雪、寒潮降温或春运等时间节点推送文章，把热点内容加进文章，推文就会有较高的阅读量和点赞量。由此可以看出，微信订阅用户对热点信息或实时动态消息的关注度更高。

3. 基于微信传播指数的分析

微信传播指数（WeChat Communication Index，WCI）是对微信公众号推文的阅读量、点赞量、转发量等数据进行整理计算得出的反映公众号传播力以及影响力的一种综合评价指数。WCI 所利用的原始数据包括总阅读量（R）、总点赞数（Z）、评估时间段所含天数（d）、发布文章条数（n）、该账号当期最高阅读量（$Rmax$）与最高点赞量（$Zmax$）。本研究所采用的 WCI 计算公式是中国新媒体大数据权威平台研发的最新版本——"清博指数" V12.0 版本，这个新版本解决了之前的局限性问题，例如评价周期长短对总阅读量影响较大，但对阅读量与点赞量的平均值、最大值影响较小的问题。WCI 的计算公式如表 7.2 所示。

表 7.2　WCI 计算公式及权重

一级指标	二级指标	权重（%）	标准化方法
阅读指数（80%）	日均阅读数 R/d	40	$\ln(R/d+1)$
	篇均阅读数 R/n	45	$\ln(R/n+1)$
	最高阅读量 $Rmax$	15	$\ln(Rmax+1)$
点赞指数（20%）	日均点赞数 Z/d	40	$\ln(10\times Z/d+1)$
	篇均点赞数 Z/n	45	$\ln(10\times Z/n+1)$
	最高点赞量 $Zmax$	15	$\ln(10\times Zmax+1)$

$WCI = \{80\% \times [40\% \times \ln(R/d+1) + 45\% \times \ln(R/n+1) + 15\% \times \ln(Rmax+1)] + 20\% \times [40\% \times \ln(10\times Z/d+1) + 45\% \times \ln(10\times Z/n+1) + 15\% \times \ln(10\times Zmax+1)]\} 2\times 10$

该物业服务公司的公众号活跃用户和阅读点赞量有限，媒体影响力不大，在进行 WCI 分析的时候不具有代表性。因此本章选取了国内媒体影响力较大的物业企业公众号（排名来源于中国物业管理协会和清华大学新闻与传播学院的研究报告《2019 物业管理媒体影响力测评报告》），分析了他们的微信传播指数，并与该物业服务公司进行比较研究（见表 7.3）。

表 7.3　国内媒体影响力较大的物业企业微信传播指数

企业名称	公众号名称	WCI
万科物业发展股份有限公司	万科物业说	745.64
金碧物业有限公司	金碧物业	1072.96
四川邦泰物业服务有限公司	邦物业汇生活	710.69
中海物业管理有限公司	中海物业	695.91
金地物业管理集团公司	金地物业集团	592.67
保利物业发展股份有限公司	保利物业	538.75
长城物业集团股份有限公司	长城物业集团	473.45
雅居乐雅生活服务股份有限公司	雅生活股份	569.49

通过对这些微信传播指数相对较高的企业公众号进行分析，我们发现这些企业公众号的共同特点如下。第一，发文频率很高，几乎每天都有相关内容推送；第二，在业主中的宣传力度很大，粉丝人数很多；第三，重视与业主的互动，公众号的活跃用户比重较大；第四，是社区生活的"信息源"，更是社区生活的忠实记录者，业主可以在公众号的文章中找到共鸣，提升了用户黏性；第五，在公众号中广泛传播正能量的日常生活类知识。

第二节　企业微信公众号用户使用意愿调研

为了更深入地对用户的行为进行分析，课题组针对该物业服务公司的业主开展了一次调研活动——基于信息生态和技术接受理论的企业微信公众号使用意愿研究。

一　理论基础

1. 信息生态理论

Davenport 和 Prusak（1997）提出了信息生态系统概念，他认为信息生态系统是指从整体上对信息进行管理，使不同信息之间转化和整合的过程更完整和高效。我国对于信息生态这个概念描述较为准确的是杜元清（2009），他认为信息生态这门学科研究的是社会、技术和人的关联发展。信息生态指的是在一定的空间范围内，所有信息数据和其他类型的数据之间的各类关系的总和。

2. 技术接受模型

技术接受模型（Technology Acceptance Model，TAM）是 Davis（2004）在理性行为的基础上提出的。该模型从人们的心理和行为角度出发，对个体是否选择某项指定的新技术的行为进行研究，寻找影响个体选择的因素。该模型首次提出，新技术的感知有用性与感知易用性决定了个体对该项技术的态度。感知有用性是用户对使用新技术提升工作产出与绩效的相信程度。感知易用性是用户对使用新技术可以减少精力浪费的信任程度。该模型认为个体使用行为的决定因素是意图，而使用意图的决定因素是使用态度和感知有用性。本书借鉴了技术接受模型的观点，认为感知有用性与感知易用性都会影响用户使用公众号的意愿。

3. 认知理论

（1）自我效能感

自我效能感的概念最早诞生于 Bandura（1977）提出的社会认知理论中，学术界将其定义为个体在实现特定的绩效目标时对自身能力的行为判断。自我效能感在信息共享过程中更注重个体对于自身信息能力的行为判断。个体的行为选择受到自我效能感的影响，自我效能感越高，人体对完成某一特定行为的信心就越强，这一行为就越可能完成。有研究表明，自我效能感可以用来预测个体的网络行为。企业公众号的行为为订阅公众号的用户带来的自我效能感越强，用户就越有可能将企业公众号发布的信息推送到朋友圈或者推送给好友，积极加入信息的探讨中。

（2）使用与满足理论

使用与满足理论是传播学家伊莱休·卡茨在他的书《大众传播调查和通俗文化研究》中提出的，他认为媒介接触的整个过程是"社会因素＋心理因素→媒介期待→媒介接触→需求满足"的因果连锁过程。受众基于个人的需求与愿望选择媒介和内容，受众有意识地选择和接触媒介，先通过自我认知形成印象，选择观看的内容，再基于该理论选择是否使用该媒介。用户对公众号的印象以及其是否能够满足用户自身的需求决定了用户是否使用该公众号。鲍姝辰和李广修（2019）做了一个关于大学生对时尚短视频的使用心理分析的问卷调查，通过问卷调查，得出了好奇、从众、主导效应心理是影响大学生使用时尚短视频的三大心理因素。李堂辉（2019）从使用与满足的视角对使用弹幕视频网站的用户进行了需求分析。

4. 微信公众平台

（1）微信公众平台

微信公众平台是微信推出的一个功能板块，主要是为个人、企业以及政府等提供业务服务，用户可以通过平台渠道把品牌推广转移至线上。微信推出5.0版本时对公众平台进行了重新调整，把账号分为了两种类型：订阅号和服务号。只有账号运营主体是组织的才能够申请服务号，个人主体只能申请订阅号。2018年改版后，企业类的账号注册上限由5个降为2个。这次改版对企业公众平台的运营提出了更高的要求，企业必须更加注重用户的使用行为特征和影响因素。

（2）服务号

服务号旨在为用户提供服务，服务号每月只能推送4条消息，群发的消息有消息提醒。服务号可以对菜单进行自定义，菜单中可以添加一些便于订阅用户与账号主体进行沟通交互的不同功能，满足不同用户的不同需求。服务号现已被越来越多的企业组织使用，服务号为企业提升了用户黏性，提升了用户对企业的满意度和忠诚度，为提高企业服务质量做出了很大贡献。

（3）订阅号

订阅号旨在为用户提供信息和咨询，订阅号每天都可以推送1条消息，群发的消息无消息提醒。用户可以依据自己的需求偏好寻找订阅号进行订阅，用户订阅的这类公众号全部在用户的订阅号列表中。订阅号一般有相关的主题，例如学习、生活、工作、护肤、美妆等，向用户传递的信息更具有针对性。

二 研究模型与假设

1. 信息技术属性对用户使用意愿的影响

（1）公众平台的感知安全性

互联网的开放性、非管制全球性使得网络交易安全问题日趋严重。感知安全是指用户利用互联网进行信息传输和存储的过程中，他们认为他们的个人私密信息不会被泄露给其他人，也不会被别人操纵，以及不会发生任何一切与他们预期不一致的情况的可能性。本书中的感知安全性的含义是，用户在信息互动的关注、评论、转发等环节中，个人信息不会被他人浏览。李晶和胡瑞（2014）的研究结果表明，信息的感知安全性越高，用户对于移动图书馆类应用的使用意愿就越强。

（2）公众平台的感知易用性

Davis（2004）提出的技术接受模型中指出，感知易用性是用户对使用新技术可以花费更少精力的信任程度。霍艳花和金璐（2019）研究了在微信上进行信息共享时，技术的安全性和效能性对微信信息共享产生的影响。王少春（2019）研究了影响用户持续使用微信小程序的因素，结果表明，感知易用性越强，用户持续使用的意愿就越强。

根据以上分析，本书将从感知安全性、感知易用性两个维度分析公众号的信息技术属性如何影响公众号的使用意愿与使用行为，并对用户使用意愿做出如下假设。

H1：企业公众号平台的信息技术因素显著正向影响用户的使用意愿。

H1a：公众平台的感知安全性显著正向影响用户的使用意愿，即感知安全性越高，用户的公众号使用意愿越强。

H1b：公众平台的感知易用性显著正向影响用户的使用意愿，即感知易用性越高，用户的公众号使用意愿越强。

2. 信息属性对用户使用意愿的影响

(1) 信息的时效性

公众平台信息的时效性指的是服务号或订阅号推送的内容是否是实时的信息，能否满足用户对实时信息的需求。例如互联网企业的公众号，其关注用户想要得到的是互联网行业的最新发展动态的相关内容。各行各业的用户想要得到的都是最新消息。徐恺英等（2017）研究了使用移动图书馆的用户的接纳行为，论证了信息时效性对用户接纳行为的影响。

(2) 信息的可靠性

对于公众号来说，信息可靠性体现在公众号所推送的信息是否真实可靠上，需要判断是真实的还是捏造的信息。霍艳花和金璐（2019）关于微信用户信息共享行为影响因素的研究结果表明，信息的可靠性对用户的行为影响效果显著。信息的可靠性在很大程度上会影响用户对于企业的信赖程度。只有用户对企业足够信赖，才会订阅企业的公众号，信任是基础，用户之后的操作都是基于其对企业的信任。

(3) 信息的有用性

公众号信息的有用性是指公众号所推送的信息对于用户的学习、工作、生活等方面是否产生帮助。大量的研究结果表明，信息的有用性对于提升用户的满意度、忠诚度以及用户的信息采纳行为影响显著（区小东，2013；马丽，2018；霍艳花、金璐，2019）。

(4) 信息的娱乐性

信息的娱乐性是指公众号推送的信息能够满足用户的娱乐需求，能够使用户得到享受，能够给用户带来心情愉悦的感受。在泛娱乐化的信息时代，具有娱乐性质的信息更能够吸引用户的眼球，影响用户的行为。

根据以上理论研究，本书提出以下假设。

H2：企业公众号推送推文的信息属性显著正向影响用户的使用意愿。

H2a：信息的时效性显著正向影响用户的使用意愿，即信息的时效性越强，用户的使用意愿越强。

H2b：信息的可靠性显著正向影响用户的使用意愿，即信息的可靠性越强，用户的使用意愿越强。

H2c：信息的有用性显著正向影响用户的使用意愿，即信息的有用性越强，用户的使用意愿越强。

H2d：信息的娱乐性显著正向影响用户的使用意愿，即信息的娱乐性越强，用户的使用意愿越强。

3. 服务属性对用户使用意愿的影响

在信息系统领域，Zhou（2013）将服务质量纳入了信息系统的研究对象中，认为用户使用信息系统的决策是受信息、系统和服务质量共同影响的，服务质量表现的是用户体验服务前后的结果。由此可以看出，用户的使用意愿还受到服务属性的影响。根据公众号的特征，我们将服务属性分为三个方面：服务的快捷性、服务的激励性与服务的定制化。

（1）服务的快捷性

公众号的服务快捷性体现在公众号提供用户所需信息或者服务的响应时间上，即公众号能否及时响应用户需求，为用户提供服务。

（2）服务的激励性

公众号的服务激励性体现在公众号为吸引用户提供的激励性举措上。韩雪琳（2014）的激励理论指出，社会的群体行为会对个体用户的行为产生强烈的激励性，设置激励举措，可以促进用户访问公众号，提高用户黏性。

（3）服务的定制化

公众号的服务定制化体现在公众号会依据不同用户的不同需求，为用户提供个性化的定制服务。在网络环境下，企业借助互联网平台提供的服务具有长尾效应，位于尾部的少量比例的用户可以带给企业巨大的利益。企业要注重用户的个性化需求，针对不同的需求提供定制化的信息或服务。

综上所述，本研究提出以下假设。

H3：服务属性正向影响企业公众号用户的使用意愿。

H3a：服务的快捷性显著正向影响用户的使用意愿，即服务的快捷性越高，用户的使用意愿越强。

H3b：服务的激励性显著正向影响用户的使用意愿，即服务的激励性越高，用户的使用意愿越强。

H3c：服务的定制化显著正向影响用户的使用意愿，即服务的定制化水平越高，用户的使用意愿越强。

4. 用户使用意愿对使用行为的影响

用户的使用意愿指的是用户倾向于使用公众号的程度。从技术接受模型中可以了解到，用户的使用意愿与使用行为存在显著的正相关关系。在互联网时代背景下，众多研究已经证明了提升用户的使用意愿可以显著提高用户的使用行为（李晶、胡瑞，2014；马丽，2018；王少春，2019）。根据研究，我们可以认为用户公众号的使用意愿会显著影响用户的使用行为。由此，提出本研究的假设 H4。

H4：用户的使用意愿显著正向影响用户的使用行为。

5. 研究模型

企业公众号使用意愿与使用行为的影响因素模型如图 7.3 所示。

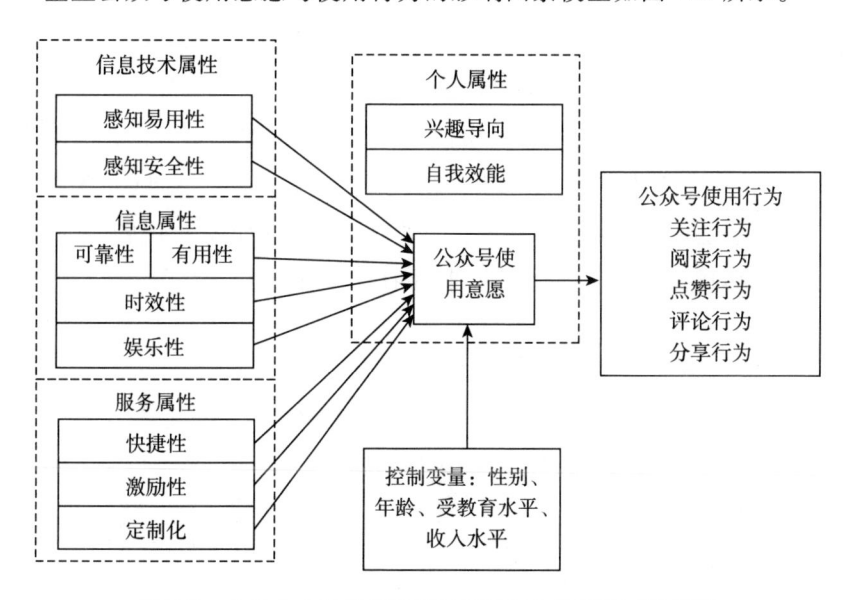

图 7.3　企业公众号使用意愿与使用行为的影响因素模型

三 研究设计

本书建立了基于技术接受模型的企业公众号使用意愿与使用行为的影响因素模型，在模型中假设信息技术的感知易用性、感知安全性，信息的可靠性、有用性、时效性、娱乐性，公众号服务的快捷性、激励性与定制化均正向影响用户公众号的使用意愿从而进一步影响用户使用行为。为了验证本书的这些假设，本书设计了变量量表，并设计了问卷进行实证调查。

1. 研究设计

（1）研究对象

本书的研究对象是前述物业服务公司旗下所有小区的业主，对他们进行问卷调查，从用户角度分析企业微信公众号的使用意愿的影响因素。

（2）问卷设计

本研究的调查主要分为四个部分，第一部分为用户的基本资料以及公众号的关注情况，公众号的关注情况包括关注的类型和关注的渠道，用户的基本资料包括用户的性别、年龄、收入水平、受教育水平。第二部分是用户对公众号平台的信息技术环境、推广信息的特征、服务的特性三大影响因素的感知与认识。第三部分是关于用户个人心理满足与使用意愿的调查。第四部分是关于公众号的使用行为的调查。问卷的二、三、四部分采用 Likert 五等尺度进行测量，1 表示非常不同意，2 表示不同意，3 表示一般，4 表示同意，5 表示非常同意。问卷概念与题项如表 7.4 所示。问卷的最后一问是对公众号提供的信息与服务的一些期望。

表 7.4　问卷概念与题项

		测量题项
信息技术属性	感知易用性	1.1 我认为公众号的设计简洁美观
		1.2 我认为公众号方便进行互动、评论及转发
		1.3 我认为微信公众号使用方便快捷，易于学习使用
	感知安全性	1.4 我认为在公众号中进行互动较为安全
		1.5 我认为我的个人信息在使用公众号的过程中不会被泄露

续表

		测量题项
信息属性	有用性	2.1 我认为公众号发布的一些信息对自己工作学习是有用的
		2.2 我认为公众号的信息在一定程度上提高了自己的见识和能力
	时效性	2.3 我认为公众号信息是各行各业最新的信息
		2.4 我认为公众号的信息满足时效性的要求
	可靠性	2.5 我认为公众号发布的信息是真实的
		2.6 我认为公众号的信息是可以信任的
	娱乐性	2.7 我认为公众号满足了我的娱乐与兴趣需求
		2.8 我认为吸引眼球的标题更能引起我的阅读兴趣
		2.9 对于公众号发布的广告信息我感到厌恶
服务属性	快捷性	3.1 我认为公众号的一些服务是快捷及时的
		3.2 有些公众号可以使我完成自助性操作而不需要进行电话咨询
		3.3 我认为有些公众号的商品售后功能做得很好
	定制化	3.4 我认为公众号的搜索功能可以满足我的个性需求
		3.5 我希望公众号不断创新服务，提升用户体验
	激励性	3.6 如果关注公众号可以获得奖励，我愿意持续关注
		3.7 如果公众号举办奖励活动，为了获取奖励我愿意点赞、转发、评论
用户使用意愿		4.1 公众号每天推送我感兴趣的内容会增强我的使用意愿
		4.2 我认为公众号对我的工作学习是有帮助的
		4.3 在阅读了对自己有益的信息后，我会获得满足感与愉悦感
		4.4 将一些优质的公众号分享给好友，我会获得心理的满足
		4.5 看到与自己想法相似的评论，我会获得归属感
用户使用行为		5.1 我会持续关注现在关注的对我有益的公众号
		5.2 对于现在关注的公众号，我会阅读每天推送的消息
		5.3 如果公众号的信息质量与服务质量较高，我也会将其分享给好友
		5.4 如果有什么希望公众号进行改进的，我也会提出自己的建议
用户期望		我希望公众号能够推送什么样的文章，提供什么样的服务

（3）数据搜集

为了探究各个变量的衡量指标，笔者先在小范围进行访谈调查，筛选出可能影响用户使用意愿与使用行为的因素。为了保证问卷的各个问题项的准确性和易理解性，防止出现误导被调查者的选项，例如存在歧义、语义不清楚、选项不具体等问题，在设计过程中征求了他人的意见，并对一些问题进行了修改与更正。同时为了使问卷更加简洁易读，对问卷多次进行删减以降低问卷填写者的厌恶感，保证问卷调查的真实可靠性。而且问卷的最后一个题项是建议性的问题，为了保证问卷的完成度与回收率，在进行问卷设计的时候，我们将其设置成选填项。在问卷完成之后，本研究以网络问卷调查的方式先在小范围之内进行预调查，用于测试问卷的质量。问卷在2018年9月14日进行发放，共收回50份问卷，在修改了问卷中的错误之后，开始在业主中采用网络问卷调查的方式进行数据的搜集。

四 数据分析

1. 描述性统计分析

描述性统计分析是对搜集的样本的基本信息进行的统计分析，借以了解样本的基本情况。本研究一共收回563份问卷，有效问卷452份，把有效问卷的数据进行整理，受访者基本信息如表7.5所示，通过统计数据可以看出，这次的样本类型丰富，覆盖范围较广，针对性较强。

表7.5 受访者基本信息

单位：人，%

名称	样本类型	样本数	占比
性别	男	264	58.4
	女	188	41.6
年龄	20岁及以下	35	7.74
	21～30岁	46	10.18
	31～50岁	325	71.9
	50岁以上	46	10.18
受教育水平	高中及以下	67	14.82
	专科	213	47.12
	本科及以上	172	38.05

续表

名称	样本类型	样本数	占比
收入水平	2000 元及以下	49	10.84
	2001~4000 元	98	21.68
	4001~6000 元	152	33.63
	6001~8000 元	136	30.09
	8000 元以上	17	3.76

2. 测量模型分析

我们通过信度与效度来评估模型的有效性。对于模型效度，我们用内部一致系数和潜变量的组合效度来共同检验。一般情况下，组合效度 Cronbach's α 与潜变量的 CR 值大于 0.7，说明模型的效度较好。表 7.6 中显示了测量模型的 AVE（平均方差）、CR 值与 Cronbach's α 值，从表 7.6 中可知，本模型的效度基本良好。

表 7.6 测量模型的 AVE、CR 和 Cronbach's α

潜变量	题项	AVE	CR	Cronbach's α
信息技术属性	5	0.6115	0.8535	0.703
信息属性	9	0.6142	0.866	0.825
服务属性	7	0.651	0.655	0.820
用户使用意愿	5	0.6616	0.882	0.770
用户使用行为	4	0.710	0.918	0.666

内容效度、区分效度与收敛效度通常是用来检验测量模型的效度的。由表 7.6 可知，本模型的 AVE 均大于 0.5，因此本模型有较为理想的收敛效度。区分效度的度量是比较 AVE 的平方根与该潜变量与其他潜变量之间的相关系数。如果 AVE 的平方根大于后者，则认为模型具有良好的区分效度。

3. 回归分析

回归分析是确定两个或两个以上变量之间相互关系的一种统计方法。多元回归分析则是在回归分析的基础上，研究两个及两个以上的自变量与因变量的关系，且因变量与自变量关系是线性的。为了进一步验证在微信平台中，平台信息技术属性、信息属性与服务属性对用户对企业公众号的使用意愿与使用行为的影响，本研究建立多元回归分析模型，利用逐步回归的方法检验提出的假设。根据 Baron 和 Kenny（1986）对中介变量的界定，本书的回归主要分为信息技术属性［感知安全性（safe）与感知易用性（easy）］、信息属性［有用性（useful）、时效性（timely）、可靠性（true）与娱乐性（entertainment）］、服务属性［快捷性（quick）、定制化（customization）、激励性（incentive）］与用户使用意愿（Willingness）的回归分析。

（1）建立回归模型

表 7.7 列出了回归模型相关的变量名称及其描述。

表 7.7 变量的名称及描述

变量	变量含义
safe	公众号平台的感知安全性
easy	公众号平台的感知易用性
useful	信息的有用性
timely	信息的时效性
true	信息的可靠性
entertainment	信息的娱乐性
quick	服务的快捷性
customization	服务的定制化水平
incentive	服务的激励性
Willingness	用户使用意愿
Action	用户使用行为

（2）多元线性回归模型的方程式

多元线性回归模型的方程式：

$$Willingness = \beta_1 safe + \beta_2 easy + \beta_3 useful + \beta_4 timely + \beta_5 true + \beta_6 entertainment + \beta_7 quick + \beta_8 customization + \beta_9 incentive + \mu$$

使用 SPSS 软件对模型进行回归分析，并通过 Bootstrap 重复抽样方法（重复抽样次数为 1000 次）检验模型系数的显著性。模型回归拟合优度如

表 7.8 所示，调整后的拟合优度为 0.688，说明公众号使用意愿的波动有 0.688 是由本研究的影响因素所引起的，拟合度较好。表 7.9 表示的是回归模型中各个影响因素的回归系数。从表 7.9 中我们可以看出，公众号平台的感知安全性对用户使用意愿的影响显著，说明用户比较在意自己的身份信息。平台的感知易用性显著影响用户的使用意愿，这与接受模型中感知易用性影响使用态度的结论一致，也与众多学者的研究结论相同。信息的有用性和可靠性显著正向影响用户的使用意愿，说明有用性与可靠性对于公众号信息的接收者是非常重要的。服务属性中的三个变量都显著正向影响用户的使用意愿，关于服务属性的研究也是本研究的重点，本书第一次将服务属性纳入信息接收模型中，而且对于用户来说，满足服务的需求是其使用公众号的一个重要因素。但是在回归模型中，公众号消息的时效性并不显著影响用户的使用意愿，我们认为其中一个原因是，对于订阅号来说，所有的订阅号消息都被归入订阅号这个列表中而不单独提示用户，大多数用户是在订阅号列表中查看信息，多数用户不会在乎信息的时效性，只有在有需求的时候，才会打开订阅号列表进行查看。同时，信息的娱乐性也没有显著影响用户的使用意愿，可能的原因是用户对公众号服务的需求较高，更多的还是看重信息的真实性与可靠性。最后我们对用户的使用意愿与使用行为进行相关分析，结果发现，这两者的相关系数高达 0.97，说明使用意愿是使用行为的直接显著影响因素。

表 7.8 回归模型的拟合优度

模型	R	R^2	调整后的 R^2	标准偏斜度错误
1	0.779	0.706	0.688	0.37515

表 7.9 回归模型的各个变量的回归系数

变量	非标准化系数		标准化系数	t 值	显著性
	B	标准错误	Beta		
	0.655	0.250		2.621	0.000
safe	0.034	0.046	0.037	0.742	0.000
easy	0.056	0.040	0.062	1.985	0.000

续表

变量	非标准化系数		标准化系数	t 值	显著性
	B	标准错误	Beta		
useful	0.130	0.076	0.127	1.926	0.000
timely	0.064	0.058	0.062	1.097	0.274
true	0.313	0.071	0.327	4.411	0.000
entertainment	-0.035	0.044	-0.036	-0.802	0.423
quick	0.230	0.069	0.242	3.350	0.000
customization	0.102	0.064	0.108	1.985	0.000
incentive	0.244	0.032	0.342	7.682	0.000

注：显著性水平为 0.05。

(3) 回归分析归纳总结

假设检验结果如表 7.10 所示。

表 7.10　假设检验结果汇总

假设	假设内容	检验结果
H1a	公众平台的感知安全性显著正向影响用户的使用意愿，即感知安全性越高，用户的公众号使用意愿越强	显著
H1b	公众平台的感知易用性显著正向影响用户的使用意愿，即感知易用性越高，用户的公众号使用意愿越强	显著
H2a	信息的时效性显著正向影响用户的使用意愿，即信息的时效性越强，用户的使用意愿越强	不显著
H2b	信息的可靠性显著正向影响用户的使用意愿，即信息的可靠性越强，用户的使用意愿越强	显著
H2c	信息的有用性显著正向影响用户的使用意愿，即信息的有用性越强，用户的使用意愿越强	显著
H2d	信息的娱乐性显著正向影响用户的使用意愿，即信息的娱乐性越强，用户的使用意愿越强	不显著
H3a	服务的快捷性显著正向影响用户的使用意愿，即服务的快捷性越高，用户的使用意愿越强	显著
H3b	服务的激励性显著正向影响用户的使用意愿，即服务的激励性越强，用户的使用意愿越强	显著
H3c	服务的定制化显著正向影响用户的使用意愿，即服务的定制化水平越高，用户的使用意愿越强	显著
H4	用户的使用意愿显著正向影响用户的使用行为	显著

第三节 小结

本书以使用企业微信公众号的用户为研究对象，研究在互联网自媒体信息传播与移动社交的环境下用户对于公众号的使用意愿。本书整合了信息生态理论、技术接受模型，同时参考了认知理论中的自我效能感和使用与满足理论，提出了研究模型，并通过实证分析验证了模型之间的关系，得出了以下几个结论。

第一，公众号要关注了解用户群体的特征，找到他们的兴趣与共同点，有针对性地推送信息与提供服务。

第二，公众号平台的感知安全性与感知易用性对用户使用公众号的意愿具有显著正向的影响。信息的有用性与可靠性显著正向影响用户的使用意愿。服务的快捷性、定制化与激励性显著正向影响用户的使用意愿。用户的使用意愿是使用行为的重要直接影响因素。信息的时效性与娱乐性对用户使用意愿的影响不显著，这与先前的学者的研究有不同之处，但是也不失为一种重要的因素。

第三，在企业公众号的运营中，企业首先要保证信息的安全，企业可以与用户签订安全协议，降低用户的感知风险，提升公众号的感知安全性。同时，在技术上企业要不断进行创新，技术的问题也是平台的提供者需要考虑的重要问题，包括如何提升平台的容纳能力、解析能力，如何提供简洁易懂的界面。

第四，用户关注公众号的最重要的两个原因是接收信息与享受服务，因此信息质量与服务质量是企业应该重点关注的问题。首先，企业要保证信息的真实性和可靠性，不要捏造信息，不要过多发送与服务无关的信息。其次，服务属性对用户使用意愿的影响是非常大的，这也是公众号的一个特点，因此企业可以申请订阅号与服务号两种类型的公众号来更好地服务用户，让服务号也成为企业一个重要的服务接口。服务的快捷性对用户的使用意愿的正向影响显著，企业可以利用人工智能技术，智能识别用户输入的需求，提高问题的识别效率，减少问题的识别时间，并快速给予答复。同时可以提供搜索功能，搜索功能满足了一部分用户的个性化需求。此外，企业还可以多举行具有激励效应的活动以提高用户的黏性与忠诚度。

第八章

嵌入视角下基于微信息交流的企业品牌传播影响因素分析

通过对本土企业社交网络平台微信息品牌传播的现状进行调研，课题组发现，企业在利用微信息交流平台进行品牌信息传播时，会遇到很多问题，如传播效果不显著、对新的传播环境不适应、对新兴传播平台不熟悉、对新兴传播技术不了解等。

美国学者迈克尔·戈德海伯认为，"新经济"是以网络为基础的，其实质是"注意力经济"，在这种经济下，最重要的资源既不是传统意义上的货币资本，也不是信息本身，而是注意力。甚至有学者认为，"有价值的不再是信息，而是注意力"。实际上，所谓的"注意力"是指网络上不断出现的吸引人们注意力的"热点信息"，这些信息不断被传播，吸引了消费者大量的流量注意，从而影响消费，本质上"注意力经济"就是企业对信息传播互动的商业应用。

为了了解哪些因素会对企业利用微信息进行品牌传播的效果产生影响，本章从嵌入视角、行为学视角和心理学视角研究基于微信息交流的企业品牌传播影响因素，通过对社会资本嵌入理论、感知价值理论和期望确认理论等几个理论的借鉴参考，对微信息企业品牌传播的影响因素进行总结，包括网络中心性、网络联结强度、信任、个人兴趣、顾客感知的实用价值、情感价值、社会价值及满意度。根据影响因素与企业品牌传播效果之间的关系构建了基于微信息交流的企业品牌传播影响模型并提出了相应假设。在这部分内容中为了更好地印证我们的假设，我们采用问卷调查的方式进行数据的采集，利用主成分分析法对数据进行分析，最终得到详细可靠的结论。

第一节 社会资本嵌入理论

一 嵌入性理论

通过整理总结社会网络与信息传播的相关文献，笔者发现嵌入性理论已经在许多学科得到了广泛的应用，并与这些学科快速融合，成为这些学科的基础性概念。这些学科主要有社会学、管理学、经济学等。因此，本书在社会网络环境中嵌入网络信息传播的过程，从社会网络嵌入视角对企业利用微信息平台进行品牌传播的影响因素进行分析。

经济史学家波兰尼在《大转型》一书中首先提出嵌入性（Embeddedness）这一概念，他认为"人类经济嵌入并缠结于经济与非经济的制度中，宗教和政府可能像货币制度或减轻劳动强度的工具与机器的效力一样重要"。该命题的提出在很大程度上对社会学家和历史学家产生了影响。

目前，多个学科学者都对从嵌入的角度分析社会经济学现象并将嵌入作为一种理论工具进行广泛应用表示了认同，并且已经对其进行了广泛的使用（丘海雄和于永慧，2007）。有多位学者在不同领域对嵌入问题进行了相关研究，这些领域包括网络与组织、经济社会学、联盟的网络理论、社会资本、组织与战略等，学者通过相关的理论研究与实证研究使嵌入理论得到了进一步的丰富与发展。Clegg（1990）认为嵌入代表部分自主、部分依赖的关系的总和。Granovetter（1992）则从社会关系变更模式的角度出发，认为嵌入是指不同个体行为之间的相互关系以及整个关系网络结构对经济行为产生的影响。Halinen 和 Törnroos（1998）则将嵌入定义为在不同的网络形态下，企业之间的关系及依赖程度。Uzzi 和 Gillespie（2002）认为，企业网络嵌入是一种联结关系，它是嵌入社会关系和网络的跨企业的联结，该关系被称为结或套系（Ties）。

二 社会资本理论

1. 概念

从根源上来看，社会资本理论来源于社会学与经济学两大学科。美国经济学家 Jacobs 与 Loury 在 20 世纪 60 年代分别对社会资本进行了研究，这也是最早提出"社会资本"概念的研究。随后在 20 世纪 80 年代社会学的研究引入了社会资本的概念，就此社会资本成为社会学领域社会网络理论的一个重要组成部分。该理论发展至今，对社会资本的概念依然没有一个统一的界定，但是已经确定了个体层面的社会资本概念。比如说，林南（2001）把社会资本看成一种资源投资，这种投资是嵌在社会关系之中并且可以带来投资回报的。而 Nahapiet 和 Ghoshal（1998）则提出社会资本是一种现实与潜在的资源的集合，并且该资源在社会网络中是可以被利用的。从上述概念我们可以知道，社会资本理论有两个显著的特点。第一，许多研究者是从社会网络结构的角度探讨社会网络与个体行为的联系，他们认为社会资本是嵌在社会网络结构当中的，社会资本是在社会网络中发生。其中，社会网络（Social Network）是一种由社会中多个行动者及他们之间的相互关系组成的集合，个体之间的相互作用都是在社会网络的基础上发生的。第二，该理论指出社会资本是一种资源，它是通过不同个体进行资源获取与交换而形成的。具体来说就是通过社会网络，个体可以获取自己需要的资源，同时为了维持其社会关系和社会地位，个体也会主动向他人提供资源，从而形成了社会资本。

2. 社会资本理论的层次

社会资本理论涵盖了多个视角和多个维度，内容丰富，涉猎广泛。Turner（2000）把社会资本划分为宏观、中观与微观社会资本三个层次。从宏观层次来说，组织一定数量的人们进行生产、再生产和协作，能够满足基本和基础性的需要就是社会资本；从中观层次来说，社会资本以社团为单元组织人力资本以及组群单元，并决定一个社会成员的差别性待遇和地位；从微观层次来说，社会资本是指个体成员在社团和群组中所进行的社会交往，这种交往是通过直接交流进行的，既具有互动性，又具有选择性，是一种高度互动的行为关联。不同层次社会资本理论所应用的领域也有所不同，宏观与中观层次主要是用来探讨国家与组织层面的问题，而微观层次则主要是用来研究个体层面的社会资本。

3. 社会资本理论的维度

Nahapiet 和 Ghoshal（1998）在共同发表的一篇文章中，将社会资本划分为结构社会资本、关系社会资本、认知社会资本三大维度，为了对这三个维度进行概念化测量，Nahapiet 和 Ghoshal（1998）对其进行了细分。随后，社会资本理论的三大维度开始在社会资本的研究中广泛应用。结构社会资本在一定程度上对关系社会资本和认知社会资本的发生产生影响，是三个维度中的基础，包含了所有个体进行信息沟通的渠道，也就是个体和社会群体之间的各种关系。结构社会资本的研究与测量一般是通过网络联结、网络结构以及网络中心性几方面来进行。关系社会资本代表个体是否具有进行互动的意愿，它包括人与人之间的各种社会关系，对关系社会资本的研究一般是通过测量信任、规范、互惠与认同来进行。认知社会资本代表个体成员之间在社会网络当中产生互动的能力，他们之间有共同的表达方式，对事物有着相同的看法和观点，此外他们还共享文化和目标。Nahapiet 和 Ghoshal（1998）提出的社会资本三大维度将社会资本进行了具体细分，使社会资本这一抽象的概念得以具体化，同时他们还指出了结构社会资本的决定性作用，从而为今后社会资本理论的相关研究打下了坚实的理论基础。

三 信息传播与社会资本的交叉研究

综合分析前人的研究可以看出，尽管在信息管理领域有许多关于社会网络的研究，但是他们的研究大多都是从不同视角出发的，其中社会资本视角是最多的。鉴于社会资本是社会网络的研究领域之一，为了将相关研究进行整理分类，同时也为了给后面社会网络嵌入机制的研究奠定理论基础，本研究将国内外社会网络相关研究，包括社会资本在信息传播应用的代表性研究进行了总结和比较分析。

在不同的研究视角与不同的研究对象下，嵌入有着不同的分类方式，经过文献梳理发现，嵌入的类型包括历史嵌入与关系嵌入、关系嵌入与结构嵌入、垂直嵌入与水平嵌入、认知嵌入与文化嵌入等。例如 Granovetter（1985）在对经济行动嵌入进行研究时，认为存在历史嵌入、结构嵌入与关系嵌入等。其中，历史嵌入指的是历史传统对经济现象的影响，如历史中就存在贸易的传统，通过贸易可以进行对外交流。Granovetter（1985）结合了历史嵌入和关系嵌入，认为我们不能忽视两个方面：第一，与他人或群体之间的横向关系会对经济行动造成影响；第二，相关历史或者已存在的关系会对现在的经济行动产生影响。Granovetter（1995）在后续研究中把社会网络的嵌入关系分为关系嵌入（Relational Embeddedness）和结构嵌入（Structural Embeddedness）。其中，关系嵌入是指意图掌握对偶交换（Dyadic Exchange）的品质，它的侧重点是交易成员之间的信任程度，也就是对交换对象的行为以及对对方的目标和需求的了解程度；而结构嵌入则是指在社会网络的整体结构下，进行交换的双方是否可以有效地进行信息交流，侧重点是群体之间的关系以及该关系是如何影响交换的。

嵌入可以分为水平嵌入和垂直嵌入。其中，水平嵌入是指对社会、文化领域的渗透，这也是以往的经济学、人类学所探讨的关于社会结构和道德经济行动的嵌入问题。垂直嵌入指的是个人与企业行动者所处的地理阶层与他们所处的社会、经济和政治环境的联结。Polanyi（1962）认为，社会规范与结构是基于互惠和重新分配的原则。Granovetter（1985）、Burt（1992）也在其研究中指出，前资本主义和当代后资本主义的市场经济也深深依赖潜在的社会结构。同时，Halinen 和 Törnroos（1998）在研究中提到，嵌入分为垂直嵌入与水平嵌入，垂直嵌入是指在网络中不同层次之间的关系，可分为地理性垂直嵌入（如国际性、国家性、地区性和当地性）、基于网络结构基础的垂直嵌入（如供应商、制造商、分销商与顾客）、在特定企业内的垂直嵌入（如产业、公司、公司部门与个人）；水平嵌入是指企业行动者可能嵌入各种竞争关系与网络中，或者嵌入合作条款中（如合资企业与战略联盟）。

根据目前已有的文献资料可知，学者在认知心理学与决策理论研究领域把嵌入分为认知嵌入和文化嵌入等不同类型。学者们在对不同分析层次上的认知嵌入进行研究时，会把关注点放在个体或企业行动者的认知来源及其结果等问题上。Zukin 和 DiMaggio（1990）在研究中提出，认知嵌入在个体水平上是指行动者有自己的固有思维，在进行理性的推论时会受其限制。认知是一种对周围环境的感觉和解释，它会受到个体的影响，而认知嵌入的研究对象即在经济理性行为受到限制的条件下得以实现的结构性规则。文化嵌入指的是外部的共享集体理解力，如组织价值观与正式规范等文化因素，会在行动者（个体或企业）制定经济战略与目标时对其产生影响（Zukin and DiMaggio，1990）。从上述内容可以看出，企业做出的行为以及企业对环境的适应程度在很大程度上受到文化因素的影响。

虽然目前学者们对于嵌入概念的理解还不尽相同，对于嵌入类型的划分也存在不同意见。但是通过对以往研究的结果进行总结归纳，我们可以发现，个体或企业组织行动者的经济行为都嵌在社会网络之中，同时网络中的联结关系与规范性因素（结构性规则）会对其产生影响，这些关系和因素包括互惠规则、信任关系、情感因素、共享理解力等。

下面介绍几个经典的社会网络与信息传播的交叉研究。

1. Granovetter（1985，1995）的研究

Granovetter（1985）对波兰尼的嵌入性概念进行了进一步阐述，他认为"经济行为嵌入社会结构，而社会结构的核心就是人们生活中的社会网络，嵌入的网络机制是信任。信任来源于社会网络且嵌入社会网络之中，因此人们的经济行为也会嵌入社会网络的信任结构之中"。Granovetter（1995）采取的是一种二分法分析框架，这个框架包括结构嵌入与关系嵌入。关系嵌入是一种持续进行的社会关系，这种社会关系是以信任、文化、声誉等因素为基础的；行动者嵌入的所有关系会形成各种网络结构，对这些结构的总体描述就是结构嵌入。所以，关系嵌入和结构嵌入是两个变量，它们分别从不同角度对嵌入网络进行解构。

2. Nahapiet 和 Ghoshal（1998）的研究

Granovetter（1985）提出了关系嵌入性和结构嵌入性的分析框架，Nahapiet 和 Ghoshal（1998）在该框架的启发下提出了从不同维度对社会资本进行分析，即社会资本三维度分析框架，包括结构社会资本、关系社会资

本以及认知社会资本,这对后来的社会网络相关研究有着深远的影响。研究者在进行研究前首先对社会资本三维度的相关概念进行了重点研究和界定,认为结构社会资本是企业在社会网络中各种关系的总和;关系社会资本则将关注点放在了网络结构中诸如信任、互惠、规范等人际关系方面;而认知社会资本的主要关注点则是网络结构中的认知范式,比如强调社会网络中共同的愿景、目标、文化等。然后,研究者对社会资本与社会组织中新智力资本的形成之间的关系进行了研究探索,经研究发现,新智力资本的产生条件有四个:交换机会的获取、价值预期、组合交换的动机以及组合交换的能力。这四个条件在新智力资本的形成中起到了中介的作用,社会资本能够促进这四个条件的产生,而这四个条件又对新智力资本的产生有显著的促进作用。Nahapiet 和 Ghoshal(1998)的研究模型见图 8.1。

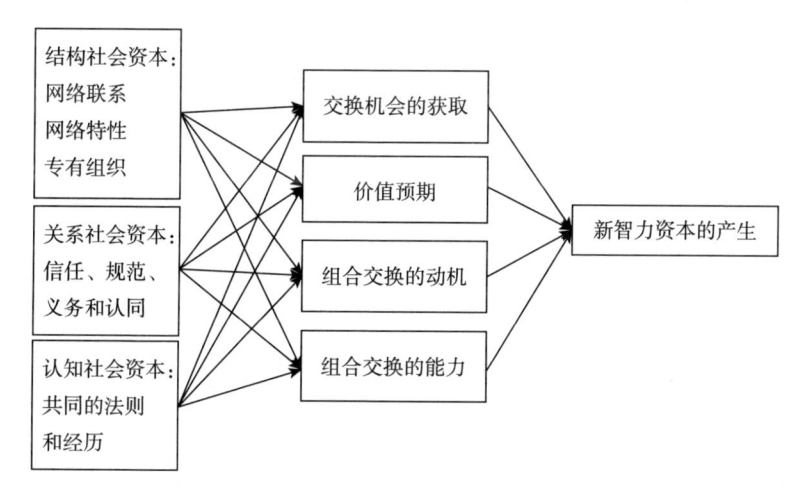

图 8.1　Nahapiet 和 Ghoshal（1998）的研究模型

Tsai（2006）在企业产品创新的研究中,把社会资本分为结构社会资本、关系社会资本和认知社会资本,这三个维度的社会资本可以分别用社会互动、信任、共同愿景来衡量。

3. Chiu 等（2006）的研究

为了对虚拟社区成员知识共享的动机进行分析,笔者将社会认知理论和社会资本理论进行了整合,并构建了分析模型。其中社会资本包括结构社会资本、关系社会资本以及认知社会资本三个维度。这三个维度可以分别采用社会互动关系,信任、互惠原则、认同,共同语言、共同愿景进行衡量。此外,该模型还对个人结果期望和社区结果期望对知识共享行为的影响进行分析,模型如图8.2所示。

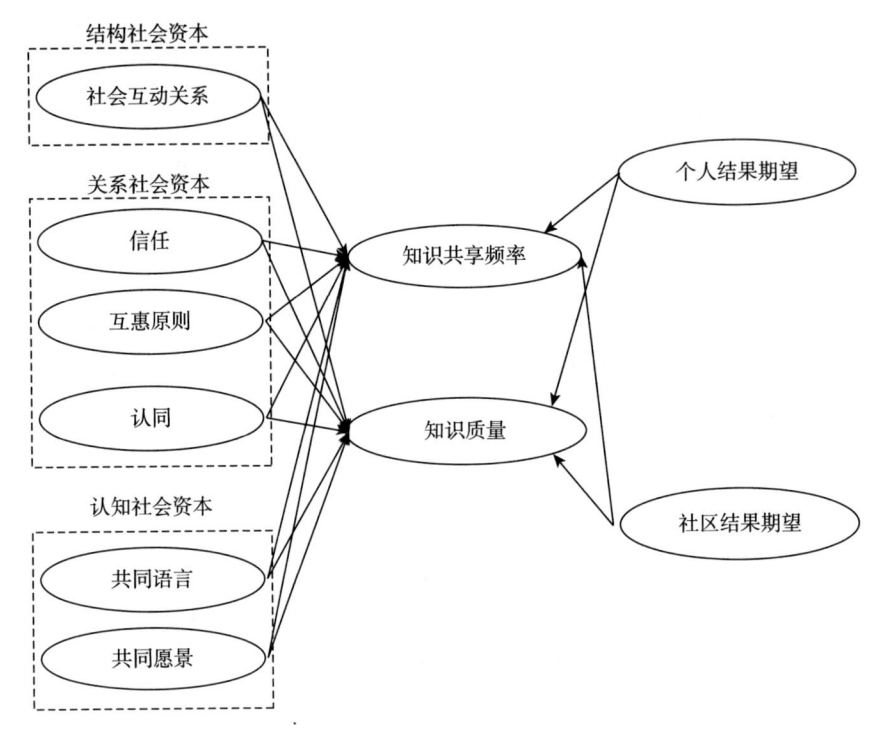

图 8.2　Chiu 等（2006）的研究模型

4. Wasko 和 Faraj（2005）的研究

Wasko 和 Faraj（2005）的研究主要探讨了在电子实践社区中知识贡献与社会资本之间的关系。他们认为,电子实践社区是一个以计算机为媒介的论坛,在该论坛上社区成员可以交流分享个人的兴趣爱好,也可以交流问题的解决办法和经验。他们还在文中发出了电子实践社区中的成员贡献知识的动机是什么的疑问,该疑问的具体内容是,社区中的成员互不相识,贡献知识的成员并没有可获得的利益,而且通过"搭便车"的方式成员也能够获得想要的知识,那么成员为何愿意贡献知识?带着这个疑问他们开始了后续研究。首先,他们对已有研究进行了总结分析,认为在传统的实践网络中影响知识贡献的因素有强联系、协同定位、地位相似性等,由于这些因素在电子实践社区中不容易显示出来,所以他们在分析电子实践社区中成员进行知识贡献的动机时从个人动机和社会资本两个不同的角度出发,分析个人动机和社会资本与知识贡献行为之间的关系并提出相关假设,具体研究模型如图8.3所示。之后,他们对一家以法律咨询为主题的电子实践社区进行了实证调研。

结果表明该理论模型的大部分假设都得到了支持。从个人动机层面来说声誉对于个人进行知识贡献是有明显的激励作用的,但是乐于助人对于个人进行知识贡献的激励作用却不太明显,出现这一结果的原因可能是电子实践社区的特点是专业化及非匿名,所以在进行专业活动时,社区外在的奖励会比内在的个人动机更能激励成员进行知识贡献。从社会资本角度来说,结构资本对成员的知识贡献行为影响最为显著,其原因是处于网络中心的个体有更多与他人建立联系的机会,因此也更愿意贡献知识。同时,认知资本对于知识贡献也有着明显的促进作用。和电子实践社区的研究结果一样,个人经验是知识贡献行为的重要影响指标。

令人意外的是,高水平的关系资本对知识贡献并没有显著影响,也就是说,就算个人得不到回报,个人仍然会贡献知识。这与在传统面对面环境中的研究结果是相悖的(互惠是在面对面环境中保持关系与集体行动的关键),这可能是因为在互动的网络环境中,互惠并不是支持用户行为的必要条件。同时,如果考虑声誉和中心性的作用,那么承诺对知识贡献的影响就没有那么明显了,经分析可能是个人考虑声誉和中心性后,更偏向于接收知识,而不是贡献知识。

这项研究结果证明了成员声誉以及中心性在电子实践社区中对知识贡献的关键性作用,所以为鼓励成员共享知识,管理人员应利用技术条件支持建立个人的中心以及声誉身份。此项研究对于从事知识管理的人员以及怎样利用电子网络社区获取竞争优势具有积极的指导意义。但该研究样本选择范围只局限在一个社区,这还远远不够,为验证其模型的有效性,需要从更大范围的社区样本中抽取数据。

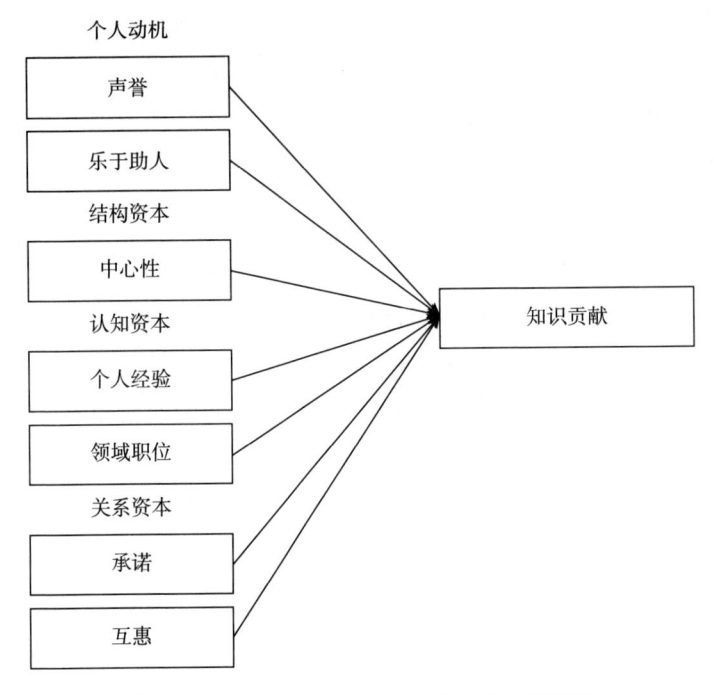

```
个人动机
    声誉
    乐于助人
结构资本
    中心性                    知识贡献
认知资本
    个人经验
    领域职位
关系资本
    承诺
    互惠
```

图 8.3　Wasko 和 Faraj（2005）的研究模型

第二节　感知价值理论

一　感知价值的概念

在市场营销学中，感知价值被定义为消费者在消费过程中所付出的成本与获得的效果之比，这一概念最早出现在对消费者购买行为的研究中，其中还涉及理性和感性因素。而最早出现感知价值这一概念的书籍则是由德鲁克所写的《管理的前沿》一书，该书认为消费者的购买行为包含了产品的价值成分。Forbis 和 Mehta（1981）基于上述基础提出了顾客感知经济价值这一观点。感知价值还被称为顾客感知价值、消费者价值、顾客交易价值以及货币市场价值等。

笔者在对国内外相关文献梳理总结后发现，国外学者对于感知价值领域的研究多关注理性观点、效用观点以及经验观点这三个方面。例如，

Pavlou 和 Fygenson（2006）从理性观点的角度出发，提出感知价值是消费者在消费过程中对于成本和收益之间的感知差额；Chatzisarantis 等（2008）则认为消费者可感知的价值表现为经济、社会、服务的价值，而这些价值是通过市场交易的方式，以货币形式表现出来的；Johnson 等（1996）指出，感知价值是消费者把消费产品所获得的收益与购买产品付出的成本进行对比权衡而得到的；Zeithaml（1988）基于效用经验理论对消费者的直觉价值进行分类，该价值就是消费者在购买产品或体验服务的过程中对收益成本进行的评估；Venkatesh（2010）和 Zeithaml（1988）的观点相似，认为感知价值是对产品收益和成本的差额分析，但这种分析必须是在服务效用与预设效用基础上进行的；从经验观点出发，Holbrook 和 Hirschman（1982）认为，在消费者发生购买行为的过程中，其与各相关主体相互作用的影响就是感知价值，它也是消费者对于产品是否喜爱的一种体现；Butz（2006）则认为顾客期望在产品中获得满足的程度就是感知价值；而 Gronroos（2010）则认为产品核心价值与附加价值的和除以产品价格成本和关系成本的和，可以表示感知价值，即可以用数学关系式来衡量感知价值。

国内学者对感知价值理论的研究大多是在国外已有研究的基础上进行的。董大海等（1999）认为感知价值是消费者在购买产品的过程中对收益和成本的比较，并以动态系统为出发点提出了消费者感知价值理论，将其置于特定环境中进行分析，发现企业内部及竞争动态性因素会对消费者感知价值产生一定的影响；白长虹和刘炽（2002）提出感知价值是顾客所感知到的利得和利失之间的对比，并对利得和利失的具体内容进行了解释；武永红和范秀成（2004）则认为，在营销学中消费者对收益与成本的整体衡量和评价就是感知价值；马玉波和陈荣秋（2004）站在服务价值的角度上，认为感知价值是顾客对以货币形式衡量的产品性能的主观评判；刘合友和冷明月（2006）的研究表明，顾客感知得失能力的影响因素包括情感、功能和社会三个不同方面。

综合梳理上述文献可以发现，对于感知价值的概念尚未形成统一的看法，但是其核心点都包括消费主体对产品效用和成本的权衡，所以本书对感知价值的定义如下：感知价值是行为主体在社会活动过程中经过对比目标产品的利得和利失而形成的主观感受。

二 感知价值的构成维度

目前关于感知价值维度的划分，学者们还没有一个统一的意见，主要按照两种方式划分：理性观点和多维度视角。

1. 理性观点

理性观点将综合对比行为主体的行为收益和行为成本作为基本出发点。Zeithaml（2006）从理性观点出发，采用小组访谈的方法，把顾客感知价值分为关注成本、关注收益、关注某方面收益和付出的权衡以及关注所有因素四类。

针对感知收益的划分：Roca 等（2006）认为感知收益包括效用性收益和娱乐性收益；Churchill（2009）则将感知收益划分为功能收益、社会收益、个人收益以及体验收益四类；Bandura（1977）基于营销学基础理论将感知收益划分为质量效用、服务效用和品牌效用三个维度；尚永辉等（2012）对已有文献进行梳理总结，认为感知收益可以分为功能性收益、程序性收益以及关系性收益三类。

针对感知成本的划分：Gronroos（2010）将感知成本划分为货币成本和交易风险两部分；Compeau 等（2009）认为感知成本主要有时间成本、金钱成本、查找成本和主观成本四类；Zeithaml 和 Parasuraman（1985）在已有研究的基础上将感知成本分为时间成本、寻找成本和转换成本；在营销学研究领域中，陈明红和漆贤军（2014）认为感知成本可以分为费用成本、关系成本和精神成本。

2. 多维度视角

多维度视角的划分方式是学者们在 Zeithaml 和 Parasuraman（1985）的研究基础上进行补充完善而得来的。其中，Zeithaml 和 Parasuraman（1985）在对消费者感知价值进行研究时，从感知收益和感知成本两个方面出发，形成了二维度的划分方式。Joseph 等（2013）认为，感知价值还有功能性价值、社会关系价值、情感关系价值、知识应用价值以及情景反馈价值；Choo 等（2016）则将理论研究与时代背景相结合，认为感知价值分为感知质量、情感、声誉、货币价格和行为价格；Kantamneni 和 Coulson（2015）认为，感知价值有社会价值、主观验证价值、使用功能价值和交易价值四个维度；国内学者刘刚和拱晓波（2007）则在研究了国内主要虚拟社区之后，将感知价值划分为功能价值、经验价值、象征价值、感知贡献和感知风险；周涛（2007）则认为感知价值涉及质量价值、经验价值和社会价值三个维度；焦丽娜（2008）将感知价值分为情感价值、社会价值、质量价值和价格成本，这与现有研究中关于感知价值维度的划分相类似。通过上述对文献的归纳分析可以发现，在感知价值的不同划分方式中，学者们普遍认可的维度划分方式有实用价值、情感价值和社会价值，同时感知成本也成为近年来学者们的关注对象。

第三节 期望确认理论

现阶段有两类模型体系是信息系统应用方面研究的焦点，第一类是系统使用技术研究，它的目的是研究使用系统的原因，该研究是以技术接受模型和整合技术模型为基础的；第二类是系统持续使用研究，它是基于信息系统持续使用模型进行的研究，主要目的是研究系统的后续使用过程。成员是否愿意持续进行知识共享是本研究的关注点，所以本研究选择后者为理论基础。

一　期望确认理论内容

Oliver 于 1980 年首次提出了期望确认理论（Expectation Confirmation Theory，ECT），该理论的基础是认知失调理论（Cognitive Dissonance Theory，CDT），认知失调理论当时受到了学者们的一致认可。期望确认理论的基本思想就是分析消费者在消费过程中的满意程度，把消费者购买前和购买后的期望及效用感知进行对比。产品给消费者带来的各种效用大于期望导致了消费者的重复购买行为，这就是期望确认理论的核心内容，而产品预期和绩效认知是消费者满意度的决定因素，消费者在进行消费时会对产品产生期望和绩效感知，把二者进行对比就可以确认消费者的满意度水平，然后再看消费者是否有再次购买的意愿，这个过程构成了期望确认的理论模型。该理论模型构架如图 8.4 所示。

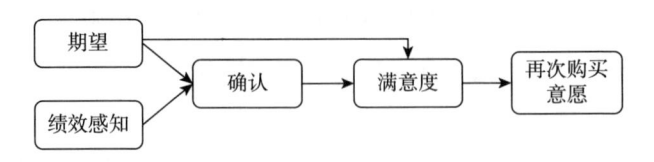

图 8.4　期望确认理论模型构架

从模型构架我们可以看出，期望和绩效感知会对确认因素产生影响，同时期望和确认因素也会影响消费者的满意度，进而影响消费者的持续购买意愿。Oliver（1993）对模型中的变量也做出了相应的解释，其中，期望是一个与概率有关的变量，它指的是对事件可能发生的概率所做的区间估计。而绩效感知是消费者在消费过程中的一种主观心理感受，也就是消费体验给消费者带来的满足程度。在上述模型中，确认因素的测量是通过对比期望和绩效感知来进行的，若期望大于绩效感知则产生负向确认，反之，若期望小于绩效感知则产生正向确认。确认是一种对比行为，消费者在购买产品或体验服务之前会先对产品或服务产生期望，在消费行为发生之后又会产生自身的体验判断，然后消费者会不自觉地将二者进行对比，从而形成了确认过程。从模型中我们可以看出，消费者满意度的主要影响因素就是确认，当期望大于绩效感知即产生负向确认时，消费者的满意度就很低。为了对满意度进行界定，Oliver（1993）归纳总结了不同研究领域的相关概念，最终得出了满意度是初始标准与实际标准以及知觉差距的函数的观点，该观点强调了消费者在购买前后对于期望和绩效之间的对比。

二　期望确认理论相关研究

在对消费者购买和使用行为进行分析的过程中，期望确认理论已经被多次证实，成为消费者持续购买意愿研究领域的理论基础。Oliver（1993）基于期望确认模型对流感疫苗的接种行为进行了分析，并且研究了期望、确认、满意度以及态度等变量之间的关系；除此之外，Oliver 在研究汽车购买行为时引入了期望确认理论,并且增加了对情感变量的研究,分析情感变量是如何作用于消费者的购买行为的。Yoon(2008)基于 ECT 模型对汽车市场上的期望确认水平与消费者忠诚度的关系进行了分析。在消费者使用摄像机的案例背景下,Spreng 和 Mackoy(2006)探讨了不同因素对顾客满意度的影响,这些因素包括期望水平、绩效感知、不确认水平和一致性。在 B2B 服务研究领域中,Patterson 等(2007)基于期望确认理论测量了不同变量之间的作用关系,包括感知绩效、感知价值、满意度和重复购买意愿,并且通过实证研究确认了满意度的中介作用。Petrick 和 Huether(2013)以旅游者的重复参观意愿为研究对象,对游客过去的行为、满意度、旅游感知以及再次旅游意愿之间的关系进行了分析。

第四节 构建基于微信息交流的企业品牌传播影响模型

根据前面的分析,学者们提出的社会资本嵌入理论框架主要是由结构嵌入、关系嵌入及认知嵌入构成的,后续的分析都是对该框架进行的补充和完善。除此之外,在社交网络上用户关注、转发、评论等行为的动机也对企业品牌传播有着重要影响。因此,笔者认为基于感知价值理论以及期望确认理论的个人行为动机嵌入对基于微信息交流的企业品牌传播研究有重要影响,从嵌入视角出发,可以从更深层次全面构建基于微信息交流的企业品牌传播影响模型,所以在研究企业微信息传播时需要从多个维度进行分析,包括结构嵌入、关系嵌入、认知嵌入、感知嵌入、期望嵌入。

从组织层面出发,Nahapiet 和 Ghoshal(1998)认为网络密度和组织凝聚力可以体现结构资本,本书讨论企业信息传播效果受强弱联结的影响和处于在线网络中心的企业对信息传播的影响效果,从这些方面可以对结构嵌入的原理进行分析。从节点层面出发,本书认为个人的兴趣点、价值观和经验的一致性是认知嵌入的具体要素。综合分析与回顾前述章节的内容可知,信任作为关系嵌入的具体要素对关系嵌入具有十分重要的意义,大部分学者从信任层面出发对关系嵌入的作用机理进行研究,因此本研究也将从信任的角度出发对关系嵌入的作用机理进行研究分析,并且本研究的信任包括基于信息的信任以及基于社会认可的信任两个不同的要素。

个人动机维度。用户参与企业信息传播的动机可以从感知嵌入维度进行阐述,因此在研究个人动机嵌入的作用机理时可以运用感知价值理论,包括实用价值和情感价值的感知;期望确认理论可以很好地解释用户参与信息传播的动机,在该维度我们可以探讨用户满意度与基于微信息交流的企业品牌传播之间的作用机理。基于微信息交流的企业品牌传播影响模型如图 8.5 所示。

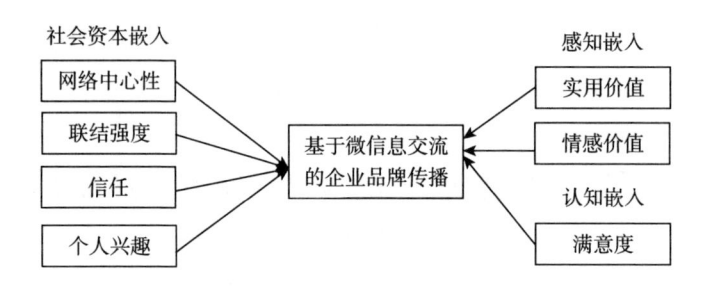

图 8.5　基于微信息交流的企业品牌传播影响模型

第五节　研究假设的提出

一　网络中心性与基于微信息交流的企业品牌传播

有些企业位于网络的中心,直接联结多个节点,掌握众多网络内的关键信息传播渠道。紧密联结的企业存在直接关系或者更少的中介关系,所以可以在更早的时间和更短的距离内应用信息。节点间的相互依赖和资源承诺由中心节点与其他节点间的多重联结引起（Rowley et al., 2000),这样的高水平资源承诺既使节点间的交互频率升高,也使节点间的关系质量得到了提升,因此其他节点的情况更多被位于网络中心的节点掌握,有利于推动缄默知识跨越组织边界（Hagg et al., 1982)。网络中心性与知识交流正相关被大部分学者认可（McEvily et al., 2003; Reagans and McEvily, 2003)。

外部信息以及有用知识的获取机会和能力会受网络位置的影响,网络成员能接触到的知识源随着中心度的提高而增多,激起创新行为的新思想和外部信息的获得也会更容易。企业作为媒介的能力可用中介中心性衡量,即占据结构洞位置的多少。信息获得和信息控制的优势随着节点占据的结构洞的增多而变得更大,从而可以取得更多更丰富的信息资源。

网络的结构特征对信息的创造和扩散模式具有深刻的影响。Dhanasai 和 Parkhe（2006）指出,位于网络中心的组织可以激励信息的流动,并带动网络中价值的产生。Gnyawali 和 Madhavan（2001）从另一个角度指出,处于中心位置的企业在与网络成员联结的过程中能够获取诸多资源,比如技术、资金、管理技巧等。处于大数据、信息交互处的企业,可以更快更及时地获取新的数据信息。对于处于网络中心位置的企业来说,在发送信息方面有着与广大的网络成员更加密切的关系和丰富的经验,可以通过诸如加强实践等让接收者在工作学习中提高经验,以提高接收者对信息的接收能力（Nonaka and Takeuchi, 1995;郭京京、尹秋霞,2008）。处于中心位置的企业在网络关系中嵌入得越深入越广泛,企业信息流出的渠道就越多,半径就越大。相对于其他的企业而言,中心位置的企业需要向外输出更多的知识,也需要花费更多精力负责整个网络的协调。

基于以上分析,本研究提出研究假设1。

研究假设1（H1）：在基于微信息交流的企业品牌传播过程中,处于网络中心地位的企业传播途径更多、传播范围更广。

二 联结强度与基于微信息交流的企业品牌传播

网络节点之间的联结强度可以分为强联结（Strong Ties）和弱联结（Weak Ties）。联结强度的概念在 Granovetter（1973）的《弱关系的力量》中被首次提出,他认为联结强度是可以被测量出来的,测量标准可以是在某个节点所耗费的时间、投入的感情,也可以是节点间的亲密程度以及互惠关系等。当互动多、情感投入多、亲密度高或互惠关系多时则为强联结,反之则为弱联结。联结强度的测量标准并不是一成不变的,学者会根据自己的研究需要设定不同的测量标准。Uzzi（1997）认为联结强度的测量标准是企业间合作关系的稳定程度；Rowley 等（2000）在研究企业联盟时采用的测量标准则是合作关系的多寡；而 Gilsing 和 Nooteboom（2004）在描述关系的强弱程度时提出了 6 个指标，分别是范围、投资、持续性、互动频率、个人信任以及控制。经过分析总结上述研究可以发现，尽管不同学者采用了不同的测量标准，但是其核心都与格兰诺维特的测量方法基本相同，因此本研究也采用了格兰诺维特的测量方法。

从已有研究可以发现，关于强弱联结是如何发生的，不同学者有着不同的看法，甚至出现了完全相反的观点。Granovetter（1973）在《弱关系的力量》中指出，强联结的出现是基于相似个体间的交流互动的，这些个体在很多方面都具有很高的相似性，比如年龄、家庭状况、个人收入、兴趣爱好、教育水平等；而弱联结则一般出现在具有不同背景特征的个体之间。在相似个体之间通过强联结取得的信息也具有较高的相似性，信息冗余程度较高；在经济背景及个人特征差异较大的群体间产生的弱联结则能够获取差异性较高的信息，这些信息往往价值更高，且是非冗余的。Lin 等（1981）的观点是，弱联结有着亲密度、交往频率和强度以及互惠服务能力较低的特征，因此它的优势可以应用到社会资本中，联系更多的差异性资源。Burt（1992）在结构洞理论中强调弱联结是沟通不同信息的桥梁，它创造了更多最短路径的局部桥梁，这是弱联结的重要之处。Seeman 等（2004）在实证研究中证实了结构洞提供的弱联结能够产生更多的新知识和新观点。Perry - Smith 和 Shalley（2003）则认为弱关系比强关系更适合作为信息传播的渠道，因为弱关系可以产生更多的新信息，它是群体和组织之间的纽带。

当然并不是所有学者都赞同这一论断。Bian（1997）在其研究中指出，个体间缺乏直接的联系和高频的数据信息交换是影响知识共享的重要原因，并且提到了强关系以信任和义务为基础，具有有效传递知识的优势。与此同时，Uzzi（1997）在进行人类学研究的时候发现，强联结可以产生特殊的启发式关系，这种关系可以引发更加有效的交流。其认为强联结对于企业间信任的建立和价值信息的传递以及共同问题的解决有着巨大的帮助。强人际关系对信任的形成有推动作用（Krackhardt，1990；McEvily et al.，2003），而信任感也使合作者不再对知识分享的不恰当和知识误用有顾虑。

对于企业信息传播，首先，在引发行为方面强联结更为有利，交流双方基于强联结会投入更多的时间和精力，交流会更加充分，互动也会更加频繁，学者们对强联结对社交网络传播效果的积极作用已经达成共识；其次，强联结更有利于用户和企业间信任的产生，使双方互相交流知识的意愿得到了提高；最后，在强联结的作用下，用户会进行更加充分的信息交流，缩短了不同成员之间的知识差距，同时成员之间的互动频率增加，从而提高了知识传播的效率。伴随强联结产生的信任、情感、合作、稳定、互动等可以使隐性信息得到有效传播，同时提高社区信息传播的能力和水平。而弱联结则在信息的广泛传播上更为有利，弱联结在信息传播的过程中扮演了桥的角色，它能够联结不同来源的信息，是获取异质性知识的重要渠道。所以，与弱联结相比，强联结的突出之处在于能有效地把隐性知识扩散和转移。

基于以上分析，本研究提出研究假设2。

研究假设2（H2）：在基于微信息交流的企业品牌传播过程中，联结强度对企业和用户间的信息传播具有积极作用。

三 信任与基于微信息交流的企业品牌传播

对于关系维度，我们主要讨论用户之间的信任及其对基于微信息交流的企业品牌传播的影响。首先界定信任这一概念，其次讨论信任关系对基于微信息交流的企业品牌传播的影响。

1. 信任的概念

在研究信任与基于微信息交流的企业品牌传播的关系之前，我们需要知道什么是信任。有关这个问题，许多专家和学者做了大量的研究。由于信任的复杂性、多维度以及多层次特点，专家和学者们并未对信任的概念达成统一。归纳分析已有的研究，我们发现人们主要从三个领域来给信任下定义，它们分别是心理学领域、社会学领域和经济学领域。心理学领域的信任更强调个体的内在认知；社会学领域的信任更像是一种依赖关系，它更强调信任在人际关系中的作用；而经济学领域的信任更像是一种制度或算计。由于本书研究的是微信息交流平台上企业用户间的信任关系是如何影响基于微信息交流的企业品牌传播的,因此本书研究的信任更倾向于社会学领域的信任,即人际关系中的信任。

2. 信任对基于微信息交流的企业品牌传播的影响

大多数的人隐约认为企业和用户间的信任关系会影响企业品牌传播,但是对于他们之间的内在联系却不能明确表达。关于这个问题,许多学者进行了研究,Abrams等(2003)和Chowdhury(2005)分别从个体和团队的角度研究信任和知识共享的关系,结果表明无论是个体还是团队,情感信任和认知信任的程度与知识共享的效果呈现正相关关系。Panteli和Davison(2005)从企业间的知识分享出发,将信任划分为三个阶段,并认为阶段不同,企业间的知识交流情况也不同。综合上述研究,我们可以发现虽然这些学者研究信任的方向不同,但是他们都有一个共识就是信任程度和知识交流程度是正相关的,即信任程度越高,个体越愿意共享知识。一个组织如果缺乏信任,那么该组织就难以学习和进步。

从上文我们也可以看出,大多数研究都是从人际关系层面分析信任对知识交流产生的影响,并且研究结果都表明它们之间是正相关的。对基于微信息交流的企业品牌传播而言,这一结论仍然适用。信任使得用户愿意沟通与交流,这对基于微信息交流的企业品牌传播起到积极的作用。

基于以上分析,本研究提出研究假设3。

研究假设3(H3):在基于微信息交流的企业品牌传播过程中,企业和用户间的信任关系对信息传播具有积极作用。

四 个人兴趣与基于微信息交流的企业品牌传播

信息交流的双方要在一定程度上共通,比如有共同的语言和词汇,语言是个体在社会交往过程中必不可少的工具(Nahapiet and Ghoshal,1998)。个人通过亲身经历以及他人长期讲述可以获得认知资本。其中,他人讲述指的是他人在面对问题时的解决方式;用户在和他人一起分享经历、学习知识和技能、进行专业讨论及规范化练习的过程中发展其认知资本（Brown and Duguid, 1991）。简而言之，认知资本的内容主要包括以下三个方面：个人的专业知识、个人掌握的语言、个人在实践中应用专业知识的经验。

在微信息交流平台上，用户只有在有信息可以贡献，即他有必要的认知资本时才会向其他人传递共享信息，否则即便这个人有意愿传递共享信息可能也无能为力。研究表明，微信息交流平台上的用户只有觉得自己的专业程度较高时才有可能提供有益的建议（Constant et al., 1996），相对的，用户觉得自己的专业水平不太高时，其传递共享信息的欲望就不是很强烈（Wasko and Faraj, 2005）。因此，一个人的专业知识越丰富，技巧、能力越强，就越有可能对信息进行传递和共享。个体只有在持续分享信息之后，才能对相应的专业信息有更深入的了解，进而更加愿意进行信息的传播和共享。

基于以上分析，本研究提出研究假设4。

研究假设4（H4）：在基于微信息交流的企业品牌传播过程中，用户的个人兴趣对信息传播具有积极作用。

五 感知嵌入与基于微信息交流的企业品牌传播

在感知价值理论的基础上，我们已经充分论证了感知价值和基于微信息交流的企业品牌传播之间的作用关系，感知价值越高，人们越愿意传播企业品牌信息。关于这个结论，学者们的意见已经达成了统一，这也为后文中的研究打下了理论基础。例如，Drucker（2009）在研究消费者的购买行为后，发现消费者的选择会受到价值判断的影响；Hellier等（2003）对顾客重复购买意愿和顾客感知价值的正向关系进行了验证，指出了满意度的中介作用；Chao等（2012）认为实用价值和内在价值越高，用户越愿意进行网络学习。王莉等（2014）、雷志柱和周叶玲（2013）更是从休闲旅游、高校教师知识分享出发，研究感知价值与游客行为意向和教师持续知识共享意愿的关系。

在对感知价值理论和信息传播意愿相关研究进行梳理分析后，我们发现感知价值与信息传播意愿是正相关的。微信息交流平台上，感知价值越高，用户越愿意传播信息。

在此基础上，本书做出如下假设。

研究假设 5（H5）：在基于微信息交流的企业品牌传播过程中，用户感知实用价值对信息传播具有积极作用。

研究假设 6（H6）：在基于微信息交流的企业品牌传播过程中，用户感知情感价值对信息传播具有积极作用。

六 认知嵌入与基于微信息交流的企业品牌传播

满意度的概念起源于营销学领域，只有顾客满意了忠诚才有可能形成。满意度的形成途径分两类，一是对比顾客的期望与顾客消费产品和服务后的感受，也就是对比期望值和感受值；二是对比顾客消费前后的绩效，绩效取决于多个因素。基于微信息交流平台特征，我们认为微信息交流平台用户满意度的形成更倾向于第一类，也就是微信息交流平台用户的期望与进行信息传播后的感受的对比，即期望与感受到的价值之间的对比。这里需要强调的是人们愿意采取某种行为的概率被称为行为意愿。

期望确认理论认为行为主体是否愿意持续消费受到满意度的影响，该理论在营销学领域已经得到了充分的论证。Monroe 和 Dodds（1988）用感知价值和感知成本的对比系数来衡量主体的满意度，进而验证了满意度与重复购买意愿的正向关系；Johnson 等（1996）在验证顾客满意度与持续使用意愿的关系时发现，顾客的感知价值水平会影响顾客的满意度，进而影响顾客的持续使用意愿；除此之外，张新等（2017）从微信公众号出发，研究了用户满意度和浏览意图的关系。据此本书提出研究假设 7。

研究假设 7（H7）：在基于微信息交流的企业品牌传播过程中，用户满意度对信息传播具有积极作用。

第六节 研究设计

本研究根据李克特量表设计调查问卷，通过问卷调查的方式对数据进行收集，并且运用相关性分析法和主成分分析法对数据进行分析处理，从而验证假设是否成立。

一 研究样本和数据收集

不同学者对于样本容量的大小有着不同的看法,本研究综合了不同学者的看法,并根据实际情况,将样本容量定为300~400个。

本次问卷调查的主要对象是微博平台用户,期限是两个月,问卷包括纸质版问卷和网络调查问卷。前期为了让相关专家对问卷进行评估和预测先发放了30份,按专家提出的意见修改之后又进行了大规模发放,共发放问卷531份,回收472份,剔除无效问卷,共得到有效问卷418份,回收率88.9%,有效率88.6%。

二 问卷变量设计

根据前面构建的模型和假设,确定了需要测量的自变量为联结强度、网络中心性、信任、个人兴趣、感知实用价值、感知情感价值、满意度;因变量为基于微信息交流的企业品牌传播。通过参考已有的相关文献,根据已被证实或较为成熟的测量项目来确定本研究要采用的研究变量,并根据相关理论确定本研究的实际需求,各变量的测量如表8.1所示。

表8.1 各变量的测量

假设	变量	测量问项
H1	网络中心性（H_1）	1. 在使用微博的过程中,更愿意关注知名度高的企业
		2. 更愿意评论、转发或@知名度高的企业
H2	联结强度（H_2）	3. 和你相互关注（你关注了他,他也关注了你）的人转发给你的博文,你更愿意选择继续转发
		4. 相比单方面关注的人,相互关注的人之间互动会更为频繁
		5. 碰到有趣的博文或与某位好友相关的博文时,经常会主动@好友
H3	信任（H_3）	6. 更愿意与信任的企业交流
		7. 更愿意转发值得信任的内容
H4	个人兴趣（H_4）	8. 会因为与对方看法一致或与对方产生共鸣而转发、点赞其博文
		9. 会因为和自己的兴趣相关而关注一些企业,并转发其发布的信息
		10. 愿意传播企业发布的信息中自己感兴趣的内容（如有奖活动、抽奖活动等）或以有趣的形式（如音视频、游戏等）发布的信息

续表

假设	变量	测量问项
H5	感知实用价值（H_5）	11. 对于我来说，通过转发企业发布的信息获得或有可能赢取企业产品或奖品很重要
		12. 对于我来说，通过转发企业发布的信息获得更高的会员等级很重要
		13. 对于我来说，通过转发企业发布的信息获得企业奖励的积分，并成为会员，享受更多优惠很重要
H6	感知情感价值（H_6）	14. 别人赞同、讨论或转发我的微博能够使我感到内心满足
		15. 在社区内分享我对企业的想法或产品的使用心得能够使我感到内心愉悦
		16. 在社区内分享不愉快的体验能够发泄我的负面情绪
H7	满意度（H_7）	17. 在社区内传播企业发布的我认为有用的、有效的或有趣的信息是正确的决定
		18. 在社区内传播企业发布的我认为有用的、有效的或有趣的信息非常有成就感
		19. 在社区内传播企业发布的我认为有用的、有效的或有趣的信息的过程和结果使我感到满意
	基于微信息交流的企业品牌传播（V_9）	20. 企业通过微博可以有效地与用户互动
		21. 企业通过微博可以有效地传播自己的品牌形象和理念
		22. 企业通过微博可以有效地传播企业的产品信息

三　数据分析方法

在研究多个指标的问题时，为了简化分析，我们通常会想办法把多个指标转化成较少的综合指标，这个方法就是主成分分析法。其中，综合指标指的是原来多个指标的线性组合，这些综合指标之间互不相关，并且能反映原来多个指标的信息，虽然它们不能被直接观测到。由于量纲不同会对分析造成影响，因此我们采用主成分分析法中的相关矩阵法来进行分析。

回归分析（Regression Analysis）是一种应用十分广泛的统计分析方法，它的主要作用是确定两个或两个以上相互依赖的变量之间的定量关系。回归分析按照不同的划分标准有不同的分类方式，若以自变量的多少为标准可以分为一元回归分析和多元回归分析；若以自变量和因变量之间的关系类型为标准可以分为线性回归分析和非线性回归分析。在回归分析中,如果只有一个自变量和一个因变量,并且二者之间的关系可用一条直线近似表示,那么是一元线性回归分析;如果有两个或两个以上的自变量,且自变量和因变量是线性关系,那么是多元线性回归分析。

第七节 影响模型探讨

通过问卷调查收集数据后,运用相应的研究方法对数据进行分析,该过程主要分为两个步骤:首先,将原始数据进行标准化处理并计算影响模型各变量间的相关矩阵,得到标准化回归系数;其次,为了消除过多的主观因素,我们通过利用测量问项得到的主成分建立评价模型,得到各变量与基于微信息交流的企业品牌传播的比重关系。

一 影响模型回归分析

1. 回归分析原理

(1) 将原始数据进行标准化处理

假设有 n 个被调查人员,l 个评价指标,x_{ij} ($i=1, 2, \cdots, l; j=1, 2, \cdots, n$) 表示第 j 个被调查人员对第 i 个指标的评分值。

按照矩阵法,得到如下公式:

$$x'_{ij} = \frac{x_{ij} - \bar{x}_j}{\sqrt{Var(X_j)}}, (i=1,2,\cdots,l; j=1,2,\cdots,n)$$

其中,$\bar{x}_j = \frac{1}{n}\sum_{i=1}^{n} x_{ij}$;$Var(X_j) = \frac{1}{n-1}\sum_{i=1}^{n}(x_{ij} - \bar{x}_j)^2$。

(2) 计算样本相关矩阵 R

$$R = \begin{bmatrix} r_{11} & r_{12} & \cdots & r_{1l} \\ r_{21} & r_{22} & \cdots & r_{2l} \\ \vdots & \vdots & & \vdots \\ r_{l1} & r_{l2} & \cdots & r_{ll} \end{bmatrix}$$

其中,$r_{ii} = 1$ ($i=1, 2, \cdots, l$),$r_{ij} = r_{ji}$ ($i \neq j$)。

为了方便研究,假定原始数据标准化后仍用 x 表示,经过标准化处理

后的 X_i 与 X_j 的相关系数可近似用 r_{ij} 代替：

$$r_{ij} = \frac{\sum_i (x_{ij} - \bar{x}_j)(x_{ik} - \bar{x}_k)}{\sqrt{\sum_i (x_{ij} - \bar{x}_j)^2 (x_{ik} - \bar{x}_k)^2}}$$

2. 对数据标准化，并求相关系数矩阵

利用模型公式计算出各变量间的相关系数矩阵，结果如表 8.2 所示。

表 8.2 模型各变量间的相关系数矩阵 R 的计算结果

		网络中心性	联结强度	信任	个人兴趣	感知实用价值	感知情感价值	满意度	基于微信息交流的企业品牌传播
网络中心性	Pearson 相关性	1	0.237 *	0.308 **	0.271 *	0.347 **	0.327 **	0.312 **	0.492 **
	显著性（双侧）		0.016	0.008	0.013	0.001	0.002	0.003	0.000
联结强度	Pearson 相关性	0.237 *	1	0.511 **	0.383 **	0.345 **	0.464 **	0.379 **	0.646 **
	显著性（双侧）	0.016		0.000	0.000	0.001	0.000	0.000	0.000
信任	Pearson 相关性	0.308 **	0.511 **	1	0.400 **	0.397 **	0.389 **	0.510 **	0.658 **
	显著性（双侧）	0.008	0.000		0.000	0.000	0.000	0.000	0.000
个人兴趣	Pearson 相关性	0.271 *	0.383 **	0.400 **	1	0.423 **	0.471 **	0.467 **	0.676 **
	显著性（双侧）	0.013	0.000	0.000		0.000	0.000	0.000	0.000
感知实用价值	Pearson 相关性	0.347 **	0.345 **	0.397 **	0.423 **	1	0.492 **	0.418 **	0.754 **
	显著性（双侧）	0.001	0.001	0.000	0.000		0.000	0.000	0.000
感知情感价值	Pearson 相关性	0.327 **	0.464 **	0.389 **	0.471 **	0.492 **	1	0.663 **	0.836 **
	显著性（双侧）	0.002	0.000	0.000	0.000	0.000		0.000	0.000
满意度	Pearson 相关性	0.312 **	0.379 **	0.510 **	0.467 **	0.418 **	0.663 **	1	0.598 **
	显著性（双侧）	0.003	0.000	0.000	0.000	0.000	0.000		0.000
基于微信息交流的企业品牌传播	Pearson 相关性	0.492 **	0.646 **	0.658 **	0.676 **	0.754 **	0.836 **	0.598 **	1
	显著性（双侧）	0.000	0.000	0.000	0.000	0.000	0.000	0.000	

注：* 代表在 0.05 水平（双侧）下显著，** 代表在 0.01 水平（双侧）下显著。

由表 8.2 可知，基于微信息交流的企业品牌传播和各自变量在 0.01 的显著性水平（双侧）下均具有相关性。联结强度、网络中心性、信任、个人兴趣、感知实用价值、感知情感价值、满意度对基于微信息交流的企业品牌传播具有积极作用，本章的假设均成立。下面通过主成分模型进一步分析各自变量对基于微信息交流的企业品牌传播的影响程度。

3. 研究假设与实证结果

利用 SPSS 主成分回归分析对本研究提出的 7 个研究假设进行验证，其验证结果如表 8.3 所示。通过回归性分析可以看出各变量之间的影响是直接效果还是间接效果，即将构念与构念的因果关系验证出来（Wright and Cantor，1967）。从本研究的实证结果得知，网络中心性对基于微信息交流的企业品牌传播是直接影响（0.134**）；联结强度对基于微信息交流的企业品牌传播是直接影响（0.176**）；信任对基于微信息交流的企业品牌传播是直接影响（0.179**）；个人兴趣对基于微信息交流的企业品牌传播是直接影响（0.274**）；感知实用价值对基于微信息交流的企业品牌传播是直接影响（0.265**）；感知情感价值对基于微信息交流的企业品牌传播是直接影响（0.177**）；满意度对基于微信息交流的企业品牌传播是直接影响（0.134**）。所以 H1、H2、H3、H4、H5、H6、H7 都是成立的。

表 8.3　研究假设与实证结果

研究假设	构念关系	相关性	标准化回归系数	p值	结果
H1	网络中心性→基于微信息交流的企业品牌传播	+	0.134	**	成立
H2	联结强度→基于微信息交流的企业品牌传播	+	0.176	**	成立
H3	信任→基于微信息交流的企业品牌传播	+	0.179	**	成立
H4	个人兴趣→基于微信息交流的企业品牌传播	+	0.274	**	成立
H5	感知实用价值→基于微信息交流的企业品牌传播	+	0.265	**	成立
H6	感知情感价值→基于微信息交流的企业品牌传播	+	0.177	**	成立
H7	满意度→基于微信息交流的企业品牌传播	+	0.134	**	成立

注：** 代表在 0.01 水平（双侧）下显著。

二 主成分分析得到评价模型

1. 主成分确定

由公式 $\eta = \dfrac{\sum_{i=1}^{m} \lambda_i}{\sum_{i=1}^{l} \lambda_i}$ 计算 $F_1, F_2, \cdots, F_m$ ($m \leq l$) 的累计方差贡献率，来确定各主成分的影响力，进而研究各自变量对基于微信息交流的企业品牌传播的影响程度。

由相关系数矩阵计算特征值，以及各个主成分的方差贡献率与累计方差贡献率（见表8.4）。由表8.4可知，1、2、3、4主成分的累计方差贡献率已达84.677%，由于指标过多，故只求出1、2、3、4主成分即 F_1、F_2、F_3、F_4。

表8.4 问卷各个主成分的方差贡献率与累计方差贡献率

成分	初始特征值			提取平方和载入		
	合计	方差贡献率（%）	累计方差贡献率（%）	合计	方差贡献率（%）	累计方差贡献率（%）
1	3.490	53.862	53.862	3.490	53.862	53.862
2	0.813	11.610	65.472	0.813	11.610	65.472
3	0.728	10.397	75.869	0.728	10.397	75.869
4	0.617	8.808	84.677	0.617	8.808	84.677
5	0.539	7.702	92.379			
6	0.524	4.485	96.863			
7	0.290	3.137	100.000			

2. 各指标的方差在主成分上的载荷

用 F_1、F_2、F_3、F_4 既简化了原假设测量问项（降维且 F_i 间相互独立），又能反映各变量 H_i ($i=1, 2, \cdots, 7$) 各方差和的80%以上，由公式 $F_m = u_{1m}x_1' + u_{2m}x_2' + \cdots + u_{lm}x_l'$ 可建立主成分和各变量之间的函数关系，函数系数值如表8.5所示。系数的绝对值越大，该主成分受该变量的影响就越大。

表 8.5　各变量在主成分上的载荷

变量	成分			
	1	2	3	4
H_1	0.530	0.763	0.320	-0.096
H_2	0.675	-0.333	0.476	0.133
H_3	0.720	-0.238	0.372	-0.024
H_4	0.702	-0.060	-0.283	0.423
H_5	0.703	0.218	-0.235	0.366
H_6	0.796	-0.059	-0.255	-0.303
H_7	0.783	-0.092	-0.245	-0.429

3. 综合评价

主成分 F_1、F_2、F_3、F_4 分别从不同方面反映了各变量对基于微信息交流的企业品牌传播的影响，由综合评价得分模型 $F = \sum_{i=1}^{m} \overline{\omega}_i F_i$ 可得基于微信息交流的企业品牌传播 V_9 的公式：

$$V_9 = \sum_{i=1}^{4} \overline{\omega}_i F_i = 0.6179 F_1 + 0.1439 F_2 + 0.1289 F_3 + 0.1093 F_4$$

由此可以得出各假设测量问项中的主成分与基于微信息交流的企业品牌传播的关系即各主成分的贡献率和比重关系。

4. 模型简化及应用

为了使模型能在实际问题中得到更广泛的应用，本书选择能体现 53.862% 贡献率的主要成分 F_1 作为基于微信息交流的企业品牌传播 V_9 的影响因素，可得模型：

$$V_9 = F_1 = 0.530 H_1 + 0.675 H_2 + 0.720 H_3 + 0.702 H_4 + 0.703 H_5 + 0.796 H_6 + 0.783 H_7$$

由此模型我们可以得出以 F_1 作为基于微信息交流的企业品牌传播的影响因素的，各假设变量与因变量 V_9 之间的比重关系，即网络中心性、联结强度、信任、个人兴趣和感知实用价值等对基于微信息交流的企业品牌传播的影响的贡献率。

第八节　小结

本研究将微博社区作为研究对象，运用社会资本理论、感知价值理论和期望确认理论，从嵌入的视角、多个不同维度对基于微信息交流的企业品牌传播的影响因素进行了分析，并构建了理论模型。后经问卷调查收集数据进行实证分析得出，网络中心性、联结强度、信任、个人兴趣、感知实用价值、感知情感价值及满意度都对基于微信息交流的企业品牌传播有积极的影响。因此，本研究构建的理论模型成立。

为了给企业构建一个良好的信息传播环境，使企业可以更好地利用微信息交流平台进行品牌信息的传播，以给企业带来良好的营销效果，我们需要分析信息传播网络结构、企业用户关系、用户个人认知和对结果的感知与期望是如何影响企业品牌传播效果的。经分析，对于企业来讲，如果想在微信息交流平台上获得良好的品牌传播，需要做到以下几点。第一，在信息传播网络中占据中心位置，尽可能多地掌握网络中的关键信息传播渠道，加强与用户的联系，取得用户关注，取得更丰富的信息资源；第二，与用户建立信任关系，塑造良好品牌形象，使用户对企业产生信任，对企业发布的信息和提供的产品产生信任；第三，关注企业账号的用户大多数是对企业产品感兴趣的用户，既可能是老客户，也可能是潜在客户，因此，企业可以适当地在账号中发布一些专业信息和行业信息，加深用户对企业和产品的认知，用户越了解信息，其传播意愿越强烈；第四，了解用户的需求，满足不同用户的需求，这里的需求既包含情感性需求，也包含实用性需求。

本书从社会资本嵌入的三个维度及个人动机中的感知价值和期望确认构念分析了基于微信息交流的企业品牌传播的影响因素。除此之外，基于微信息交流的企业品牌传播的影响因素还有很多，这就需要我们在今后的研究中再进行更多的思考和论证。

第九章
基于微信息交流的企业品牌传播网络结构分析

社会网络描述各节点及其之间的关系，是各节点关系之集合。这里的节点可以是任何一个社会单位或者社会实体，可以是个人，可以是公司单位，也可以是组织或国家。节点间的关系是复杂的，我们对各类社会关系既可以进行质性分析，又可以进行量化探讨，这时，社会网络分析就派上了用场，它拥有独特的本体论、认识论和方法论意涵，有力地扩展了社会结构研究。

社会网络分析主要有两大研究领域：个体网络研究和整体网络研究。个体网络研究研究的是节点与其他节点的关系，研究对象是特定的行动者，主要研究的是个体网络的类型、规模、同质性、异质性和构成，是对行动者个体层次的分析。整体网络研究是在特定的研究范围内进行的，如组织、部门和亲友团等，研究对象是范围内的全部行动者之间的关系，该方法需要的数据非常多，要包含特定范围内全部行动者之间所有关系数据。例如，在指定的研究范围内有20名行动者，在分析时就要包含每名行动者与另外19名行动者的关系，一共存在380种关系。

在指标的选择上，基于个体研究的指标有中心性、影响力等，基于整体研究的指标有密度、小世界现象、凝聚子群、块模型等。在分析的过程中，本章选取社会网络分析中的中心性、密度、结构洞、凝聚子群等指标，结合社会网络分析的理论对基于微信息交流的企业品牌传播中的个体作用以及整体特征进行研究，既选择了基于个体研究的指标，也选择了基于整体研究的指标。

但在进行基于微信息交流的企业品牌传播网络结构分析时，要考虑一些整体的结构特征会对其中的行动者产生相应的能动作用，这也是之前很多学者，特别是坚持结构主义视角的社会学家所倡导的观点。同时，当代社会网络理论与方法的突破主要是在整体网络领域出现的，整体网络研究是国外社会网络研究领域的关注点。

第一节　基于微信息交流的企业品牌传播网络

当前，微信息交流平台作为一种网络信息传播渠道备受关注，是新的信息交流和传播模式。企业可以申请认证自己的微信息账号，在申请的账号上发布内容，平台上的用户可以对内容进行评论与转发，从而吸引其他用户的关注。微信息交流平台可以将企业的品牌、产品信息与理念传递给用户，同时吸引用户参与互动。

在社会学的观点中，用户需求可以驱动用户行为，企业利用微信息交流平台进行品牌传播时，主体是用户，用户会产生对信息及信息交流的需求，用户的需求驱动用户的信息传播互动行为，在信息传播的过程中，信息在不同的用户之间转移，实现了企业信息传播的目的。

用户在微信息平台上传播信息的方式有很多种，举例如下。一是用户关注其他用户，当关注的用户发布新信息时，用户可以看到消息提醒，阅读之后可以进行评论与转发，实现与其他用户共享信息；二是分享信息给自己的好友或者关注的用户，这种分享方式是一对一的，将信息共享给指定的用户；三是用户通过平台的搜索功能，根据自身的需求去搜索微信息内容，再进行转发分享。孙卫华和张庆永（2008）提出，微博的半广播实时交互机制可以让用户形成信息交流分享的群体，展现了群体传播效应。众多美国企业在最近几年也逐渐开始使用社会化媒体工具，在各平台注册自己的官方账号，比如官方微博、官方公众号，还有企业在跃跃欲试。企业领导人也开始使用社会化媒体工具，以加入用户的互动，企业高管用自己的账号发布相关信息的方式比较亲民化，也更具权威性。企业高管的知名度可以为企业品牌账号带来更多的关注者，从而起到传播信息的作用。

第二节 基于微信息交流的企业品牌传播社会网络分析

社会网络分析法一开始是在其他研究领域发展起来的，比如社会学、人类学、心理学等。经过70多年的发展，社会网络分析法已经形成了自己的专有概念和专用术语。社会网络分析法在社会学研究中使用广泛，是社科研究的一种新范式。

网络是描述节点之间的关系的，是各节点之间关系的集合。社会网络是社会上一定范围内全部行动者之间全部关系的集合。有两种典型的社会网络：自我中心网络以及整体网络。不同的网络使用的是不同的社会网络分析方法。自我中心网络分析法分析的是与某一节点相关的关系，研究的是与核心行动者相关的社会关系，以这些核心行动者为中心，研究与这些行动者相关的网络情况，比如网络的属性、大小及差异性等。自我中心网络分析法适用于对大型网络中的个体进行分析。整体网络分析法是在特定的整体范围内进行，如组织、部门和亲属团，研究对象是范围内的全部行动者之间存在的关系。该方法需要的数据非常多，要包含该范围内的全部行动者之间的关系。例如，在某整体网络中有20名行动者，在分析时就要包含每名行动者与另外19名行动者之间的关系，一共存在380种关系。在基于微信息交流的企业品牌传播网络中，就可以采用整体网络分析法进行研究。

网络可以用社会关系网图和社交矩阵来表示。社会关系网图由点和线组成，点指的是行动者，线指的是行动者之间的关系。若图中的连线无方向，这类图被称作无向图；若图中的连线带有表示方向的箭头，这样的图被称作有向图；当图中的连线被赋予了一定的数值，则是用数值的大小来衡量连线所连接的两个对象的关系强度，这类图被称作赋值图。微信息交流网络中的关系是带有方向的，因此需要用有向图来表示这些关系。社会关系网图直观易懂，适用于行动者数量较少的情况。当行动者数量较多时，社会关系网图就比较复杂烦琐，行动者之间的关系变得模糊，难以辨别。因此，这种情况要选择社交矩阵。一个社会网络只包含行动者以及行动者之间的关系，但是网络结构并不是这些组成元素之间的简单关系的集合，而是一个复杂的集合，构建社交网络结构具有一定的难度。

一 基于微信息交流的企业品牌传播网络结构位置分析

在社会网络分析中，中心性是衡量行动者结构位置的一个重要指标，中心性可以表现个体在社会网络中的重要程度。

行动者的中心性是行动者在资源获取方面操控能力强弱的反映，位于核心位置的行动者可以选择诸多行动者作为资源置换的对象（Sparrowe et al.，2001）。因此，很多学者认为处于中心位置的行动者可以比他人获得更多的晋升、权力和革新等优势。中心位置可以为行动者带来社会心理和社会资源上的优势，为行动者提供支持和帮助（Ibarra，1993）。在社会网络中，位于网络中心位置的行动者的行为会影响其他行动者的行为，位于网络边缘位置的个体的行动不会对其他个体行动产生较大影响。传统的面对面网络中缺乏中心位置的行动者，许多个体不愿意与网络中的其他个体进行交互。相对于个人来说，企业在信息传播时更喜欢处于中心位置，高中心性可以帮助企业处在网络信息交流的核心位置，这样企业在网络中要比其他企业具有更大的影响力。

中心性包含三个方面：程度中心性、亲近中心性、中介中心性。

1. 程度中心性

用来衡量群体中核心人物的地位的是程度中心性。从社会学角度看，处于中心位置的人是社会地位最高的人；从组织行为学角度看，处于中心位置的人是拥有最高权力的人。在一个社群中，节点的程度中心性越高，节点在网络中的地位就越重要。

程度中心性的计算公式如下：

$$C_D(n_i) = d(n_i) = \sum_j X_{ij} = \sum_j X_{ji}$$

$$C'_D(n_i) = \frac{d(n_i)}{g-1}$$

X_{ij} 的取值是 0 或 1，0 指的是行动者 i 与行动者 j 无关，1 代表行动者 i

与行动者 j 有关系。g 是该网络中的节点的总数。$C'_D(n_i)$ 代表标准化处理后的程度中心性，不同网络中节点总数是不同的，无法直接进行比较，因此要进行标准化处理，处理方法是除以该节点与其他节点的最大可能关系个数 $g-1$。

群体程度中心性的计算公式如下：

$$C_D = \frac{\sum_{i=1}^{g}[C_D(n^*) - C_D(n_i)]}{\max \sum_{i=1}^{g}[C_D(n^*) - C_D(n_i)]}$$

其中，$C_D(n^*)$ 为最大的程度中心性。在一个网络中，程度中心性最高的节点与其他节点的程度中心性差值越大，群体程度中心性的值就越大，这种情况表明核心位置的个体权力过大。群体程度中心性最高的社会网络就是星状交流网络，如图 9.1 所示。

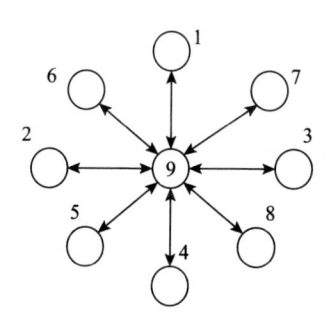

图 9.1　星状交流网络

2. 亲近中心性

亲近中心性是以距离作为衡量标准，用距离代表中心性的强弱。该节点与其他节点距离越近，则该节点的亲近中心性就越高；反之，与其他节点的距离越远，亲近中心性越低。

亲近中心性的计算公式如下：

$$C_C(n_i) = \left[\sum_{j=1}^{g} d(n_i, n_j)\right]^{-1}$$

$d(n_i, n_j)$ 指的是节点 n_i 与 n_j 的距离，g 是网络中的全部节点的个数，亲近中心性就是行动者 n_i 到相关行动者的全部距离之和的倒数，$C_c(n_i)$ 的值越大,亲近中心性越强,该节点到其他节点的距离之和越小。通过亲近中心性可以看出,位于边缘位置的个体的重要程度较低。

3. 中介中心性

中介中心性指的是一个行动者作为中介的能力,即某一个个体占据着两个个体沟通渠道中的关键位置,其他行动者通过这个行动者才联系在一起,如果他拒绝充当中介的角色,那他所连接的两个行动者就不能进行信息交流。个体的中介中心性数值越大,表明他所充当的媒介越多,有大量的个体需要通过他完成信息交流。

这里引入一个结构洞的概念。博特认为两个相关联的行动者之间的非重复性关系就可以看作结构洞,这个洞就像电路中的绝缘器,从网络结构的整体性来看,就是指网络结构中出现了一个洞,这是行动者(Actor)可以操纵使用的空间(Burt,1992)。如果存在一个个体把两个分离的群体联系了起来,这个个体就成为两个群体沟通交流的通道,这两个群体进行信息交流必须要通过这个个体,那么这个个体的中介中心性的值就会较大。Burt认为拥有高中介中心性的个体能够得到比低中介中心性个体更多的利益。

中介中心性的计算公式如下:

$$C_B(n_i) = \sum_{j<k} g_{jk}(n_i)/g_{jk}$$

$$C'_B(n_i) = \frac{\sum_{j<k} g_{jk}(n_i)/g_{jk}}{(g-1)(g-2)}$$

g_{jk} 指的是节点 j 到节点 k 的路径总数, $g_{jk}(n_i)$ 指的是节点 j 到节点 k 的全部路径中通过节点 i 的路径的个数, g 是网络中的全部节点个数。$C'_B(n_i)$ 代表标准化处理后的中介中心性。

群体中介性的计算公式如下:

$$C_B = \frac{2\sum_{i=1}^{g}[C_B(n^*) - C_B(n_i)]}{[(g-1)^2(g-2)]}$$

n^* 是中心性最大的节点, $C_B(n^*)$ 指的是中介中心性的最大值, g 是网络中的全部节点个数。C_B 的数值越大,则代表该群体中的许多小群体越依赖一个节点充当中介,在该群体中信息极有可能被少部分个体所垄断。

群体中介中心性最高的网络结构也是星状交流网络。

连接两个群体的个体可以看作经纪人。较经典的经纪人角色可分为5种，如图9.2所示。

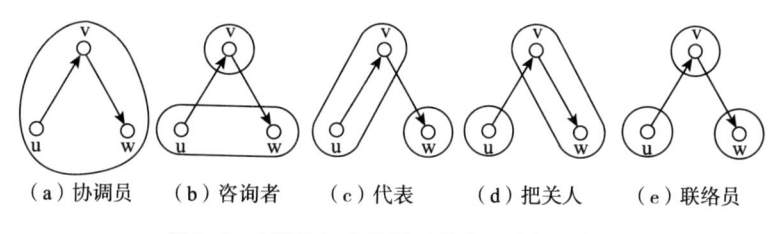

（a）协调员　（b）咨询者　（c）代表　（d）把关人　（e）联络员

图9.2　5种经纪人类型（节点v为经纪人）

图9.2中5种经纪人类型遵循u→v→w的信息传递路径，节点u代表信息发起者，节点w代表信息接收者。在协调员（Coordinator）型经纪人类型中，u、v、w同在一个组；在咨询者（Consultant）型经纪人类型中，u、w属于一组，v属于另一组；在代表（Representative）型经纪人类型中，u、v属于一组，w属于另一组；在把关人（Gatekeeper）型经纪人类型中，u属于一组，v、w属于另一组；在联络员（Liaison）型经纪人类型中，u、v、w三个节点都属于不同的组。

程度中心性与中介中心性是衡量个体在其群体网络中地位的两个十分重要的指标，亲近中心性在分析的过程中相对不常使用。因为计算亲近中心性要求网络中的各个节点必须相连接，这在实际信息传播网络中并不常见。

二　基于微信息交流的企业品牌传播网络角色分析

角色分析又称派系分析。在研究社会网络领域时，对角色进行分析一般采用凝聚子群分析法，又称小团体分析法。凝聚子群指的是在一个团体中某些关系十分亲密的个体形成的一个小团体。

一般认为凝聚子群是满足"在此集合中的行动者之间具有相对较强、直接、紧密、经常或者积极的关系"这个条件的行动者的子集合即小团体。凝聚子群分析就是要找出群体中这类小团体的数量，这些小团体中个体之间存在什么样的关系，有哪些不同的特征，这些小团体与群体之间的关系又有什么特征,以及不同群体的成员之间的关系有什么特点,等等。

网络交流中各节点关系的密切程度的衡量指标有很多,包括平均距离、凝聚力、密度等,因此对微信息交流网络的凝聚子群进行划分时可以有一套完备的标准。在一个网络中存在很多小团体,而至少3个节点才可以构成一个最大完备子图,即派系是所有的节点之间都存在联系,并且其中的节点不能被其他派系完全覆盖的节点集合。

在本书中,将通过两个角度进行凝聚子群分析。

1. 凝聚子群聚类分析

聚类分析又称群分析,该统计方法是通过数据建模来完成对数据的简化,从而研究分类问题。即对待处理的研究对象按照性质进行分类,同一类中的对象具有相同或相似的特征,而不同类别的对象差异较大。

聚类分析大多采用K – Plex、K – Core等算法,现在常用的SPSS、SAS等软件都是使用的这两种算法。K – Plex算法是进行凝聚子群分析时最常用的一种算法。在下文的实证研究部分我们就采用这种算法。聚类分析的基本步骤是:将收集到的n个观测值分成n类,找出n类中特征最接近的两类合并成一个新类,合并之后,计算新类别划分下的各类之间的距离,然后再重复上一步骤合并新类,直到所有类别全部聚成一类为止。本章以用户为节点,以关注和粉丝人数作为聚类变量,将得到的数据标准化处理之后进行聚类分析。

K – Plex是一个含有g_s个节点的小团体,在这个g_s个节点形成的子网络中,每个节点与其他的$g_s - k$个节点连接在一起,有$g_s - k$条连接关系。

2. 凝聚子群可视化分析

可视化指的是运用计算机技术,采用图形学以及图像处理技术把数据转换为可以显示的图形或图像,是运用图形或图像进行交互处理的理论、方法和技术。下文的论证部分就是通过可视化分析将所得到的关系转换为更清晰明了的图像,用图像显示网络中各个节点之间的关系。

我们讨论的是信息传播网络，信息的传播是有方向的，所以得到的会是有向网络结构图。

第三节　实证研究

新浪微博是一个由新浪网创立的提供微博客服务的社交平台。新浪微博类似于美国的 Twitter。用户可以通过网页、App 等不同的途径在新浪微博上发布动态。微博曾被称作"一句话博客"。用户可以把自己的所见、所闻、所想以一句话或者一张图片的形式发布在微博中，并通过手机端或者电脑端进入微博界面将动态分享给他人，其他人可以通过分享加入互动交流，对这条微博进行评论或转发。用户还可以及时收到自己所关注用户的最新动态提醒，对消息进行查阅并与所关注用户互动。新浪微博拥有 3 亿以上的注册用户，30 万以上认证用户，13 万多的企业与机构账户，在中国的影响力极大。所以本书实证部分就选取新浪微博的数据进行分析。

在分析的过程中，浏览新浪微博客户端中企业发布的信息，选择企业发布的微博动态，然后查看并统计所有转发该条微博的用户之间是否存在关注与被关注的关系，运用社会网络分析法分析所得到的数据，进而对该企业微博信息的传播渠道进行分析。本书选取的是华为公司的官方微博账号"华为中国"在 2019 年 8 月 12 日 10 时发布的一条标签为"码 chine 姐姐聊 5G"的微博，我们在 2019 年 8 月 23 日通过 Python 技术抓取了该微博的 1705 个转发用户的基本信息。这些基本信息包括该用户粉丝和关注的用户数量，以及所发布的微博数和所在地区，之后找出这 1705 个用户之间的关注关系，构成一个 1705 阶矩阵。

一　数据的收集与整理

把所得到的 1705 个用户以节点为单位，赋予一个对应的编号，然后整理 1705 个编号的用户 id、身份、关注数、粉丝数。把这 1705 个编号的信息资料整理成矩阵的形式，这样的矩阵被称作关系矩阵，基于关系矩阵进行社会网络分析。

1. 基于社会计量学的矩阵运算

在社会计量经济学领域所用到的关系矩阵要包含行和列，其行列值的定义如下：

$$X_{ij} = 从\ X_i\ 到\ X_j\ 的关系值$$

根据这个行列式的定义可以得到以下的 X 矩阵，X_{ij} 的值是根据节点 i 与节点 j 的关系而定的，构建好的关系矩阵如下：

$$X = \begin{bmatrix} X_{11} & X_{12} & \cdots & X_{1j} \\ X_{21} & X_{22} & \cdots & X_{2j} \\ \vdots & \vdots & & \vdots \\ X_{i1} & X_{i2} & \cdots & X_{ij} \end{bmatrix}$$

2. 整理关系矩阵

收集到的资料一共包含1705个节点信息，这些节点之间存在上百万条关系，我们将微博用户之间的关系定义为关注和被关注两种形式。网络中的节点代表的就是这1705个微博用户，关注与被关注关系在节点之间形成了线，关注是单向的关系，因此矩阵的行应该代表关注者，列代表被关注者，在此网络中的关系是带有方向的，箭头由关注者指向被关注者。关系矩阵中，如果 i 行中的用户的好友列表中出现了 j 列的用户，则 X_{ij} 值为1，否则，X_{ij} 值为0。之后把得到的矩阵进行转置，得到翻转矩阵，通过关系矩阵可以得出用户的关注用户有哪些，通过翻转矩阵可以看出该用户的粉丝有哪些。再将两个矩阵进行逻辑运算，可以得出一个双向矩阵，只有两个用户互相关注，值才为1，体现的是强联结的关系。在本书的分析计算中，会根据不同目的，运用不同矩阵。

二　基于微博的企业品牌传播网络中心性分析

社会网络分析使用较多的软件是 UCINET，下文的实例论证中的社会网络中心性分析即使用该软件。

1. 程度中心性

在微博知识交流网络中，拥有最高程度中心性的个体占有大量的资源，拥有庞大的粉丝群体，活跃在众多用户的微博视野中，可以与大量的用户进行信息的交流与共享。将收集到的数据输入 UCINET 中进行分析，结果如表 9.1 所示。

表 9.1　程度中心性（部分）

节点	1 程度中心性	2 相对程度中心性（%）
32 华为中国	915.000	53.697
121 褚云松	38.000	2.230
747 碧波比伯	11.000	0.646
230 龙龙萌兔	9.000	0.528
280 锦鲤夏萌猫	7.000	0.411
755legsgirl	7.000	0.411
135 可妮兔 5257	7.000	0.411
629 高瓴王者 - 不退	6.000	0.352
40 兔萌萌无敌萌	6.000	0.352
1371Sco_Angel	6.000	0.352

Network Centralization Index = 53.68%

由表 9.1 我们可以看出该交流网络的群体程度中心性是 53.68%，群体程度中心性越高，说明这个团体越集中，团体中有某一个人的权利过大。通过结果可以看出，节点 32 拥有最高的相对程度中心性，为 53.697%，代表这个节点在这个知识交流网络中占据核心地位，与其他节点的关系最为密切，拥有的信息量也最多。该节点一直在频繁参与知识交流与共享活动，在知识转移过程中发挥了重要作用，节点 32 就是信息的原始发布用户"华为中国"。因此我们可以看出，在企业微博信息传播的过程中，围绕信息源直接进行的信息传播占较大部分。其次是小团体间的传播，节点 121 的相对程度中心性为 2.230%，有若干关系节点围绕在它的周围，但传播效果有限。而通过计算得出，有 675 个节点的程度中心性为 0，说明这 675 个微博用户与其他的用户没有关系，处于该知识交流网络的边缘位置。

2. 中介中心性

在微博信息交流网络中起到较强媒介作用的个体的中介中心性较高，

个体充当的媒介多，说明他连接了大量的其他个体，搭建了知识交流的渠道，有大量的个体需要通过他这个媒介完成信息交流。该个体评论转发的信息可以吸引更多的用户加入沟通交流中，完成知识交流的目的。将收集到的数据输入 UCINET 中进行分析，结果如表 9.2 所示。

表 9.2　中介中心性（部分）

节点	1 中介中心性	2 相对中介中心性（%）
230 龙龙萌兔	165.667	0.6
135 可妮兔5257	99.000	0.3
235 布朗熊5257	98.333	0.3
121 褚云松	82.000	0.3
913 锦鲤小兔儿	72.000	0.2
940 陆无双遇见李喋喋	68.167	0.2
280 锦鲤夏萌猫	67.667	0.2
241 恭喜锦鲤	54.000	0.2
92 兔兔萌龙	42.000	0.1
144 吴亦凡是我的氧气	35.167	0.1
165 腻腻_GG	32.000	0.1
319 唐艺昕锦鲤	25.000	0.1
629 高瓴王者-不退	24.000	0.1

Network Centralization Index = 0.01%

由表 9.2 我们可以看出该交流网络的群体中介中心性是 0.01%，这说明这个群体的中介中心性很低，在组织的信息传播过程中不存在绝对的垄断者。在个人节点中，节点 230 的相对中介中心性最高，为 0.6%，那么节点 230 就占据了最多的结构洞位置，充当了多个节点交流的中介，很多节点都要通过这个节点才能够联系起来。从计算结果还可以发现有许多节点的中介中心性的值为 0，说明这些节点在知识交流网络中并没有发挥中介作用，没有这些节点也不会影响其他节点之间的信息交流。

三 小团体分析

本书采用凝聚子群聚类算法和凝聚子群可视化分析这两种方法对基于微博的企业品牌传播网络中的节点角色进行分析。

1. 凝聚子群聚类算法

聚类是根据对象的属性特征把对象进行分类，同类别中的对象具有相同或者相似的特征，不同类别中的对象则有很大的差异。对微博信息传播网络进行分析时，以微博用户间的关注与被关注两种关系作为分类依据。在进行聚类分析时，要先设定一个分类条件，然后判断团队中的哪些个体符合条件，只有符合条件的个体才能组成一个团体。我们用 UCINET 进行分析，设置条件为 Minimum size = 4。经过多次试验后，得到如下结果：

Minimum Set Size：4

5 cliques found.

1：华为中国　处女星艺术　兰风琼仁　正时微影

2：华为中国　龙龙萌兔　布朗熊5257　陆无双遇见李喋喋

3：华为中国　达尔锡你姑舅爸　地球少年沙悟净　黄牙仙子溜冰仔　鼻毛仙子腿毛精

4：龙龙萌兔　布朗熊5257　锦鲤夏萌猫　陆无双遇见李喋喋

5：达尔锡你姑舅爸　地球少年沙悟净　黄牙仙子溜冰仔　鼻毛仙子腿毛精　自体发光元祖脸蛋天才

Clique-by-Clique Actor Co-membership matrix

```
     1  2  3  4  5
    ----------------
1    4  1  1  0  0
2    1  4  1  3  0
3    1  1  5  0  4
4    0  3  0  4  0
5    0  0  4  0  5
```

由此结果可以看出,在基于微博的企业品牌传播网络中,小团体的规模一般比较小,我们经过测试后发现我们选择的这一组用户大多数属于比较孤立的节点,只和某一个用户有关系,属于弱联系。在排除弱联系之后,在只考虑强联系的情况下,我们发现了若干规模比较小的小团体。发现这一现象后,我们又进一步分析这些小团体的内部成员之间的关系,发现这些小团体的成员间以强联系为主要关系,节点之间的互动相对频繁,并且他们之间可能不止线上的联系,还包括线下的联系。这更印证了部分学者之前的研究,即在信息传播的过程中,弱联系带来传播的广度,而强联系带来传播的深度。

2. 凝聚子群可视化分析

运用可视化分析方法可以让我们更清楚直观了解基于微博的企业品牌传播网络中的各个凝聚子群之间的信息交流状况。我们运用可视化的方法对社交网络凝聚子群进行分析,得到图 9.3,由于节点过多,我们对得到的结果进行了优化,得到图 9.4。从图 9.4 中我们可以看出在左侧大量的节点只与节点"华为中国"有弱联系,而与群体里其他节点没有任何联系,因此我们排除这些节点后再次进行分析,得到图 9.5。在图 9.5 中,节点的大小代表用户的影响力大小,经过分析,发现可视化分析得到的结果与聚类分析的结果是基本一致的。

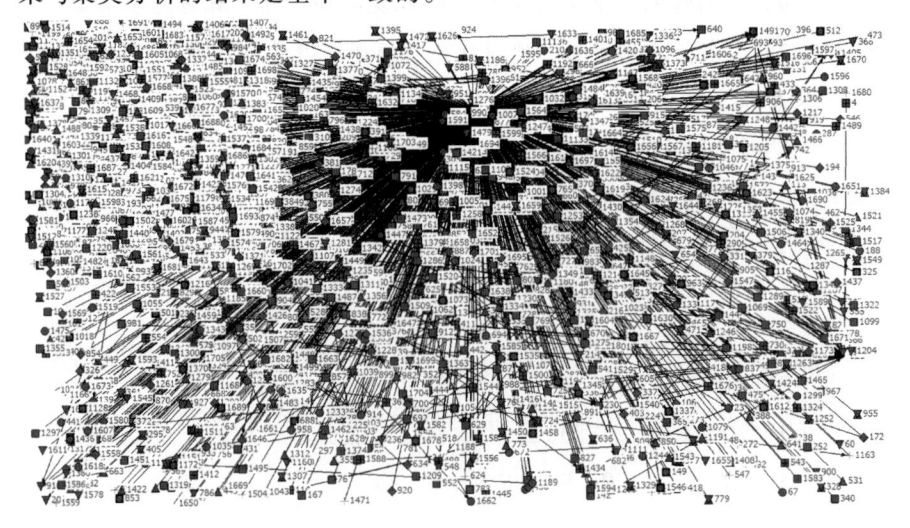

图 9.3 小团体可视化分析(原始)

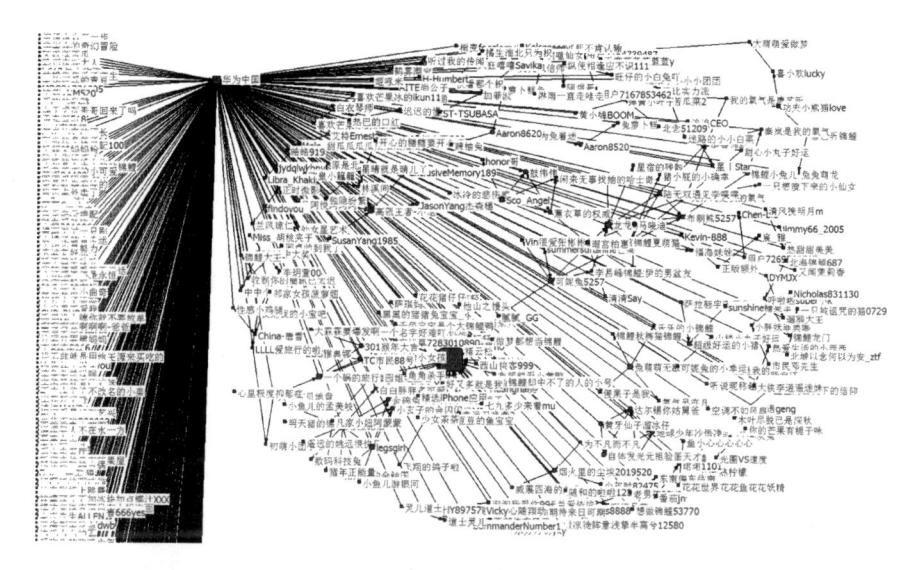

第九章·基于微信息交流的企业品牌传播网络结构分析 / 171

图 9.4　小团体可视化分析（优化）

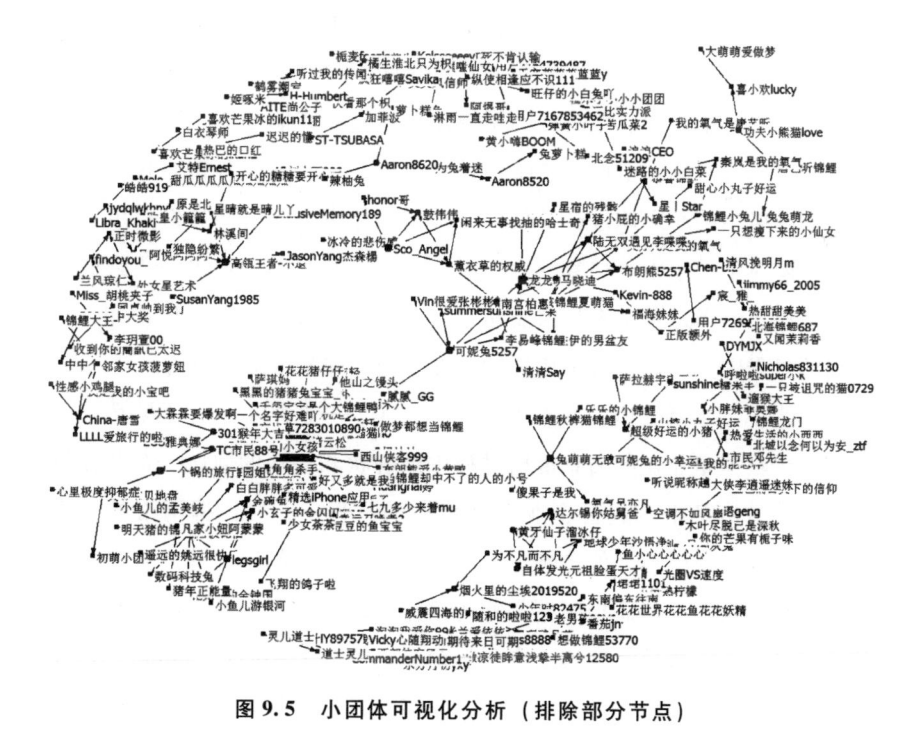

图 9.5　小团体可视化分析（排除部分节点）

第四节　小结

微博作为时下最热门的互联网产品之一，正成为越来越重要的信息交流工具，尤其是其爆炸式的信息传播方式，让其有其他媒体无法比拟的先天优势。企业利用微博网络社区作为信息传播的有效平台，将企业的品牌、文化、理念等传播给企业用户，在信息传播与交流研究中具有重要的作用和价值。

通过上述研究分析，本书得出如下几个结论。第一，微博信息交流网络中的节点是微博用户，中心性高的用户比中心性低的用户连接了更多的其他用户，拥有大量的用户资源，在信息传播过程中占据更大的优势，同时具有更大的权力以及声望；反之，中心性低的用户在微博信息传播网络中处于边缘位置，与其他用户几乎没有关联。第二，中介中心性高的用户充当了经纪人角色，把本来无关的用户联系起来，对这些用户之间的信息交流起到了积极作用；反之，中介中心性较低的用户几乎不会对其他用户在网络中的行为产生影响，或者影响较小可以忽略不计。第三，通过聚类分析，我们对微博信息传播网络中的小团体进行了划分，其与团体中各成员的身份角色是一致的，在小团体中处于中心位置的微博用户与中心性高的用户也是一致的，他们在微博信息传播过程中充当重要角色。第四，通过可视化分析得知，在信息传播的过程中，弱联系带来传播的广度，而强联系带来传播的深度。

总体来说，本章分析的数据可能并不完美，分析结果也并不完美，但是却真实地反映了企业在微信息传播过程中的现状和存在的问题。企业在利用微博这样的微信息平台进行企业品牌传播的过程中，要占据网络的中心位置，除此之外，还应与其他影响力大、中介中心性高的用户建立强联系，让他们充当桥的角色，从而控制更多的传播路径，而这些中介中心性高的用户应该尽量具备多重身份，这样更有利于信息在不同的小团体中传播。与此同时，企业作为微博用户，在激励微博的完善与发展、管理和引导微博社区的信息传播、营造良好有序的信息交流环境、改进社会化媒体的营销策略、促进网络信息资源的开发与利用等方面均具有非常重要的价值。

第十章
构建微信息交流生态影响力评价体系

对企业来讲，微信息交流平台可以作为产品的发布推广平台，在平台上企业能与消费者进行有效沟通、互动，进而提升品牌形象，提高客户满意度。但是，微信息是一种依托于网络社交工具的新型交流手段，在加速信息传播的同时，必然使得其所产生的信息呈现大量、无序的状态，所以其在发展的过程中尚未营造出完全健康的网络环境，使"僵尸粉"遍地，不良卖家数不胜数，而且，现在也缺乏一套系统有效的针对微信息的监管措施。本课题组利用生态系统的概念，运用评价学理论和方法，为企业构建良好的微信息交流生态系统提供具体的思路。构建微信息交流生态系统的基础和当务之急，就是构建一套可信度高、操作性强的针对企业账号和公众账号的生态性效果评价体系。

对信源特征的研究中，以微博平台为例，大多数学者认为博主的平台认证（普通用户、蓝V用户、橙V用户）、KOL、领域专家等特征会影响用户的转发行为。根据媒介丰富度理论，如果信息有助于人们理解主体形象，有利于用户的沟通交流和信息传播，那么认为该信息的媒介是丰富的，反之是不丰富的。因此，信息内容的排版方式、表达方式（文字、图片、音频、视频）、内在逻辑严谨性、语言风格等可以作为衡量信息传播能力的一个指标。赵杨等（2015）基于信息传播本体论，以我国37所高校图书馆新浪官方微博为对象，分别从微博用户、信息传播媒介以及信息本身3个方面对影响高校图书馆微博信息传播的主要因素进行定量分析，发现微博信息类型、展现形式、信息来源、粉丝数量、转发者类型均对微博信息传播具有显著影响。

国内外很多学者对微信息的社交媒体传播能力及效果进行了研究，并尝试构建评价指标体系。信息质量一直是图书情报学、传播学、营销学等学科领域的重点研究内容，随着社交媒体的发展，信息在内容形式、传播特点等方面又有了新的变化。Strong 等（1997）从信息生产、信息使用两个角度提出，对于信息用户来说，信息必须是有用的、增值的，可以满足某一具体的任务；Evans 和 Lindsay（2005）将信息质量定义为"满足用户的需求和偏好"以及"符合或超过用户的期望"；盛宇和李红（2018）从信息管理视角，按照信息获取、信息传播、信息共享、知识创新过程全面梳理微信资源研究现状；赖胜强和唐雪梅（2017）基于 ELM 模型研究发现，信息内容的创新性、信息发出者的声誉等因素与信息的传播存在正相关；周春雷和李木子（2016）指出，微信用户的信息行为主要包括创建、发布、转发、评价及点赞五种互动行为，对信息传播有正向影响；张蕾（2015）对信息传播影响因素进行了研究，得出信息的专业性、趣味性、便捷性、真实性、权威性、有用性对微信息交流行为具有正向影响。

Cha 和 Gummadi（2010）对微博传播影响力进行了实证研究，研究表明，用户粉丝数量、一个信息被转发次数以及被@次数能反映个体的微博传播影响力；郭顺利等（2016）构建了高校图书馆这类微信公众号的传播影响力评价指标体系，该指标体系突出了图书馆的运营特征、服务对象、服务内容等方面的影响因素；徐宝达等（2017）从信息传播理论入手，构建了微信公众号信息传播的概念模型，并进行了实证分析；李嘉兴等（2017）基于信息生态视角，从信息生态因子的4个要素出发利用 UTAUT 理论构建了中国老年群体微信使用意愿的影响因素模型；张良和张日龙（2019）运用层次分析法，将微信公众号的传播力分为阅读传播力、在看传播力和创作传播力。本书从微信公众号粉丝数、发布次数、文章数、阅读总数、总在看数、头条文章阅读量、平均阅读量、平均在看数建立微信公众号评价模型，并通过 CNNIC 的《2017年中国社交应用用户行为研究报告》、腾讯科技的《2018微信数据报告》，整理归纳微博信息传播过程中，信息的覆盖度、被认可度、受关注度这三个因素，发现这三个因素完全可以表示信息的传播接收效果。根据微博平台的信息传播特点以及传播效果阶梯模型可将这三个因素量化为转发量、评论量、点赞量、新增关注数四个指标，相对应的微信的三个因素量化为阅读数、在看数、转发量及引发的关注这四个指标。

"阅读总数"是一个月内或一年内微信公众号全部文章的阅读量，用户不需要关注公众号，聊天时或刷朋友圈时打开的文章也计算在内。每个微信 id 每天可以贡献 5 个阅读数，但只有 1 个赞。由于查看账号的历史文章只能看到之前推送的头条文章，所以"阅读总数"、"最大阅读数"、"平均阅读量"及"头条文章阅读量"可以在一定程度上体现信息的覆盖度；"头条文章在看数"可以在一定程度上体现信息的被认可度；"有效转发量"、"平均在看数"及"引发关注量"可以在一定程度上体现信息的受关注度。

在上面研究分析和现有的社交媒体影响力评价体系相关文献的基础上，本课题组基于信息生态视角构建了社交账号微信息交流生态影响力评价指标体系，如表 10.1 所示。

表 10.1 社交账号微信息交流生态影响力评价指标体系

维度	一级指标	二级指标	指标解释	指标参考来源
信息传播主体	信息人表征	认证信息	是否进行官方认证	郭顺利等（2019）
		头像设计与名称	头像设计美观程度、名称及简介紧扣主题	郭顺利等（2019）
		运维机构	是否有专业团队运维及运营水平	王晰巍等（2018）
		关注用户数	关注用户数量	郝晓玲等（2015）
信息	信息数量	信息数量	一个月内信息推送数量	张节等（2016）
		信息推送次数	一个月内信息推送次数	石婧等（2016）
	信息发布形式	视频信息或音频信息	视频信息或音频信息占全部推送信息的比例	石婧等（2016）
		图文信息	图文信息占全部推送信息的比例	石婧等（2016）

续表

维度	一级指标	二级指标	指标解释	指标参考来源
信息	信息内容	企业信息	媒体访谈、新产品发布会、企业愿景等内容信息占全部推送信息的比例	王晓耘等（2018）
		产品信息	促销、抽奖等活动内容信息占全部推送信息的比例	王晓耘等（2018）
			含有价格、质量、外观、功能等产品信息占全部推送信息的比例	王晓耘等（2018）
		社会责任信息	新闻、励志、百科知识等信息占全部推送信息的比例	王晓耘等（2018）
		互动信息	与用户的互动，包括对其他用户信息的评价、转发等占全部推送信息的比例	王晓耘等（2018）
	信息质量	真实性、权威性	信息内容的发布是准确无误的、客观无偏见的、权威的	吕有清等（2018）
		原创性	AVG［原创文字（排除能够检索到的重复性文字）占全文百分比＋无重复水印图片占全部图片百分比］	张海涛等（2019）
		趣味性	信息内容有趣、富有想象力	胡玲和韩悦心（2018）
		有用性	获得想要的知识、降低信息搜索成本	胡玲和韩悦心（2018）
		互动性	互动性强，具有拟人化和性格化的特点，能传递正能量	胡玲和韩悦心（2018）
信息传播影响力	信息效能	阅读总数	一个月内全部文章的阅读量	石婧等（2016）
		最大阅读数	一个月内全部文章的最大阅读量	
		平均阅读量	一个月内全部推文的平均阅读量	
		头条文章阅读量	一个月内头条的阅读量	
		头条文章在看数	一个月内全部头条的在看数	
		持续传播能力	有效转发量：除去"僵尸号"机器转发外的转发量	张海涛等（2019）
			平均在看数：一个月内全部信息的平均在看数	
			引发关注量：关注博主时间早于有关信息发布时间的用户数	

与企业相比，针对个人账号在整个信息生态系统中所起到作用的研究较少。在总结资料的基础上，课题组也构建了个人社交账号微信息交流生态影响力评价指标体系，如表 10.2 所示。

表 10.2 个人社交账号微信息交流生态影响力评价指标体系

维度	一级指标	二级指标	指标解释
信息传播主体	信息人表征	关注公众号数量	关注公众号的数量越多则参与信息传播的可能性越高
信息	信息数量	信息数量	一个月内主动发布及转发、评论的信息数量
		信息推送次数	一个月内全部信息发布的次数
	信息发布形式	视频信息或音频信息	视频信息或音频信息占全部信息的比例
		图文信息	图文信息占全部信息的比例
	信息内容	企业信息	编辑或转发与企业相关信息占全部信息的比例
		社会责任信息	新闻、励志、百科知识等信息占全部推送信息的比例
		互动信息	与企业及其他用户的互动，包括对企业及其他用户的评价、转发等占全部信息的比例
	信息质量	真实性	信息内容的发布是客观无偏见的
		原创性	AVG [原创文字（排除能够检索到的重复性文字）占全文百分比 + 无重复水印图片占全部图片百分比]
		趣味性	信息内容有趣、富有想象力
		有用性	获得想要的知识、降低信息搜索成本
信息传播影响力	信息效能	阅读总数	一个月内全部文章的阅读量
		最大阅读数	一个月内全部文章的最大阅读量
		持续传播能力	有效转发量：被企业或其他个人用户转发的数量
			平均在看数：一个月内全部信息的平均在看数
			引发关注量：关注博主时间早于有关信息发布时间的用户数

在目前的环境下，企业在整个信息生态系统中承担了更多的责任并具有更大的影响力，所以选择企业作为进一步实证研究的对象。

第一节　企业微信公众号微信息交流生态影响力评价体系

根据 CNNIC 发布的第 43 次《中国互联网络发展状况统计报告》中的数据，截至 2018 年 12 月，微信朋友圈、QQ 空间、微博的使用率分别为 83.4%、58.8%、42.3%（见图 10.1）。因此，选择企业微信公众号进行实证研究。

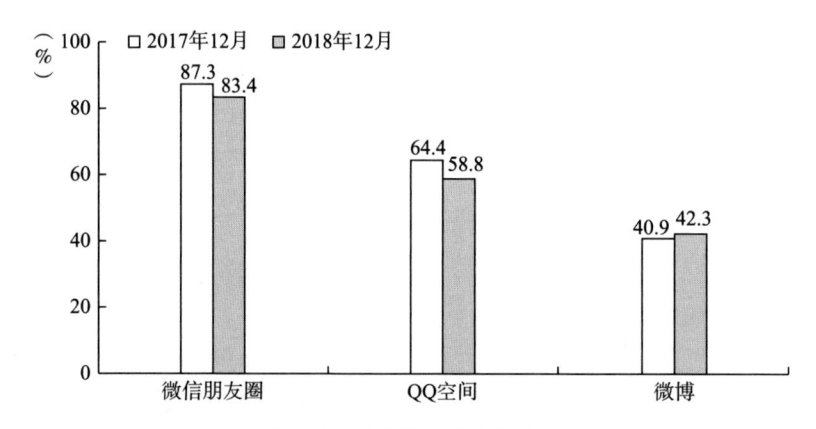

图 10.1　典型社交应用使用率

建立微信公众号微信息交流生态影响力评价体系，进行实证研究。课题组对各微信公众号统计平台提供的 2019 年 1～6 月的排位前 100 名的公众号进行筛选及统计整理，以企业公众号出现的次数作为统计指标进行排序，确定下来 101 个企业公众号，作为本次研究的样本。进一步将社交账号微信息交流生态影响力评价指标体系转化为企业微信公众号微信息交流生态影响力评价指标体系，如表 10.3 所示。

表 10.3　企业微信公众号微信息交流生态影响力评价指标体系

维度	一级指标	二级指标	指标解释
信息传播主体	信息人表征	认证信息	是否进行官方认证
		头像设计与名称	头像设计美观程度、名称反映主题程度、简介紧扣主题并较为丰富
		活跃粉丝数	一个月内平均浏览的人数

续表

维度	一级指标	二级指标	指标解释
信息	信息数量	信息推送量	一个月内信息推送数量与微信平台所限最大推送消息总数之比
		信息推送频率	一个月内公众号推送消息的次数与微信平台所限的最大推送次数之比
	信息发布形式	视频信息或音频信息	视频信息或音频信息占全部推送信息的比例
		图文信息	图文信息占全部推送信息的比例
	信息内容	企业信息	媒体访谈、新产品发布会、企业愿景等内容信息占全部推送信息的比例
		产品信息	促销、抽奖等活动内容信息占全部推送信息的比例
			含有价格、质量、外观、功能等产品信息占全部推送信息的比例
		互动信息	与用户的互动，包括对其他用户信息的评价、转发等占全部推送信息的比例
	信息质量	真实性、权威性	信息内容的发布是准确无误的、客观无偏见的、权威的
		原创性	AVG［原创文字（排除能够检索到的重复性文字）占全文百分比＋无重复水印图片占全部图片百分比］
		趣味性	信息内容有趣、富有想象力
		有用性	获得想要的知识、降低信息搜索成本
		互动性	互动性强，具有拟人化和性格化的特点，传递正能量
信息传播影响力	信息效能	阅读总数	一个月内全部文章的阅读量
		最大阅读数	一个月内全部文章的最大阅读量
		平均阅读量	一个月内全部推文的平均阅读量
		头条文章阅读量	一个月内头条的阅读量
		头条文章在看数	一个月内全部头条的在看数
		持续传播能力	有效转发量：除去"僵尸号"机器转发外的转发量
			平均在看数：一个月内全部信息的平均在看数

一 问卷设计与数据获取

基于前文取得的企业微信公众号微信息交流生态影响力评价指标体系，并通过与专家座谈交流，设计了预调查问卷。问卷主要由指导语、评价指标体系中相对应的指标重要性调查以及被调查者基本信息三个部分构成，其中指标的重要性调查采用李克特五点量表来获得，在问卷回收后将描述性的文字转变为 1~5 分计算。问卷主要通过问卷星来发布，以完成相关数据的收集。

1. 问卷的预调查

根据以上建立的测度项，按照一个指标三个问题点的设定，结合各自的特性用恰当的语句表述出来，构成预调查问卷的主要内容。预调查问卷由河南省部分电子商务专家及公司公众号运营管理人员填写，共收回有效问卷 20 份。基于问卷的反馈情况，统计分析了获得的数据，将均值小于 3、方差小于 1 的测试项进行了删除，并针对某些被调查者产生了曲解或者被调查者感觉较难回答的问题进行了修改完善，最终形成了大规模调查的问卷。

2. 问卷的大规模调查

正式问卷调查从 2019 年 7 月开始到 2019 年 9 月结束，整个调查过程历时 3 个月，主要通过问卷星发布调查问卷。问卷的发布对象为公众号的使用者。对企业工作人员、管理者、高校相关领域专家学者开展简单随机抽样调查获得调查样本。在问卷中设置"是否关注了微信公众号"的题项，用以区分调查者是否有过相关的经历。

这次大规模问卷调查，共发放调查问卷 360 份，回收 311 份，回收率为 86.39%。其中，对有效问卷的筛选遵循以下三个标准：一是删除漏填 3 个题项以上的问卷；二是删除所选答案前后有逻辑错误的问卷；三是删除所选答案均为一项的问卷。最终，经筛选后，通过问卷星获得有效问卷 227 份，共有有效问卷 302 份，占总回收问卷的 97.1%。

3. 信度与效度检验

在开始设计问卷的时候，课题组就对相关文献进行了梳理和总结，并与相关领域的专家进行了深入的探讨,在通过预调查后确定了正式调查问卷。

本研究应用 SPSS 25.0 软件对收集的样本数据进行了信度检验。表 10.4 为个案处理摘要,进行信度分析时有效观察值有 302 个,被排除的观察值为 0 个,全部观察值为 302 个。

表 10.4 个案处理摘要

单位:个,%

指标	个案数	占比
有效	302	100.0
排除	0	0.0
总计	302	100.0

注:排除是基于过程中所有变量的成列删除。

表 10.5 为第 12 题内 20 个小问题的内部一致性 α 系数,其数值为 0.951,表示该题内部一致性很好,信度很高。

表 10.5 可靠性统计

Cronbach's α	基于标准化项的 Cronbach's α	项数
0.951	0.954	20

表 10.6 中"修正后的项与总计相关性"的数值均大于 0.400,表示相关关系没有低度关系。

表 10.6 项总计统计

第12题内小问题	删除项后的标度平均值	删除项后的标度方差	修正后的项与总计相关性	平方多重相关性	删除项后的 Cronbach's α
1. 可以快速查找微信公众号发布的信息	72.26	259.399	0.689	0.573	0.949
2. 下拉菜单涵盖的内容定期更新	72.60	255.560	0.759	0.653	0.948
3. 信息内容清晰有序,能轻易理解	72.18	258.078	0.761	0.709	0.948

续表

第12题内小问题	删除项后的标度平均值	删除项后的标度方差	修正后的项与总计相关性	平方多重相关性	删除项后的Cronbach's α
4. 对信息本身的关注是我关注该微信公众号的主要原因	72.11	262.509	0.601	0.628	0.950
5. 该微信公众号信息权威真实	72.00	259.774	0.724	0.755	0.948
6. 关注该微信公众号有助于我掌握实时信息	72.06	260.930	0.724	0.781	0.948
7. 该微信公众号发布的内容是原创	72.66	254.899	0.713	0.581	0.948
8. 我觉得该微信公众号文字内容丰富，发布形式多样，图、文以及视频都包含在内	72.32	255.387	0.756	0.665	0.948
9. 该微信公众号有新鲜感、趣味幽默，且能引起我的兴趣	72.21	257.023	0.759	0.686	0.948
10. 能获得我想要的知识，降低我的信息搜索成本	72.02	260.044	0.717	0.750	0.948
11. 针对重要信息，该微信公众号提供视频说明或提供有效咨询电话	72.42	256.262	0.746	0.654	0.948
12. 该微信公众号互动性强，可以和好友一起互动	72.95	254.365	0.699	0.693	0.948
13. 转发经常会有促销或抽奖活动	73.44	256.283	0.583	0.607	0.951
14. 该微信公众号具有拟人化和性格化的特点	72.88	255.503	0.674	0.695	0.949
15. 该微信公众号推送传递正能量的心灵鸡汤	73.06	257.249	0.606	0.561	0.950
16. 我多次转发过该微信公众号的文章或视频	73.51	260.083	0.476	0.414	0.953
17. 该微信公众号不会泄漏私人信息	72.04	259.511	0.666	0.623	0.949
18. 该微信公众号工作人员及时回答问题	72.38	254.334	0.751	0.804	0.948
19. 该微信公众号工作人员主动告知解决问题时间	72.43	254.113	0.736	0.819	0.948
20. 可以随时向该微信公众号寻求帮助	72.41	256.490	0.726	0.679	0.948

通过该调查问卷的效度与信度的检验结果，可以确定该问卷所得数据可靠性良好，可以作为下一步研究的基础，进行评价指标的识别。

二 评价指标的识别

对企业微信公众号还没有形成一个可以全面、整体和客观的描述其微信息交流生态影响力的评价指标体系。针对目前企业微信公众号评价的这种现状，本课题组在选择和归纳评价其生态影响力的指标时，主要从两个角度来考虑。一是选择能较准确量化其影响的指标；二是参考现有的比较有影响力和知名度的微信数据统计平台公布的数据和调研数据。尽量避免主观性判断给整个评价指标体系带来过高的影响，构建一个能比较完整反映企业微信公众号微信息交流生态影响力的评价指标体系。

1. 指标选取的原则与步骤

欲构建企业微信公众号微信息交流生态影响力评价指标体系的研究模型，首先要确定影响企业微信公众号微信息交流生态发展的因素以及将其进行准确定义，其次要确定每个影响因素的测度项，最后再构建本项目的研究模型。

在构建企业微信公众号微信息交流生态影响力评价指标体系时，本项目遵循以下原则。

（1）全面性原则

评价指标体系应该能够全面反映企业微信公众号的现状。一套不全面的评价指标体系，不能作为评价企业微信公众号发展情况的参照系，否则会误导企业公众号的运营者，使其形成错误的判断。

（2）差异性原则

企业微信公众号微信息交流生态影响力评价指标体系中的各项指标之间，应该具有相关程度低这样的特性。同时，各项指标与其所反映的内容应该呈现唯一的对应关系。这样可以避免不同指标所涵盖的内容存在相互交叉、重叠。

（3）相关性原则

企业微信公众号微信息交流生态影响力评价指标体系中的各项指标与公众号发展现状、传播效果及影响力等存在必然联系且呈强相关关系。

（4）时效性原则

企业微信公众号微信息交流生态影响力评价指标体系中的各项指标应具有一定的时效性。这是因为社会、互联网环境均在不断地进步，社交媒体也在不断地发展，因而指标的可代表性也会随时间而变化。

（5）可操作性原则

在实践应用中，要确保指标体系的操作简便，数据容易获得、容易加工，这样有利于提高工作效率，便于其推广利用。

2. 指标体系构建测度项的确立

根据问卷的调查结果发现，是否关注一个公众号和该公众号是否认证没有直接关系，反而很容易受环境影响（见表10.7）。经与专家深入沟通，最终在评价指标体系中去掉了公众号认证信息这一指标。

表 10.7　企业微信公众号问卷调查结果 1

如果某个公众号被周边很多人关注和讨论，我也会愿意关注该公众号	
选项	比例（%）
非常不同意	1.35
不同意	7.62
中立	33.18
同意	33.18
非常同意	24.66

根据问卷结合样本观测，发现企业微信公众号推送的频率基本都符合使用人的预期（见表10.8），同时订阅公众号的人群更看重的是公众号传递的信息本身而不是信息的数量。因此经过课题组成员与专家讨论，去掉信息推送次数及信息数量的评价指标而由超10万阅读量文章的数量、超10万阅读量的文章数占总文章数的比例及发布次数来替代。

表 10.8　企业微信公众号问卷调查结果 2

您觉得微信公众号信息推送最合适的频率是？	
选项	比例（%）
每天更新一条	45.29

续表

您觉得微信公众号信息推送最合适的频率是？	
选项	比例（%）
三天更新一条	44.39
每周更新一条	8.97
每月更新一条	0.45
每月更新两到三条	0.9

在信息呈现形式方面，97.31%的被调查者选择图文并茂的形式，55.61%的被调查者选择视频的形式，27.8%的被调查者选择音频的形式（见表10.9）。所以经课题组成员与专家讨论，以图文信息和视频及音频信息各自占全部推送信息的比例作为信息发布形式的二级指标。

表 10.9 企业微信公众号问卷调查结果 3

您希望相关内容以什么形式呈现？（多选题）	
选项	比例（%）
纯文字	4.48
纯图片	5.83
图文并茂	97.31
音频	27.8
视频	55.61
链接	10.76
微信小程序	13.9

结合之前定量分析的结果，课题组定出可以表征并可以定量的指标，如表10.10所示。

表 10.10 企业微信公众号测量指标体系

维度	一级指标 B_i	二级指标 C_i	指标解释及来源
信息传播主体	信息人表征 B_1	头像设计与名称 C_1	头像设计美观程度、名称反映主题程度、简介紧扣主题并较为丰富，数据来源：专家评分
		活跃粉丝数 C_2	不包括僵尸粉，数据来源：清博大数据平台

续表

维度	一级指标 B_i	二级指标 C_i	指标解释及来源
信息	信息数量 B_2	超10万阅读量文章数 C_3	一个月内超10万阅读量的文章数量
		超10万阅读量文章数占比 C_4	一个月内超10万阅读量的文章数量占总文章数量的比例
		发布次数 C_5	一个月内该公众号发布的次数
	信息发布形式 B_3	视频信息或音频信息占比 C_6	视频信息或音频信息占全部推送信息的比例
		图文信息占比 C_7	图文信息占全部推送信息的比例
	信息内容 B_4	企业信息 C_8	媒体访谈、新产品发布会、企业愿景等内容信息占全部推送信息的比例
		互动信息 C_9	与用户的互动，包括对其他用户信息的评价、转发等占全部推送信息的比例
信息	信息质量 B_5	真实性、权威性 C_{10}	信息内容的发布是准确无误的、客观无偏见的、权威的，数据来源：专家评分
		原创性 C_{11}	原创内容占全文百分比。数据来源：微小宝
		趣味性 C_{12}	信息内容有趣、富有想象力，数据来源：专家评分
		有用性 C_{13}	获得想要的知识、降低信息搜索成本，数据来源：专家评分
		互动性 C_{14}	一个月内该公众号头条平均留言，数据来源：清博大数据平台
			一个月内该公众号头条平均点赞，数据来源：清博大数据平台
信息传播影响力	信息效能 B_6	阅读总数 C_{15}	一个月内全部文章的阅读量，数据来源：清博大数据平台
		最大阅读数 C_{16}	一个月内全部文章的最大阅读量，数据来源：清博大数据平台
		平均阅读量 C_{17}	一个月内全部推文的平均阅读量，数据来源：清博大数据平台
		头条文章阅读量 C_{18}	一个月内全部头条的阅读量，数据来源：清博大数据平台
		头条文章在看数 C_{19}	一个月内全部头条的在看数，数据来源：清博大数据平台
		持续传播能力 C_{20}	阅读总数增量：和上个月比该月阅读量的增减数量。数据来源：清博大数据平台
			平均在看数：一个月内全部信息的平均在看数。数据来源：清博大数据平台
			在看率：在看数/阅读总数。数据来源：清博大数据平台

注：未标明来源数据来自101个企业公众号和问卷调查。

三 评价方法

企业微信公众号微信息交流生态影响力评价体系是一个多层次多指标的综合评价体系，鉴于评价指标体系的主客观性以及评价指标存在一定程度的相关性，本书采用主成分分析法结合 BP 神经网络算法对企业微信公众号微信息交流生态影响力进行综合评价（见图 10.2）。

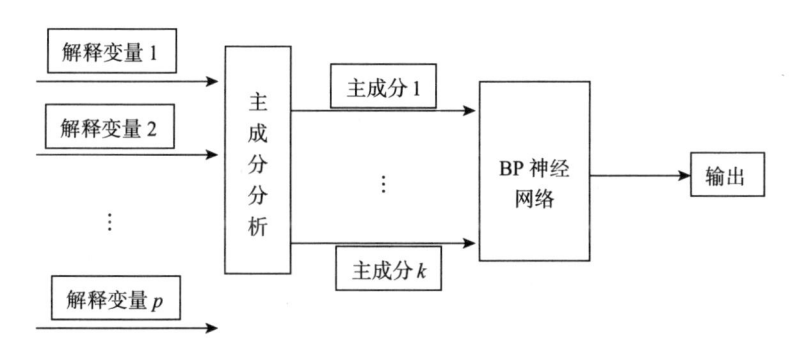

图 10.2　主成分 – BP 神经网络模型

1. 主成分

主成分分析也称主分量分析，旨在利用降维的思想，把多个指标转化为少数几个综合指标（即主成分），其中每个主成分都能够反映原始变量的大部分信息，且所含信息互不重复。主成分分析的数学模型和计算步骤如下。

（1）数据标准化

为了消除不同量纲对评价结果的影响，在主成分分析前先对数据进行标准化处理。计算方法如公式（10 – 1）所示。其中，z_{ij} 为标准化无量纲的样本值，x_{ij} 为指标原始数据，u_j 和 σ_j 分别是 x_{ij} 的均值和标准差。

$$z_{ij} = (x_{ij} - u_j)/\sigma_j, (i = 1, 2, \cdots, m; j = 1, 2, \cdots, n) \qquad (10-1)$$

（2）计算相关系数矩阵

由标准化矩阵计算相关系数矩阵：

$$R = \begin{bmatrix} r_{11} & r_{12} & \cdots & r_{1n} \\ r_{21} & r_{22} & \cdots & r_{2n} \\ \vdots & \vdots & & \vdots \\ r_{m1} & r_{m2} & \cdots & r_{mn} \end{bmatrix}$$

(3) 提取主成分

计算相关系数矩阵 R 的特征值 λ_i ($\lambda_1 \geq \lambda_2 \geq \cdots \geq \lambda_n \geq 0$)，对应的特征向量 ($e_1, e_2, \cdots, e_p$) 为 λ_i ($i=1,2,\cdots,n$) 所对应的正则化特征向量。各因子的方差贡献率 $w_i = \dfrac{\lambda_i}{\sum \lambda_i}$，根据主成分的累计方差贡献率大于 85% 提取 k 个主因子。

(4) 建立主成分

按累计方差贡献率的准则，建立前 k 个主成分：

$$Z_j = e_{1j}Y_1 + e_{2j}Y_2 + \cdots + e_{pj}Y_p, (j=1,2,\cdots,k) \qquad (10-2)$$

式 (10-2) 中，Y_1, Y_2, $\cdots$, Y_p 为标准化指标变量。

(5) 计算前 k 个主成分的样本值

前 k 个主成分的样本值：

$$Z_{ij} = \sum_{t=1}^{n} Y_{it}e_{tj}, (i=1,2,\cdots,n; j=1,2,\cdots,k) \qquad (10-3)$$

2. BP 神经网络

BP 神经网络作为一种多层前馈网络，由输入层、隐含层和输出层组成。BP 神经网络自身具有非线性映射、自学习、自适应、容易实现并行计算特点，而且不需要人为进行权重赋值，可最大限度消除主观因素的影响。因此，已经在预测、评价方面取得广泛的应用。企业微信公众号微信息交流生态影响力评价受到多种因素的影响，运用 BP 神经网络进行评价不仅可以消除人为主观因素影响，而且可以弥补和改进评价方法，能较好地实现各指标与评价结果之间非线性关系的映射，加强评价模型的通用性及合理性。因此，本书在利用 SPSS 25.0 进行主成分分析后再通过 MATELAB 利用 BP 神经网络来构建该评价模型。

根据 Kolrnogorov 定理的结论，BP 神经网络采用一个隐含层即可以以任意精度逼近所有的映射关系，本书在研究设计中采用三层 BP 神经网络模型。

多层前馈网络数学模型为：

$$\begin{cases} y_i^l = f(x_i^l) \\ x_i^l = \sum_{j=1}^{s_{l-1}} w_{ij}^l + q_i^l \end{cases} (l=1,2,\cdots,L) \qquad (10-4)$$

其中，y_i^l 表示第 l 层第 i 个节点的输出值；$f(x)$ 是神经元激活函数；x_i^l 是第 l 层第 i 个节点的激活值；w 表示不同层之间各个节点的链接权重；q 为不同层各个节点的阈值；s 代表的是各个层次的节点数。

将数据输入神经元，根据公式（10-4）开始计算，根据误差的大小不断地进行各层各节点之间权重的调整，直到误差最接近理想精度，即可完成训练，构建对应的评价指标体系。

其中，采用梯度递降算法（Gradient Descent）降低误差，该算法的原理是开始计算时，首先随机选择一个参数的组合（w_0，w_1，…，w_n），计算代价函数，然后寻找下一个能让代价函数值下降最多的参数组合，即可以理解为梯度的方向向前一小步，然后继续重复观察选出最佳的方向往下走，以此类推，直到逼近一个局部的最低点的位置。数学表达式为：

$$J(w_{ij}) = \frac{1}{2m}\sum_{i=1}^{m}\left[h_w(x^i) - y^i\right]^2 \qquad (10-5)$$

其中，$h_w(x) = W^T X = w_0 x_0 + w_1 x_1 + w_2 x_2 + \cdots + w_n x_n$。

第二节　评价模型验证

以 2019 年 9 月 1~30 日的 101 个样本数据为例，结合问卷及专家德尔菲法，对收集到的每个样本的 23 个指标数据进行分析。为了消除不同量纲对评价结果的影响，在主成分分析前先利用公式（10-1）对评价指标进行标准化处理。

一　主成分分析

1. 主成分分析的适宜性判断

在进行主成分分析前，需要先对已收集到的数据是否适合主成分分析进行检验。运用 SPSS 25.0 软件进行 KMO 和 Bartlett's 球体检验，结果如表 10.11 所示。其中，KMO 检验值为 0.713，根据统计学家 Kaiser 给定的标准，KMO 取值大于 0.7，适合主成分分析。Bartlett's 球体检验结果显示，其近似卡方分布值为 1741.055，显著性概率达到 0.000，小于 0.05，说明

23个变量之间的相关性显著，适合主成分分析。

表 10.11　KMO 和 Bartlett's 球体检验

KMO 检验		0.713
Bartlett's 球体检验	近似卡方	1741.055
	自由度	253
	显著性	0.000

2. 特征值选取及主成分的确定

采用主成分分析法作为因子提取方法，根据累计方差贡献率大于90%确定因子个数，其旋转后的特征值、方差贡献率和累计方差贡献率如表10.12所示。可以看出，所提取的12个因子的累计方差贡献率达到90.512%，说明所提取的12个因子基本上包含了23个指标的总量信息。

表 10.12　总方差解释

成分	初始特征值			提取载荷平方和		
	总计	方差贡献率（%）	累计方差贡献率（%）	总计	方差贡献率（%）	累计方差贡献率（%）
1	4.811	20.920	20.920	4.811	20.920	20.920
2	4.081	17.744	38.664	4.081	17.744	38.664
3	2.744	11.932	50.596	2.744	11.932	50.596
4	1.679	7.301	57.897	1.679	7.301	57.897
5	1.444	6.279	64.176	1.444	6.279	64.176
6	1.147	4.988	69.164	1.147	4.988	69.164
7	1.016	4.417	73.581	1.016	4.417	73.581
8	1.001	4.351	77.932	1.001	4.351	77.932
9	0.884	3.845	81.778	0.884	3.845	81.778
10	0.760	3.306	85.084	0.760	3.306	85.084
11	0.637	2.768	87.852	0.637	2.768	87.852
12	0.612	2.660	90.512	0.612	2.660	90.512

续表

成分	初始特征值			提取载荷平方和		
	总计	方差贡献率（%）	累计方差贡献率（%）	总计	方差贡献率（%）	累计方差贡献率（%）
13	0.469	2.041	92.553			
14	0.433	1.882	94.435			
15	0.312	1.356	95.791			
16	0.263	1.143	96.934			
17	0.227	0.988	97.922			
18	0.168	0.730	98.651			
19	0.126	0.548	99.200			
20	0.085	0.369	99.569			
21	0.056	0.244	99.813			
22	0.032	0.139	99.951			
23	0.011	0.049	100.000			

从碎石检验的结果也可以看出，保留12个因子较合适（见图10.3）。

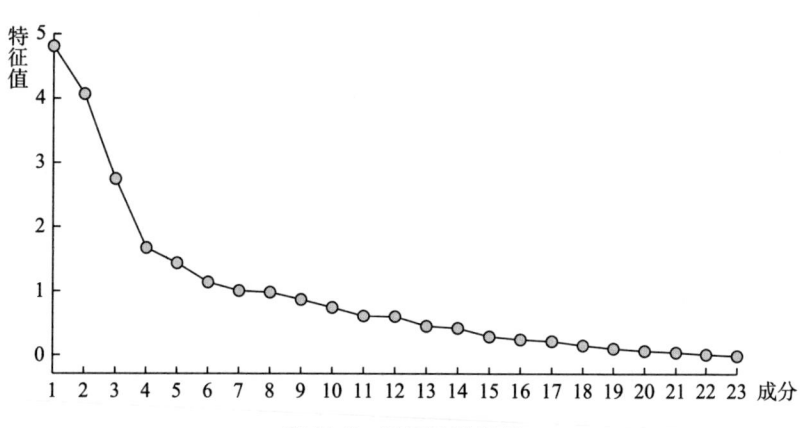

图 10.3　碎石检验结果

由主成分矩阵表可得每个主成分的系数，如表10.13所示。

表 10.13 主成分矩阵

指标	成分											
	1	2	3	4	5	6	7	8	9	10	11	12
有用性	0.1	-0.047	-0.066	0.015	-0.092	-0.622	-0.044	0.165	0.058	-0.126	0.174	0.106
趣味性	0.079	-0.053	-0.156	-0.092	-0.09	0.054	0.535	-0.16	-0.257	0.001	0.297	0.127
真实性、权威性	-0.03	0.067	0.157	0.299	-0.037	-0.264	0.001	0.014	-0.121	0.361	-0.579	-0.321
头像设计与名称	0.008	-0.003	0.136	0.311	-0.123	0.089	0.516	0.123	0.032	0.385	0.316	0.03
在看率	0.057	0.213	-0.133	0.053	-0.016	-0.027	0.018	0.011	0.012	-0.005	0.024	-0.077
头条文章在看数	0.072	0.213	-0.111	0.052	-0.036	-0.025	0.033	0.022	0.005	-0.024	0.04	-0.102
超10万阅读量文章数占比	0.151	-0.053	0.073	0.052	0.158	0.192	-0.173	-0.26	-0.162	0.014	-0.125	-0.016
原创性	-0.013	0.033	-0.017	-0.44	0.234	-0.099	-0.079	0.049	0.071	0.519	0.279	-0.295
企业信息	-0.077	0.139	0.093	-0.007	0.179	0.192	0.005	-0.29	-0.014	0.053	-0.107	0.629
视频信息或音频信息占比	-0.04	0.034	0.148	0.175	-0.103	-0.049	-0.287	-0.53	0.239	-0.051	0.697	-0.339
头条平均留言	0.071	-0.061	-0.14	-0.014	-0.234	0.188	-0.104	-0.04	0.405	0.711	-0.04	0.135
头条平均点赞	0.097	0.181	-0.134	0.065	-0.043	0.056	-0.035	-0.07	0.033	-0.002	-0.157	0.035
互动性	0.052	-0.088	-0.12	0.108	0.181	0.309	0.195	0.034	0.471	-0.352	-0.168	-0.539
阅读总数	0.138	0.044	0.198	-0.15	-0.129	-0.014	0.057	0.15	0.015	-0.067	0.006	-0.161

续表

指标	成分											
	1	2	3	4	5	6	7	8	9	10	11	12
阅读总数增量	-0.005	0.005	-0.047	0.253	0.245	0.209	-0.33	0.603	-0.126	0.105	0.423	0.059
图文信息占比	0.023	0.03	0.088	0.016	0.438	-0.271	0.234	-0.01	0.562	0.052	-0.108	0.225
头条文章阅读量	0.091	0.084	0.209	-0.124	-0.219	0.104	0.03	0.223	0.253	-0.196	0.082	-0.065
发布次数	-0.082	0.122	0.167	-0.163	-0.131	0.202	0.027	0.207	0.125	-0.068	-0.052	0.189
超10万阅读量文章数	0.146	-0.009	0.183	-0.108	0.122	0.09	0.064	0.009	-0.264	0.049	-0.013	-0.234
活跃粉丝数	0.136	-0.09	-0.02	-0.003	-0.219	0.041	-0.288	-0.01	0.179	0.013	-0.306	0.232
平均阅读量	0.169	-0.05	0.067	0.039	0.204	0.037	-0.032	-0.11	-0.212	0.18	-0.046	-0.047
最大阅读数	0.154	-0.033	0.057	0.101	0.062	-0.052	-0.053	0.009	0.089	-0.138	0.258	0.579
平均在看数	0.09	0.199	-0.11	0.013	0.064	-0.007	-0.03	-0.06	-0.055	-0.002	0.081	-0.115

3. 12个主成分的得分

根据公式（10-3）求得101个企业微信公众号在12个主成分的得分，如表10.14所示。

表 10.14 主成分的得分

编号	Y_1	Y_2	Y_3	Y_4	Y_5	Y_6	Y_7	Y_8	Y_9	Y_{10}	Y_{11}	Y_{12}
1	2.780592	2.051326	-1.28873	-0.57296	-3.04784	-0.59378	1.119287	0.548264	3.831891	3.723369	2.05221	-0.2561
2	6.697312	-0.33405	2.894825	-4.76175	-6.49796	2.478065	-2.65989	1.801931	5.574359	4.560731	-3.20207	2.752444
3	1.816022	0.437965	0.160837	0.524414	-0.36902	-1.62521	1.182044	-0.26806	0.743084	0.982082	2.14384	-1.23287
4	1.145091	0.415003	-1.13508	-0.84354	-0.58465	-1.5239	1.347717	0.486073	1.465696	-0.07459	3.720932	-0.47714
5	1.050226	-0.12089	-0.76733	0.185173	0.756207	-1.70942	0.936542	0.158172	-0.00422	1.011193	1.172951	-0.71801
6	0.982525	-1.72927	-1.95651	-3.07331	1.599637	-2.15999	1.398885	1.022005	0.599781	1.237444	3.967085	-0.0293
7	1.539626	-0.18393	-1.28652	-1.48822	1.014011	-1.10027	0.716905	-0.12119	0.059673	0.057141	0.922109	-0.11319
8	1.857167	-0.73701	-1.27355	-1.57545	1.017048	-1.04447	1.12583	-0.93228	-0.57304	-0.06709	1.06217	-0.92855
9	1.663848	-0.22749	-0.27583	0.564181	-0.15995	-0.05963	0.01498	-0.54127	0.315584	1.107424	-0.8354	-1.12538
10	1.422269	-0.71098	-0.0778	-0.875	1.508085	0.026491	-0.65156	1.475759	0.382718	-0.42071	1.72006	0.25631
11	0.571184	0.904038	0.818435	1.689986	0.411934	0.186851	1.207379	-1.20521	1.106131	1.919399	2.270624	-1.44179
12	-1.20406	-0.83285	-1.34872	0.200509	-0.24732	1.62384	-0.80548	2.068426	-2.74427	0.385656	2.000364	0.886962
13	-0.32241	-0.39281	0.946146	1.087694	0.809281	0.018411	-0.72496	-0.06055	0.517997	1.012266	0.483931	-0.50165
14	0.951715	0.004939	1.537237	1.560509	1.457061	0.635766	-0.05586	-0.89579	0.073598	0.96302	1.61024	-0.96497
15	-0.60706	1.057852	1.069488	0.758287	0.969522	-0.01956	0.165433	-1.49535	1.208072	0.437956	0.823998	1.216051
16	0.037093	0.188303	0.024502	0.572148	1.07107	0.663512	-0.86601	-0.13302	0.860572	0.038374	1.496292	-0.70348
17	-1.19278	2.171087	0.922491	1.104247	0.935373	1.64278	-1.09849	1.766243	1.255885	0.425629	0.695256	0.631519
18	-0.27421	0.53474	-0.97643	1.094571	-0.70619	0.147921	-0.46653	-0.92992	1.840472	0.717159	-0.00861	-0.57535
19	-0.46164	0.292762	0.123972	-0.28948	0.370831	1.172075	-2.60257	1.77552	-2.04167	0.415545	0.772855	2.111114

续表

编号	Y_1	Y_2	Y_3	Y_4	Y_5	Y_6	Y_7	Y_8	Y_9	Y_{10}	Y_{11}	Y_{12}
20	1.000258	-0.90177	0.21084	1.27018	0.740972	0.311464	-0.72292	-0.07156	0.825373	0.474261	0.343095	0.444933
21	0.143889	-0.54734	0.706893	1.148753	1.197431	0.043927	-0.75221	-0.17485	0.343477	0.575609	0.983917	-1.35102
22	-0.20081	1.354524	-0.88383	0.707306	0.744138	-0.23054	0.166961	-0.80552	0.931505	0.277243	0.730155	-0.37491
23	-0.23569	-0.81945	0.314327	1.134833	1.126044	-0.2316	-0.94482	0.885895	0.26833	0.343631	-0.96749	-0.00315
24	-0.43843	0.66387	-1.23555	0.339016	-0.21484	-0.40728	0.381872	0.187413	0.874644	0.245639	0.030387	-1.0821
25	-0.90609	0.274422	-2.44643	-0.08923	-1.04779	-1.07739	1.115532	1.396272	-0.35094	-0.52489	0.704671	-0.33503
26	-0.53223	0.080792	1.198827	-0.10347	1.52559	0.48322	-0.10274	-0.17603	0.650525	0.331993	0.580054	0.768175
27	-0.11004	-0.58147	0.184715	0.108218	1.057266	0.547915	-0.38191	-0.05466	-0.09594	0.714515	1.035444	-1.21485
28	1.185231	-0.32017	1.629937	0.886909	1.600906	1.025146	-0.40117	0.099382	0.500239	0.337285	2.147268	0.06976
29	-1.00542	-0.20965	-0.61978	0.905817	-0.51644	1.400769	-1.33775	-0.81226	-1.22901	0.006766	0.555956	0.732445
30	-1.0648	2.059183	0.890605	1.326567	-0.59418	0.145357	-0.61709	1.30846	1.712523	-0.54455	0.808843	-0.82921
31	0.223479	-0.91168	1.252785	1.368071	1.320573	0.481877	-0.86829	-0.00072	0.376272	0.14204	0.922959	0.134406
32	0.395676	1.435278	-1.5285	0.688349	0.881112	0.709781	-0.61333	0.377215	0.734896	-0.00652	-0.19713	0.086092
33	-1.33282	-0.22917	0.312787	0.421661	-0.03296	0.65163	-0.22683	0.78574	2.119016	-1.002	1.205112	1.865225
34	0.991317	1.461579	-1.24807	1.087749	0.91495	0.317705	-0.55096	-0.07979	0.054729	0.294586	-0.616	-1.42292
35	0.433192	1.618911	1.538789	0.652483	0.534721	1.113146	-0.70654	-0.88969	0.77632	-0.39744	0.674133	-0.52914
36	-0.31321	0.364629	1.008505	0.272223	-0.99389	0.126669	-0.05763	-0.07027	2.020215	-0.67443	-0.70184	0.078088
37	0.853905	0.229809	1.644905	1.349512	0.731703	0.32908	-0.66062	0.099186	0.494033	-0.06646	-0.12446	-0.54544
38	-0.04078	0.284761	0.471635	-0.15882	0.016119	0.062372	0.079698	-0.22859	1.0296	-0.68548	0.277133	-0.4779

续表

编号	Y_1	Y_2	Y_3	Y_4	Y_5	Y_6	Y_7	Y_8	Y_9	Y_{10}	Y_{11}	Y_{12}
39	0.497338	-0.43687	-0.19539	-0.44666	-0.11679	0.089351	-0.70721	-1.01653	-0.05244	0.465009	-1.42234	-0.67896
40	0.093799	-0.42541	1.277676	0.341876	1.014738	-0.60957	0.208703	1.521614	-0.11385	0.303949	-1.12246	-0.00209
41	0.633036	-0.41792	0.575825	-0.50758	1.545998	1.39108	-0.48348	0.022238	0.480878	-0.74169	1.283493	0.471277
42	-0.61398	-0.9848	0.226473	0.731935	0.415524	-0.14912	-0.47495	0.331109	1.08705	-0.38328	0.828872	-0.45798
43	-2.13084	-0.43268	0.031696	-0.10906	0.173306	0.119482	0.207622	0.949796	1.128183	-0.54085	0.400269	-0.03692
44	0.127396	0.579393	0.77151	1.054517	0.96031	0.826345	-0.78199	-0.28269	0.794035	-0.40646	0.735477	0.236787
45	-0.46036	-1.04073	0.162297	-0.5772	-0.01058	-0.86275	0.383614	-0.81651	-0.81496	0.022535	-1.14399	-0.58766
46	-0.493173	-0.58966	1.412085	0.231545	1.736579	0.727336	-0.20106	-0.05966	-0.20363	0.178127	-0.33624	0.150042
47	1.87294	0.929059	-1.07587	-0.07413	0.457717	0.081589	0.489288	-1.25196	-0.38317	-0.47751	-1.08231	-1.28735
48	-0.10248	-0.84374	1.134827	0.58328	1.477573	0.565985	-0.29006	0.154507	-0.08245	-0.07208	-0.42015	0.302128
49	0.471787	0.592686	0.654721	0.624892	-1.12823	0.741632	-0.79668	-1.08448	-0.40412	-0.85766	-0.28389	-0.91187
50	0.568261	0.106678	0.710714	1.270039	-0.15856	-3.04699	1.912839	0.734925	0.02427	2.681615	1.3445	-2.80394
51	-0.40594	0.480902	0.718024	1.412943	-0.26738	0.621786	0.187712	0.930435	1.266773	1.688746	2.985013	-1.20044
52	0.282737	-0.07238	1.130335	0.60376	0.285099	0.475306	0.012013	1.072972	1.310072	0.866711	2.240834	-1.09172
53	1.622747	-0.02636	-1.11228	-0.79106	0.781651	-0.16751	0.896916	-1.07091	-0.70775	-0.21189	-0.60626	-0.65415
54	-0.58983	0.865962	0.440191	-0.11056	-0.15957	0.753657	-0.20635	0.889837	1.142222	-0.40685	0.290109	0.354165
55	-0.66265	-0.60321	0.173975	-0.51731	0.157028	-1.64474	0.873189	-0.72857	-1.44251	1.120406	-1.61578	-0.24144
56	-0.39609	-0.10556	2.787396	1.054869	-0.58801	-1.06124	0.14478	0.153926	0.680571	0.961481	-2.21349	-2.96729
57	-0.0935	-0.39645	0.377325	0.319632	-0.078	0.027587	-0.03153	1.230085	1.403024	-1.07538	0.865641	0.13646

续表

编号	Y_1	Y_2	Y_3	Y_4	Y_5	Y_6	Y_7	Y_8	Y_9	Y_{10}	Y_{11}	Y_{12}
58	-0.42811	0.801276	0.062517	1.306654	1.132159	0.093575	-0.62065	-0.73923	-0.07102	0.229955	-1.17699	-0.75744
59	-1.057	2.851274	-0.53853	1.240264	-1.25561	0.679716	-1.15221	0.841285	3.107192	-0.31709	1.680494	0.498872
60	-0.56533	-1.11041	-0.39435	-0.02029	-0.22581	-0.05178	-0.10552	-0.48879	-0.27162	-0.91233	-0.45781	0.252132
61	-0.57647	1.043767	-0.9613	-0.48677	-0.19017	-0.28794	0.25732	-0.36016	-0.48642	-0.32241	-0.34666	0.655256
62	-0.24685	0.086699	1.465653	0.257783	0.487146	0.553991	0.051166	0.598682	0.991073	-0.76437	0.376025	0.63932
63	-0.25923	1.03636	-1.56494	-0.49229	-0.67832	-0.93634	1.296149	-0.41485	-1.54869	-0.10846	-1.12919	0.107894
64	-0.53103	-1.14282	-0.33995	0.652722	-0.01679	0.21041	-0.49531	1.109294	0.137996	-0.58915	-0.15894	-0.14284
65	-1.38861	-0.21522	-0.04363	0.598116	0.806235	-0.06049	-0.67185	-0.21866	0.086038	-0.12875	-0.66482	-0.00353
66	0.359316	-0.58403	0.761417	0.488472	0.469285	0.251741	-0.29503	0.779054	0.846427	-0.67724	0.00213	-0.19408
67	-0.92163	0.758031	0.340653	-0.94952	-1.01987	-0.2646	-0.08771	0.059929	-0.0101	-0.78367	-0.52701	0.256085
68	0.232961	-0.51574	1.244055	-0.19358	-0.03695	-0.12104	0.407104	0.345023	0.428881	-0.47675	-1.01472	-1.63961
69	0.366305	0.681639	-1.3572	-0.36824	0.144546	-0.34741	1.00138	-0.80392	-0.76363	-0.63369	-0.88253	0.723464
70	-1.13881	-0.66485	0.080071	-0.72099	-0.37199	-0.93077	0.043405	-0.53447	-1.19794	0.149439	-1.06783	0.021212
71	0.080564	-0.24952	-0.78107	-1.15116	0.055903	-0.38939	0.887577	-0.62254	-1.40898	-0.30992	-0.53715	-0.05818
72	-0.35527	-0.0791	-0.16063	-0.60268	0.02607	0.075117	-0.05006	-0.86687	-0.56998	-0.46361	-1.09516	0.571899
73	0.006896	-1.41636	0.627843	-0.06468	0.422197	-0.09902	-0.1953	0.339019	0.085874	-0.77704	-0.91128	0.081574
74	-0.37967	-0.99738	1.147537	-0.0066	0.487911	0.419658	-0.32823	0.5181	0.393066	-0.83938	-0.83842	0.89248
75	0.364305	-0.42325	-0.57488	-0.98051	-0.11863	-0.73499	0.964267	-0.71943	-1.96393	-0.19138	-0.1881	1.098436
76	-0.19294	-2.06138	0.272939	0.350047	-0.2024	0.999284	-1.50594	-0.74733	-1.28958	-0.92981	0.367639	-0.39786
77	-0.77709	0.228253	-1.04662	-0.76632	-0.79978	-1.1203	0.855974	0.063998	-0.74313	-0.56076	-0.08037	1.449834
78	0.273348	-0.50841	-0.87886	-0.52895	-0.32625	-1.02003	1.041822	-0.4932	-1.63978	-0.08791	-0.27792	1.702208
79	-0.22799	0.046841	0.94461	-0.27959	0.572128	0.039864	-0.42926	-0.27905	-0.34188	-0.39128	-0.80784	1.423323

续表

编号	Y_1	Y_2	Y_3	Y_4	Y_5	Y_6	Y_7	Y_8	Y_9	Y_{10}	Y_{11}	Y_{12}
80	0.075768	-0.36771	1.155703	-1.19997	-1.19089	-0.47785	0.510631	0.830843	-0.01308	-0.92607	-0.22843	0.904547
81	-1.06993	0.103788	-0.64366	-0.5429	-0.29012	-0.90795	0.175316	-0.65599	-1.64295	0.285213	-1.4711	-0.45437
82	-1.34803	0.171447	-2.0214	-0.1739	-0.73685	0.311852	0.965716	-0.55548	-0.69641	-0.69242	-1.77135	-1.28511
83	-0.58194	-0.31514	-0.43665	-1.02528	-1.28016	0.033823	0.140866	-0.72991	-2.7372	0.009831	-1.02464	0.617759
84	0.479055	-0.71523	-0.26224	0.67387	0.456849	0.574627	0.296983	-0.71391	-1.07959	-0.79154	-1.18056	-0.11763
85	-0.4975	0.658155	-0.51084	-0.6734	-1.45006	-1.03978	0.535877	-0.02612	-1.18927	-0.33139	-0.44658	1.421835
86	-0.5421	0.089632	1.593558	-0.29024	0.75527	1.154053	-0.37993	0.1526	0.419358	-1.6372	-0.78073	2.070764
87	-0.61196	0.074304	1.206304	-0.84436	-1.71408	1.03256	-1.05313	0.180066	-1.62517	-0.76354	-0.36936	1.492618
88	0.381537	-1.11739	-0.44506	-0.39221	-0.03456	0.004235	1.789048	-0.09445	-0.4999	-0.95243	-0.85811	0.120748
89	-0.49249	-0.91943	0.291723	-0.21158	0.34357	-0.361344	-0.61728	-0.11588	-1.36513	0.073604	-1.78025	-1.03439
90	-0.09589	0.291427	-1.24262	-0.33745	-0.23903	-0.73955	0.77242	-0.58328	-1.408	-0.04126	-1.10728	0.51218
91	-0.79466	-1.08829	-0.19246	0.171831	0.034475	-0.41562	-0.37167	0.008384	-0.43041	-0.47288	-1.07225	0.750293
92	-0.80267	0.051	-1.06224	-0.74136	-0.74435	-0.43872	0.917278	-0.75591	-1.60401	-0.15185	-1.32099	0.572347
93	-1.29873	0.208645	-1.53693	-0.57643	-0.64467	0.369471	0.508829	-0.5294	-0.99318	-0.65984	-1.84534	-1.20761
94	-0.56179	0.173058	-1.4918	-1.09684	-0.57624	-0.69663	0.66849	-0.34859	-1.30573	-0.27109	-0.38931	0.89887
95	-0.71836	-1.07436	-0.04317	0.072864	-0.17209	-0.2054	-0.45664	0.357843	-0.48972	-0.46066	-1.1491	0.323628
96	-1.72187	-1.30245	-0.43322	-0.09352	-3.84419	0.799554	-1.78215	0.53702	-3.82596	-0.62485	-0.67033	-0.1271
97	0.090076	0.037423	-0.8755	-1.11665	-1.22171	0.146362	0.408215	-0.52648	-1.60168	-0.92613	-0.22475	1.694407
98	-0.66031	1.086826	-1.1534	-0.60475	-1.15195	-0.7854	0.201301	-0.1983	-1.20175	0.26587	-1.01114	1.050738
99	-0.6982	1.831573	-0.00158	-0.17109	0.471926	0.075213	0.058331	-0.58436	-0.50633	-0.35231	-1.34205	1.96549
100	-0.410383	-0.02139	-0.94334	-0.48169	-0.35594	0.181776	1.251169	-0.04351	-0.69763	-0.73126	-0.83462	-0.89921
101	-0.28474	-0.59421	-0.97296	-0.55298	-0.06258	0.280967	1.164813	-0.64142	-0.89638	-0.81927	-1.37375	0.019645

二　BP 神经网络建模

1. 输入数据预处理

为消除不同量纲数据对模型效果的影响，对各输入指标进行归一化处理，即将数值限定在 [0，1] 区间内，设 x_{min} 和 x_{max} 分别为属性 x 的最小值和最大值，其公式为：

$$x_i' = \frac{x - x_{min}}{x_{max} - x_{min}} \qquad (10-6)$$

采用 mapminmax 函数处理后的主成分得分及最终公众号综合得分的部分数据如表 10.15 所示。

2. 参数设定与模型训练

将企业微信公众号微信息交流生态影响力评价指标体系进行主成分分析后的 12 个主成分作为输入单元，共 12 个节点，将企业微信公众号的综合评价结果作为输出层节点，神经元个数为 1 个。隐含层神经元个数为均方误差最小时隐含层节点个数，常用的经验公式为：$M = \sqrt{m+n} + \alpha$。其中，m 和 n 分别表示输出层、输入层神经元的个数，α 为 1~10 的常数。即隐含层节点数的取值范围在 5 和 14 之间。由此构建 10 个神经网络并分别比较其性能，选取均方误差精度最小时隐含层节点数作为本研究模型隐含层神经元个数。

利用 MATLAB 工具箱中的函数进行权值和阈值的初始化，设定允许最大的迭代次数为 100 次，精度 goal 为 0.000000001，选择"tansig"为隐含层的传输函数，"logsig"为输出层的传输函数，"trainlm"为训练函数，权值和阈值的 BP 学习算法为"learngdm"。

MATLAB 核心代码如下：

```
S = 5：14；
Res = 1：10；
For i = 1：10；
% 创建一个新的前向神经网络
```

表 10.15 样本归一化数据

编号	B_1	B_2	B_3	B_4	B_5	B_6	B_7	B_8	B_9	B_{10}	B_{11}	B_{12}	FB
1	0.556338	0.837166	0.216746	0.649251	0.418982	0.444015	0.82646	0.57344	0.814637	0.864896	0.732901	0.474006	0.932104
2	1	0.351609	1	0	0	1	0	0.925221	1	1	0	1	0.622905
3	0.447077	0.508757	0.488138	0.81934	0.744297	0.257332	0.840184	0.344379	0.486052	0.422606	0.745682	0.303234	1
4	0.371078	0.504083	0.245513	0.607312	0.71811	0.275669	0.876414	0.555989	0.562923	0.252118	0.965665	0.435361	0.965605
5	0.360332	0.394998	0.314365	0.766758	0.880944	0.242091	0.786495	0.46398	0.406554	0.427302	0.610256	0.393249	0.655018
6	0.352663	0.067605	0.091724	0.261704	0.98337	0.160541	0.887604	0.706373	0.470808	0.463807	1	0.513659	0.546586
7	0.415769	0.382167	0.217161	0.507388	0.912252	0.352344	0.738463	0.38559	0.413351	0.273372	0.575267	0.498991	0.55108
8	0.451738	0.269583	0.21959	0.493866	0.91262	0.362442	0.82789	0.157998	0.346044	0.253328	0.594804	0.356439	0.518033
9	0.42984	0.3733	0.406384	0.825504	0.769686	0.540693	0.584961	0.267716	0.440575	0.442829	0.330118	0.322027	0.546586
10	0.402475	0.274882	0.443459	0.602434	0.972252	0.55628	0.439196	0.833697	0.447717	0.196274	0.686571	0.563593	0.532666
11	0.306069	0.603629	0.611254	1	0.839136	0.585305	0.845724	0.081412	0.524673	0.573836	0.763367	0.266708	0.660073
12	0.10498	0.250075	0.205516	0.769135	0.759076	0.845391	0.405536	1	0.11507	0.326376	0.725669	0.673852	0.349219
13	0.204849	0.339649	0.635165	0.906647	0.887389	0.554818	0.423145	0.402606	0.462108	0.427476	0.514147	0.431076	0.557258
14	0.349174	0.420612	0.74583	0.979931	0.966055	0.666555	0.56947	0.168235	0.414833	0.41953	0.671252	0.350072	0.557258
15	0.172605	0.634939	0.658257	0.855589	0.906849	0.547945	0.617863	0	0.535517	0.334814	0.561582	0.731387	0.518033
16	0.245571	0.457937	0.462613	0.826738	0.919181	0.671577	0.392299	0.382272	0.49855	0.270344	0.655358	0.39579	0.55108
17	0.106258	0.861544	0.630736	0.909212	0.902702	0.848819	0.341458	0.915207	0.540604	0.332825	0.543624	0.629192	0.513708
18	0.210309	0.528456	0.275217	0.907712	0.70335	0.578258	0.479661	0.15866	0.602792	0.379862	0.445444	0.41819	0.655018
19	0.189077	0.4792	0.481236	0.693188	0.834144	0.763624	0.012535	0.91781	0.189811	0.331198	0.554448	0.887874	0.182569

续表

编号	B_1	B_2	B_3	B_4	B_5	B_6	B_7	B_8	B_9	B_{10}	B_{11}	B_{12}	FB
20	0.354672	0.236046	0.497499	0.934931	0.879094	0.607859	0.42359	0.399517	0.494806	0.340671	0.494503	0.59657	0.611437
21	0.257668	0.308193	0.590371	0.916111	0.934526	0.559436	0.417185	0.370534	0.443542	0.357023	0.583888	0.282577	0.622905
22	0.218623	0.695328	0.292553	0.847687	0.879478	0.509759	0.618197	0.193567	0.506096	0.308884	0.548492	0.453235	0.523978
23	0.214671	0.252803	0.516874	0.913953	0.925857	0.509568	0.375063	0.66818	0.435548	0.319595	0.311694	0.51823	0.211579
24	0.191706	0.554741	0.226703	0.790604	0.76302	0.47777	0.665196	0.472185	0.500047	0.303785	0.450884	0.329594	0.557258
25	0.138733	0.475467	0	0.724227	0.661868	0.356485	0.825638	0.811393	0.369671	0.179464	0.544938	0.460208	0.174476
26	0.181081	0.436052	0.682472	0.72202	0.974378	0.638945	0.559218	0.370203	0.476206	0.317717	0.527555	0.653084	0.38779
27	0.228904	0.301244	0.492608	0.754831	0.917504	0.650655	0.498166	0.404258	0.396797	0.379435	0.591076	0.306385	0.251449
28	0.375625	0.354434	0.763185	0.875525	0.983524	0.737031	0.493954	0.447483	0.460218	0.318571	0.74616	0.530978	0.660073
29	0.127481	0.376932	0.341989	0.878456	0.726395	0.805016	0.289136	0.191675	0.276262	0.265244	0.524194	0.646837	0.546586
30	0.120755	0.838765	0.624766	0.943671	0.716953	0.577794	0.446735	0.786752	0.58918	0.176293	0.559468	0.373808	0.102118
31	0.266683	0.234028	0.692574	0.950104	0.94948	0.638702	0.391801	0.419395	0.447031	0.28707	0.575386	0.54228	0.591847
32	0.286189	0.711766	0.171856	0.844749	0.896112	0.679952	0.447557	0.525444	0.485181	0.2631	0.419148	0.533833	0.203022
33	0.090395	0.372957	0.516586	0.803413	0.785108	0.669427	0.53208	0.640076	0.632423	0.102486	0.614742	0.844885	0.557258
34	0.353659	0.71712	0.22436	0.906655	0.900222	0.608988	0.461197	0.397208	0.412825	0.311682	0.360721	0.270007	0.55108
35	0.290438	0.749145	0.74612	0.83919	0.854047	0.752958	0.427173	0.169947	0.489588	0.200027	0.540678	0.42627	0.614344
36	0.20589	0.493829	0.64684	0.780251	0.668413	0.574412	0.569081	0.399878	0.621912	0.155338	0.348749	0.532434	0.319263
37	0.338094	0.466386	0.765988	0.947228	0.877968	0.611047	0.437215	0.447428	0.459558	0.253429	0.429285	0.423421	0.796109
38	0.236749	0.477571	0.546326	0.713441	0.791068	0.562775	0.599114	0.355454	0.516531	0.153554	0.485302	0.435228	0.591847

续表

编号	B_1	B_2	B_3	B_4	B_5	B_6	B_7	B_8	B_9	B_{10}	B_{11}	B_{12}	FB
39	0.297704	0.33068	0.421445	0.668826	0.774928	0.567658	0.427026	0.134357	0.401424	0.339179	0.248248	0.400077	0.182569
40	0.251994	0.333013	0.697234	0.791047	0.91234	0.441157	0.627326	0.846564	0.394892	0.313193	0.290077	0.518416	0.518033
41	0.313075	0.334536	0.565833	0.659383	0.976856	0.803263	0.475955	0.425836	0.458159	0.144485	0.625675	0.601176	0.591847
42	0.171821	0.219144	0.500426	0.851505	0.839572	0.524496	0.477819	0.512506	0.522643	0.202313	0.562262	0.438711	0.486235
43	0	0.331533	0.46396	0.721153	0.810157	0.573111	0.627089	0.686111	0.527019	0.176889	0.502478	0.512326	0.546586
44	0.2558	0.537545	0.602469	0.901504	0.90573	0.701049	0.410674	0.340274	0.491472	0.198572	0.549234	0.56018	0.518033
45	0.189222	0.20776	0.488411	0.648593	0.787825	0.395334	0.665577	0.190482	0.320309	0.267788	0.287075	0.416038	0.349219
46	0.297233	0.299578	0.722399	0.773946	1	0.683129	0.537716	0.402856	0.385341	0.292892	0.399745	0.545013	0.622905
47	0.453524	0.608722	0.256598	0.726567	0.844695	0.566253	0.688686	0.068295	0.366242	0.187108	0.295678	0.293709	0.513708
48	0.229761	0.247858	0.67049	0.828464	0.968546	0.653925	0.518252	0.462951	0.398233	0.252523	0.388041	0.571603	0.476423
49	0.29481	0.540251	0.580604	0.834914	0.652099	0.685717	0.40746	0.11529	0.364013	0.125774	0.407047	0.359356	0.420941
50	0.305738	0.441322	0.591087	0.934909	0.769855	0	1	0.625818	0.409585	0.696815	0.634185	0.028559	0.622905
51	0.195386	0.517497	0.592455	0.957059	0.75664	0.664025	0.622735	0.680678	0.541762	0.536622	0.863014	0.308905	0.796109
52	0.273396	0.404874	0.669649	0.831638	0.823733	0.637513	0.584312	0.720674	0.546368	0.403991	0.759211	0.327912	0.727955
53	0.425184	0.414241	0.249782	0.615445	0.884034	0.521168	0.77783	0.119096	0.331713	0.229966	0.362081	0.404414	0.591847
54	0.174556	0.595878	0.540439	0.72092	0.769732	0.687893	0.536558	0.669286	0.528512	0.198509	0.487112	0.580701	0.251449
55	0.166308	0.296819	0.490597	0.657876	0.80818	0.253798	0.772641	0.215157	0.25355	0.444923	0.221267	0.476569	0.319263
56	0.196502	0.398119	0.979887	0.901559	0.717703	0.359408	0.613347	0.462788	0.479402	0.419282	0.137894	0	0.486235
57	0.230778	0.338907	0.528669	0.787599	0.779638	0.556479	0.574789	0.76476	0.556256	0.090645	0.567391	0.542639	0.408218

续表

编号	B_1	B_2	B_3	B_4	B_5	B_6	B_7	B_8	B_9	B_{10}	B_{11}	B_{12}	FB
58	0.192876	0.582711	0.46973	0.940585	0.926599	0.568422	0.445957	0.212169	0.399449	0.301254	0.282472	0.386356	0.450174
59	0.121639	1	0.3572	0.930294	0.636629	0.67451	0.32971	0.655662	0.737544	0.212991	0.681051	0.606001	0.499399
60	0.177332	0.193577	0.384194	0.734913	0.761688	0.542114	0.55861	0.282442	0.378108	0.116953	0.382787	0.562862	0.531714
61	0.17607	0.632072	0.278048	0.66261	0.766017	0.49937	0.637958	0.318536	0.355258	0.212133	0.398291	0.633342	0.560731
62	0.213407	0.437255	0.732428	0.778013	0.848269	0.651755	0.592874	0.587588	0.512433	0.140826	0.499096	0.630556	0.55108
63	0.212005	0.630564	0.165034	0.661754	0.706735	0.382013	0.865137	0.303188	0.242255	0.246653	0.289139	0.537645	0.009655
64	0.181217	0.186979	0.39438	0.839227	0.787071	0.589569	0.473367	0.730866	0.421683	0.169097	0.424476	0.493808	0.531714
65	0.084076	0.375797	0.449858	0.830763	0.887019	0.540537	0.434759	0.358239	0.416156	0.243379	0.353912	0.518163	0.531714
66	0.28207	0.300723	0.600579	0.813769	0.8461	0.597049	0.517165	0.6382	0.497046	0.154883	0.446942	0.484849	0.513708
67	0.136973	0.573908	0.521803	0.590884	0.665258	0.503594	0.562504	0.436413	0.405929	0.137712	0.373134	0.563553	0.468305
68	0.267757	0.314625	0.69094	0.708053	0.784623	0.529577	0.670714	0.51641	0.452627	0.187231	0.305106	0.232123	0.408218
69	0.282862	0.558358	0.203929	0.680981	0.806664	0.488606	0.800675	0.194017	0.325768	0.161911	0.323545	0.645267	0.486235
70	0.112371	0.284273	0.473016	0.626306	0.743937	0.383022	0.591177	0.269623	0.279567	0.288263	0.297698	0.52249	0.531714
71	0.250495	0.368815	0.311792	0.55963	0.795899	0.481009	0.775787	0.244912	0.257117	0.214148	0.37172	0.508609	0.499399
72	0.201126	0.403505	0.427952	0.644643	0.792276	0.565081	0.570738	0.176352	0.34637	0.189352	0.293886	0.618768	0.442323
73	0.24215	0.131299	0.575571	0.728033	0.840382	0.533563	0.538975	0.514726	0.416139	0.138781	0.319535	0.533043	0.389207
74	0.198363	0.216585	0.67287	0.737035	0.848362	0.627441	0.509905	0.564976	0.448817	0.128723	0.329697	0.674816	0.546586
75	0.282635	0.333452	0.350395	0.586081	0.774703	0.418457	0.792558	0.217722	0.198082	0.233274	0.420408	0.710824	0.472395
76	0.219514	0	0.509126	0.792313	0.764531	0.73235	0.252354	0.209894	0.269819	0.114133	0.497926	0.449222	0.472395
77	0.153345	0.466069	0.262074	0.61928	0.691985	0.348719	0.768876	0.437554	0.327949	0.173676	0.435434	0.77226	0.472395
78	0.272332	0.316116	0.293484	0.656072	0.749491	0.366867	0.809519	0.281204	0.232565	0.249968	0.407879	0.816384	0
79	0.215544	0.429142	0.634877	0.694722	0.858589	0.558701	0.487811	0.341295	0.370635	0.201022	0.333963	0.767625	0.174476

续表

编号	B_1	B_2	B_3	B_4	B_5	B_6	B_7	B_8	B_9	B_{10}	B_{11}	B_{12}	FB
80	0.249952	0.344758	0.674398	0.552066	0.644489	0.464998	0.693354	0.652732	0.405612	0.114737	0.414783	0.676926	0.546586
81	0.120174	0.440733	0.337519	0.653909	0.753878	0.387152	0.620025	0.235526	0.232227	0.31017	0.241446	0.439341	0.160039
82	0.088672	0.454506	0.079574	0.711103	0.699627	0.607929	0.792875	0.263729	0.332919	0.152434	0.199566	0.294101	0.496167
83	0.17545	0.355457	0.376274	0.579142	0.633649	0.557607	0.612491	0.214782	0.115822	0.265738	0.303722	0.626786	0.417193
84	0.295633	0.274017	0.408929	0.633609	0.84459	0.65549	0.646632	0.219273	0.292157	0.136442	0.281974	0.498216	0.580755
85	0.185015	0.553578	0.362385	0.633681	0.613016	0.363291	0.698875	0.412268	0.280489	0.210685	0.384354	0.767365	0.759364
86	0.179963	0.437852	0.756374	0.693071	0.697391	0.760362	0.4986	0.376777	0.451614	0	0.337744	0.88082	0.591847
87	0.172049	0.434732	0.683872	0.607184	0.580953	0.738373	0.351378	0.470123	0.234119	0.140959	0.395125	0.779741	0.251449
88	0.284587	0.192155	0.3747	0.677265	0.784913	0.552252	0.972928	0.393093	0.353824	0.110483	0.326951	0.539892	0.531714
89	0.185583	0.232452	0.512642	0.705262	0.830833	0.616887	0.446694	0.387081	0.261781	0.276028	0.198325	0.337936	0.518033
90	0.230507	0.478928	0.225379	0.685753	0.760083	0.417632	0.750604	0.255929	0.257222	0.257496	0.292195	0.608327	0.182569
91	0.151354	0.19808	0.421993	0.76469	0.793297	0.476262	0.500404	0.421949	0.361216	0.187855	0.297081	0.649957	0.622905
92	0.150447	0.409225	0.259152	0.623148	0.698717	0.47208	0.782283	0.207486	0.23637	0.239651	0.262385	0.618847	0.576108
93	0.094256	0.462078	0.170279	0.648712	0.710822	0.618358	0.69296	0.271046	0.301349	0.157691	0.189245	0.30765	0.684247
94	0.177733	0.454834	0.178727	0.568051	0.719132	0.4254	0.727876	0.321782	0.268101	0.220414	0.392341	0.675934	0.829554
95	0.159997	0.200915	0.449944	0.749351	0.768211	0.514309	0.481823	0.520008	0.354907	0.189828	0.286361	0.575362	0.083172
96	0.046326	0.154485	0.376918	0.723562	0.322274	0.69258	0.191951	0.570285	0	0.163337	0.353144	0.496559	0.611437
97	0.251572	0.427224	0.294113	0.564979	0.640746	0.577976	0.670957	0.271865	0.236618	0.114726	0.415296	0.81502	0.580755
98	0.166573	0.640836	0.242083	0.644323	0.649219	0.409333	0.625707	0.363953	0.279162	0.221255	0.305604	0.702485	0.622905
99	0.162281	0.792434	0.457729	0.711538	0.846421	0.565099	0.594441	0.255623	0.35314	0.20731	0.259447	0.862414	0.684247
100	0.287855	0.415253	0.281411	0.663397	0.745885	0.584386	0.855301	0.407387	0.33279	0.146167	0.330227	0.361569	0.727955
101	0.209115	0.298652	0.275866	0.652347	0.781511	0.602339	0.836415	0.239612	0.311647	0.131968	0.255025	0.522216	0.655018

```
Net = newff (p, T, [s (i), 1], {'tansig' 'logsig'}, 'trainlm', 'learngdm');
% 当前输入层权值和阈值
Inputweights = net.1w {1, 1};
Inputbias = net.b {2};
% 当前网络层权值和阈值
layerWeights = net.LW {2, 1};
layerbias = net.b {2}
% 设置训练参数
net.trainParam.show = 50;
net.trainParam.lr = 0.05;
net.trainParam.mc = 0.9;
net.trainParam.epochs = 100;
net.trainParam.goal = 1e-10;
% 调用 TRAINGDM 算法训练 BP 网络
[net, tr] = train (net, P, T);
% 对 BP 网络进行仿真
Y = sim (net, P);
% 计算仿真误差
E = T - A
MSE = mse (E)
```

经计算，当隐含层神经元个数为 8 个时，BP 神经网络性能最佳，误差率极低，实际输出与期望输出的结果非常接近，误差达到预设目标，如图 10.4 所示。

进而确定隐含层神经元个数为 8 个时训练误差最小，最终选用的 BP 神经网络为"12×8×1"的结构，如图 10.5 所示。

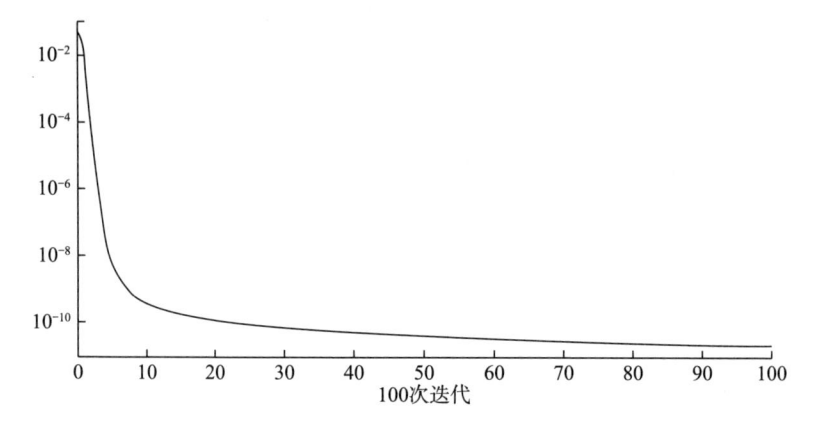

图 10.4　BP 神经网络训练性能

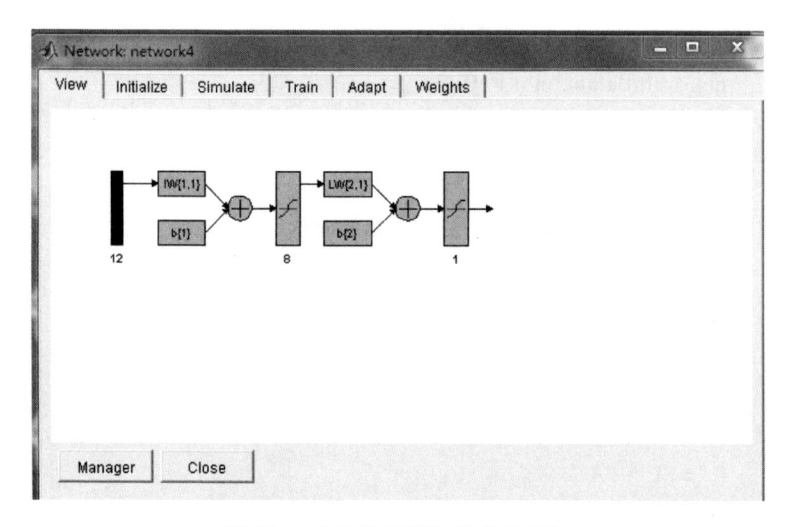

图 10.5　BP 神经网络的模型结构

对结果数据进行反归一化梳理，对比专家评价获得的期望输出与 BP 网络的实际输出，误差控制在 0.01 之内。

第三节　小结

据调查，微信作为信息交流和传播平台，已经影响了人们的决策行为，有 53.31% 的被调查者认为他的决策会受到微信所提供的信息的影响（见表 10.16）。

表 10.16　企业微信公众号问卷调查结果 4

您认为微信可以作为决策之前的信息收集工具吗？

选项	比例（%）
很不同意	1.76
不同意	5.73
中立	39.21
同意	39.65
很同意	13.66

因此，如何更好利用企业微信公众号，发布更具有传播性及对企业客户有价值的信息，是目前企业经营的难点及重点。本课题组利用生态系统的概念，运用评价学理论和方法，所构建的微信息交流生态影响力评价体系，为基于微信息交流的企业品牌传播提供了具体的思路。

通过数据分析可以发现，主成分分析与 BP 神经网络模型结合所构建的模型能很好地消除人为赋予指标权重类评价方法的主观性，同时，该模型也有较好的仿真性和实用性。当然，算法本身还受到样本选取数量及选择方式的影响，在实践中还需要进一步深入分析各参数的合理性。

从表 10.12 总方差解释中可以看出，所提取的前 3 个主成分的累计方差贡献率达到 50.596%，结合表 10.13 主成分矩阵表的数据可以看出，前 3 个主成分分别主要由最大阅读数、平均阅读量、头条文章在看数、平均在看数、在看率、头条文章阅读量这些指标决定。即企业微信公众号的信息传播影响力基本上决定了企业微信公众号在整个信息交流生态系统中所能起到的作用的大小及占据的地位。从表 10.12 总方差解释中可以看出，所提取的前 8 个主成分的累计方差贡献率达到 77.932%，结合表 10.13 主成分矩阵表的数据可以看出，前 4~8 个主成分分别主要由信息内容的真实性、权威性、趣味性、有用性，图文信息占比，互动性，超 10 万阅读量文章数占比，头像设计与名称，这些指标所决定。

从评价结果可以看出，企业微信公众号未来在微信息交流生态系统中，传播的信息应该从对消费者的有用性、具有较好的趣味性及让消费者感觉是权威、真实信息等方面不断地进行完善。

在研究过程中，虽然选择了企业微信公众号作为研究对象，样本数量为 101 个，仍然具有一定的局限性，但得到的结论仍然可以反映目前微信息交流生态的现状及特征。通过对现有的数据进行分析，发现整个微信息交流的过程中，企业所发送的信息是否是原创、是否具有互动性等特征，并不是普通个人用户是否长期关注该微信公众号的核心影响因素。这个现象出现的主要原因是，目前的信息交流生态系统，企业起到了主导作用。微信息的发布、传播的大部分流程掌握在企业的手中，企业控制了信息传播的节奏并对整个生态环境具有较强的掌控能力，所以企业会在系统中积极传播正面的、能给企业带来经济效益的信息，比如企业媒体访谈、企业产品或服务的竞争优势、促销活动等内容，而和个体用户的互动信息以及和整个社会责任相关的内容相对占比较低。也就是说，目前企业通过微信息传播的是能给企业短期经济利益带来直接影响的信息内容，而没有重视对企业品牌传播长期的潜在价值的开发。同时，由于目前企业客户本身也没有意识到或者是没有从微信息交流中通过主动反馈获得更多的价值，所以目前的个体消费者对信息的期望值仍停留在信息的有用性即知识的获取阶段。但随着整个生态环境的不断改善，信息传播的主导能力将逐渐从企业向公众转移，目前这种单方面主导的信息交流的模式必然会被打破。因此，企业必须时刻密切关注信息交流主导权的变化趋势，并在这个演变的过程中，不断地加强信息的双向有效交流，随着环境的改变，学会提前布局，引导微信息交流朝着自我进化、自我完善的方向演化。即在传递对个人用户有价值的信息的同时，加强互动，引导企业客户的主动性，只有这样才能更快地发现市场的需求变化，在竞争中占据有利的地位，才能与用户建立起更为密切的关系，拥有更加良性紧密的互动，才能更好加强企业品牌传播，进而促进整个信息生态系统实现良性发展。

第十一章
结 论

本书以基于社交网络的微博微信类微信息交流和企业品牌传播问题为研究对象，研究的主体既有企业用户也有普通用户，研究的内容也很广泛，凡是会对企业的品牌造成影响的信息都在我们的研究范畴之内，比如产品信息、用户体验信息、相关领域信息（专业信息或常识性信息）、企业相关事件信息等。

本书在综合分析现有研究成果、总结以往研究缺陷的基础上，进行系统的思考，采用理论研究与实证研究相结合的基本思路，以情报学、传播学、行为心理学、管理学等理论和方法为指导，第一，结合了企业品牌传播和微信息交流的相关理论知识；第二，对信息交流模式及特点进行了探讨；第三，较深入地剖析了微信息交流的内在机理、作用机理；第四，从企业、用户等视角进行了行为分析和挖掘，构建了影响模型；第五，运用社会网络分析理论与方法对基于微信息交流的企业品牌传播网络结构进行分析，并进行了传播网络中的关键节点识别；第六，构建了良好的企业微信息交流生态影响力评价指标体系。希望可以提升基于微信息交流的企业品牌传播的效果，达到企业通过微信息交流实现品牌传播的要求。

本书结合网络时代新媒体的产生，特别是内容广泛杂乱、使用简单快捷、传播及时有效的微博微信类微信息交流的产生，在国内外学者研究的基础上，对其对企业品牌传播的作用进行系统和深入的分析研究，从多个角度多个层面为企业如何在品牌推广方面更好地利用这一新兴的信息交流平台提供有针对性的合理化建议，具体研究内容如下。

1. 基于微信息交流的企业品牌传播模式特征

归纳传统企业品牌传播模式和现代网络企业品牌传播模式，从多个维度对基于微信息交流的企业品牌传播进行分析，一方面将企业在微信息交流环境下的品牌传播看作一个整体的网络进行分析，另一方面又把这个整体网络拆分成一个个的点和线，对其中的两个节点和它们之间的关系进行分析。从整体和局部的视角描绘了整体的信息交流网络及信息交流网络的信息从一个节点到另一个节点后再从这个节点获得反馈的过程，当然信息在到达一个节点的时候不只会产生反馈，还会发散传递到其他节点，最后形成一个循环流通的信息交流网络，即整体信息交流网络。

2. 基于微信息交流的企业品牌传播内在要素

无论从什么角度出发，对于信息交流来讲，信息交流的主体、内容、渠道和效果都是必不可少的组成要素，但是这些要素随着网络技术的发展和环境的改变，也在不断地发生着变化。了解用户不断变化的信息获取和交流方式，帮助企业更好地适应环境，改善企业品牌的传播方式和营销策略，获取持续的竞争优势，需要去分析在基于微信息交流的企业品牌传播过程中，信息交流的主体、内容、渠道及效果的特点及相互关系，并进行内在要素分析。

3. 基于微信息交流的企业品牌传播影响模型

本书从不同的视角构建了基于微信息交流的企业品牌传播影响模型。首先是企业视角下的影响模型，从企业特征和企业发布内容特征两个维度，研究其对消费者关注、认可、分享等行为的影响；其次是用户视角下的影响模型，基于信息生态理论和技术接受模型，以本地某企业微信公众号用户为对象，对用户微信公众号使用意愿影响因素进行研究；最后，从嵌入视角，基于社会资本嵌入理论、感知价值理论和期望确认理论分析基于微信息交流的企业品牌传播影响因素，并进行实证检验。

4. 基于微信息交流的企业品牌传播网络结构特征

微信息较其他互联工具最大的优势在于能够更为快速地传播信息，其快速传播信息的原因除了发送方式的多样化，一个非常重要的因素是它具有转发、分享等功能，并且转发和分享的帖子能通过"粉丝"的"粉丝"

迅速传播扩散。当某一原创帖发布后，它可能被原创作者的粉丝发现并转发，转发帖又可能被粉丝的粉丝发现并转发，以此层层传播扩散，形成了一个典型的级联传播网络。微信息作为企业品牌传播的载体，为了考察其传播规律，我们可以选取一个企业品牌传播事件为对象，跟踪事件在研究周期内传播的路径，绘制由节点和路径组成的传播网络结构图。信息传播的面积、传播的链长、传播的速度及传播的生命周期取决于事件本身、微信息交流平台内外的干扰因素、传播的节点以及节点的合理布局这几个方面。这一研究结论对网络营销及互联网舆情监控具有一定的意义。当需要扩散信息时，合理地有目的地进行节点的监控和布局，使结构更加利于传播；当需要将信息传播的周期延长时，可以合理地策划话题，进一步激发传播，掀起新一轮的扩散；当需要对信息传播进行控制和遏制时，则可以通过监控强势节点、限制强势节点、破坏网络结构或转移话题等达到目的。

5. 构建微信息交流生态影响力评价体系，为企业品牌传播创造良好的微信息交流生态环境

对企业来讲，微信息交流平台可以作为产品的发布推广平台与消费者进行互动、维护提升企业品牌形象、处理危机公关等，为企业品牌传播带来无限可能。但是由于微信息交流是一种新型网络交流手段，所以其在发展的过程中尚未营造出完全健康的网络环境，使"僵尸粉"遍地，不良卖家数不胜数，而且，现在也缺乏一套系统有效的监管措施。我们希望利用生态系统的概念，运用评价学理论和方法，为企业的品牌传播构建良好的微信息交流生态系统。构建微信息交流生态系统的基础和当务之急就是构建一套可信度高和操作性强的针对企业账号和公众账号的信用评价体系。

参考文献

白长虹、刘炽：《服务企业的顾客忠诚及其决定因素研究》，《南开管理评论》2002年第6期。

保罗·F.拉扎斯菲尔德、伯纳德·贝雷尔森、黑兹尔·高德特：《人民的选择》（第3版），唐茜译，中国人民大学出版社，2012。

鲍姝辰、李广修：《"使用与满足"理论视阈下短视频平台的受众心理分析——以关注时尚类短视频的大学生为例》，《新媒体研究》2019年第14期。

毕凌燕、张镇鹏、左文明：《基于微博传播信息流的微博效果评价模型及实证研究》，《情报杂志》2013年第7期。

毕强、赵夷平、贾君：《基于社会网络分析视角的微博学术信息交流实证分析》，《图书馆学研究》2015年第9期。

蔡永海、陈哲：《微博式交往对大学生思想政治教育功能的强化》，《河北师范大学学报》（哲学社会科学版）2013年第2期。

曹林：《微博传播的十大特点及对言论生态的影响》，《新闻记者》2011年第9期。

长孙萌：《微博中信息传播效率影响因素研究》，硕士学位论文，西安理工大学，2019。

常亚平、董学兵：《虚拟社区消费信息内容特性对信息分享行为的影响研究》，《情报杂志》2014年第1期。

陈明红、漆贤军：《社会资本视角下的学术虚拟社区知识共享研究》，《情报理论与实践》2014年第9期。

陈鹏：《新媒体环境下的科学传播新格局研究——兼析中国科学报的发展策略》，博士学位论文，中国科技大学，2012。

陈然、刘洋：《基于转发行为的政务微博信息传播模式研究》，《电子政务》2017年第7期。

陈双双、侯胜超、邹立君：《基于DEA-Tobit模型的医院微信公众号推文传播效率及影响因素分析》，《中华医学图书情报杂志》2019年第4期。

陈向东、杜渐、王芳：《Wiki环境下知识交流的个案研究》，《情报理论与实践》2010年第2期。

陈向东、马金金、谢三林、骆莎：《在线知识交流协作状况的个案研究》，《情报理论与实践》2008年第2期。

陈向东、徐之路：《在线知识交流回帖动因的个案研究》，《图书情报工作》2010年第10期。

陈向东、余锦凤：《网络学习环境中交互问题的跨学科研究》，《中国电化教育》2006年第4期。

陈昱霏：《基于BP神经网络的微博营销效果实证研究》，硕士学位论文，西华大学，2013。

成全：《网络环境下科学知识交流与共享模式研究》，《科学学研究》2010年第11期。

程国民：《微信公众平台用户参与行为影响因素研究》，硕士学位论文，西南政法大学，2015。

程钧谟、徐福缘、李春昌、梁琳：《企业知识交流系统中知识专家的优化选择模型》，《上海理工大学学报》2005年第1期。

程钧谟、徐福缘：《企业员工参与知识交流的激励模型研究》，《现代情报》2007年第8期。

程雪芬：《企业微博营销效果影响因素及测度研究》，硕士学位论文，大连理工大学，2012。

崔金栋、孙遥遥、郑鹊、杜文强、王欣：《我国政务微博社会网络特征对比分析实证研究》,《情报科学》2016年第12期。

戴俊、朱小梅:《基于团队知识交流的组织知识转化机制研究》,《科研管理》2005年第3期。

戴俊、朱小梅:《团队组织的知识交流机制研究》,《科学学与科学技术管理》2004年第1期。

戴黍:《本土文化资源与现代化主题下的知识交流》,《学术研究》2003年第3期。

党跃武:《将知识服务进行到底——基于知识交流的知识服务》,《图书情报工作》2006年第4期。

丁汉青、王亚萍:《SNS网络空间中"意见领袖"特征之分析——以豆瓣网为例》,《新闻与传播研究》2010年第3期。

丁敬达、杨思洛、邱均平:《论学术虚拟社区知识交流模式》,《情报理论与实践》2013年第1期。

丁雪峰、胡勇、赵文等:《网络舆论意见领袖特征研究》,《四川大学学报》(工程科学版)2010年第2期。

董大海、权小妍、曲晓飞:《顾客价值及其构成》,《大连理工大学学报》(社会科学版)1999年第4期。

董玥、王雷、刘健:《新型智库微信公众平台信息传播影响力评价体系研究》,《情报科学》2018年第12期。

杜元清:《信息环境与信息传递样式》,《情报理论与实践》2009年第8期。

E. M. 罗杰斯:《创新的扩散》(第五版),唐兴通、郑常青、张延臣译,电子工业出版社,2016。

樊平军:《论组织知识共享障碍及治疗》,《科学管理研究》2003年第6期。

方滨兴、许进、李建华等:《在线社交网络分析》,电子工业出版社,2014。

冯旭艳:《消费者对微信营销的接受意愿影响因素研究》,硕士学位论文,北京邮电大学,2015。

冯缨、汪竹:《基于社会网络分析的微博营销信息传播实证研究》,《图书馆学研究》2017年第17期。

冈部庆三：《关于"信息行为调查"的预备调查研究》，东京大学新闻研究所，1987。

高霞、官建成：《基于社会网络分析的我国区域知识交流模式研究》，《研究与发展管理》2011年第5期。

葛园园：《"知识交流论"观照下的制度图书馆学研究取向》，《情报资料工作》2009年第4期。

耿晓光、安东梅：《微博及其在图书馆的应用》，《图书馆学研究》2010年第11期。

公茂星、刘红丽：《支持企业隐性知识交流与转化的IT系统》，《现代情报》2006年第11期。

官平：《图书馆知识生态系统的知识交流机制研究》，《图书馆学研究》2012年第5期。

官平：《图书馆知识生态系统探析》，硕士学位论文，东北师范大学，2008。

郭京京、尹秋霞：《企业间缄默知识传递效果的影响因素研究》，《技术经济》2008年第7期。

郭力维：《基于微博社区的知识交流与传播研究》，硕士学位论文，华中师范大学，2012。

郭庆光：《传播学教程》，中国人民大学出版社，1999。

郭顺利、张向先、李中梅：《高校图书馆微信公众平台传播影响力评价体系研究》，《图书情报工作》2016年第4期。

郭顺利、张向先、陶兴、张莉曼：《社会化问答社区用户生成答案质量自动化评价研究——以"知乎"为例》，《图书情报工作》2019年第11期。

韩雪琳：《以提升用户黏度为导向的移动社交应用设计研究》，硕士学位论文，江南大学，2014。

杭璐：《我国明星微博的传播效果研究》，硕士学位论文，华东师范大学，2012。

郝晓玲、杜沁怡、黄海量：《企业家微博影响力的综合评价研究》，《情报科学》2015 年第 3 期。

何瑶、陈晓芝：《从受众视角解读微博现象》，《新闻爱好者》2010 年第 19 期。

贺爱忠、蔡玲、高杰：《品牌自媒体内容营销对消费者品牌态度的影响研究》，《管理学报》2016 年第 10 期。

洪小娟、姜楠、洪巍、黄卫东：《媒体信息传播网络研究——以食品安全微博舆情为例》，《管理评论》2016 年第 8 期。

胡百精：《危机传播管理》，中国传媒大学出版社，2005。

胡昌平：《现代信息管理机制研究》，武汉大学出版社，2004。

胡吉明：《社会网络环境下的信息传播机制》，《情报科学》2015 年第 1 期。

胡玲、韩悦心：《企业微博的信息特征对消费者口碑再传播的影响研究》，《管理学报》2018 年第 11 期。

黄官伟：《业务流程中的知识交流问题研究》，《情报杂志》2007 年第 1 期。

黄蓝：《电影网络口碑传播中的意见领袖研究》，硕士学位论文，东北师范大学，2012。

黄炜、黄建桥、胡悦、李岳峰：《微信公众号的评价指标体系研究》，《现代情报》2018 年第 3 期。

霍明奎、竺佳琪、赵丹：《移动环境下微博舆情信息传播网络结构研究》，《情报科学》2019 年第 5 期。

霍艳花、金璐：《微信用户信息共享行为影响因素实证研究——基于信息生态视角分析》，《情报工程》2019 年第 3 期。

贾福辉：《面向企业创新能力的组织智力资本测度研究》，硕士学位论文，浙江大学，2005。

姜霁：《知识交流及其在认识活动中的作用》，《学术交流》1993 年第 4 期。

姜莎莎：《企业内部知识交流网络研究》，硕士学位论文，山东理工大学，2009。

姜鑫、田志伟：《微博社区内信息传播的"小世界"现象及实证研究——以腾讯微博为例》，《情报科学》2012 年第 8 期。

焦丽娜：《顾客感知价值的维度及其影响的实证研究》，《无锡商业职业技术学院学报》2008年第3期。

晋琳琳、李德煌：《科研团队学科背景特征对创新绩效的影响——以知识交流共享与知识整合为中介变量》，《科学学研究》2012年第1期。

兰娟丽、雷宏振、章俊：《基于小世界网络的微博负面信息传播模型构建与案例分析》，《现代情报》2015年第4期。

柯芳：《微博客的信息自组织研究》，硕士学位论文，华中科技大学，2010。

赖胜强、唐雪梅：《基于ELM理论的社会化媒体信息转发研究》，《情报科学》2017年第9期。

雷志柱、周叶玲：《高校教师隐性知识共享意愿研究：一个整合的分析框架》，《情报理论与实践》2013年第7期。

黎耀奇、谢礼珊：《社会网络分析在组织管理研究中的应用与展望》，《管理学报》2013年第1期。

李嘉兴、王晰巍、李师萌、张柳：《信息生态视角下老年用户群体微信使用行为影响因素研究》，《图书情报工作》2017年第15期。

李晶、胡瑞：《移动图书馆用户使用意愿的影响因素研究——信息安全感知的视角》，《图书与情报》2014年第4期。

李久鑫、郑绍濂：《管理的社会网络嵌入性视角》，《外国经济与管理》2002年第6期。

李明德、蒙胜军、张宏邦：《微博舆情传播模式研究——基于过程的分析》，《情报杂志》2014年第2期。

李杉：《网络环境下"知识交流说"再论》，《图书与情报》2003年第6期。

李堂辉：《"使用与满足"理论视角下弹幕视频网站用户分析——以bilibili为例》，《戏剧之家》2019年第24期。

李婷婷：《微博的公众话语权建构》，《新闻爱好者》2012年第9期。

李晓：《在线社交网络中的影响力分析及应用研究》，博士学位论文，北京邮电大学，2019。

李昕：《基于社会网络分析的企业微博营销与信息瀑布传播实证研究》，硕士学位论文，北京邮电大学，2013。

李岩：《社交网络水军识别及其在营销信息传播模型中的应用研究》，硕士学位论文，浙江财经大学，2010。

李越：《微博粉丝形成机制探析》，《新闻爱好者》2012年第1期。

栗斌斌：《基于信息内容视角的企业社交网络传播效果研究》，博士学位论文，广西大学，2019。

梁芷铭：《政务微博传播机制初探》，《新闻爱好者》2012年第24期。

廖宇飞：《试论微博新闻评论》，《新闻爱好者》2012年第6期。

林凤：《提升知识管理效果的知识交流机制建设》，《商场现代化》2007年第15期。

林敏、李南、季旭：《基于小世界网络的知识交流对象选择研究》，《科研管理》2012年第1期。

林敏、李南、吴贵生：《研发团队知识交流网络结构的实证研究》，《科研管理》2012年第9期。

林南：《社会资本：争鸣的范式和实证的检验》，《香港社会学学报》2001年第2期。

林云、曾振华、曾林浩：《微博社区网络结构特征对舆情信息传播的影响研究》，《情报科学》2019年第3期。

刘春明、郝庆升、周杨、陈旭：《电商平台中绿色农产品消费者信息采纳行为及影响因素研究——基于信息生态视角》，《情报科学》2019年第7期。

刘东亮、黄颖、毛海宇、郭昆：《基于社交网络的信息传播机制研究》，《情报科学》2015年第8期。

刘刚、拱晓波：《顾客感知价值构成型测量模型的构建》，《统计与决策》2007年第22期。

刘合友、冷明月：《顾客感知价值导向的服务企业核心竞争力的构建》，《黑龙江对外经贸》2006年第9期。

刘宏博：《专业知识交流平台的设计与实现》，硕士学位论文，吉林大学，2012。

刘继：《基于超网络的舆情信息传播机制分析》，《情报探索》2013年第5期。

刘嘉琪、齐佳音：《企业微博信息与短期绩效的BP神经网络预测研究——基于信号分析视角》，《现代情报》2018年第8期。

刘洁莹：《微博传播力及其营销应用研究》，《新闻爱好者》2013年第2期。

刘静：《我国高校图书馆认证用户微博调查分析——以新浪微博为平台》，《图书馆学研究》2012年第1期。

刘军：《企业员工隐性知识交流能力评价模型》，《图书情报工作》2010年第4期。

刘军：《社会网络分析导论》，社会科学文献出版社，2004。

刘蕾、于国泳、林鑫等：《基于BP神经网络的医学类微信公众号学术知识获取效果评价模型构建》，《中华医学图书情报杂志》2019年第2期。

刘丽群、宋咏梅：《虚拟社区中知识交流的行为动机及影响因素研究》，《新闻与传播研究》2007年第1期。

刘林翔：《微博对当代大学生的影响及应对策略》，《新闻知识》2011年第9期。

刘娜：《基于组织行为的知识传播模型研究》，硕士学位论文，大连理工大学，2011。

刘涛、高健：《微博营销：网络时代的图书营销新体验》，《出版发行研究》2010年第5期。

刘亚文、周军其：《结合主成分分析的BP神经网络模型的教学质量评价方法研究》，《测绘地理信息》2019年第5期。

刘宇、梁循、杨小平：《基于Petri网的微博网络信息传播模型》，《中国管理科学》2018年第12期。

刘志明、刘鲁：《微博网络舆情中的意见领袖识别及分析》，《系统工程》2011年第6期。

刘志祥：《微博新闻：信息技术革命下的双刃剑》，《新闻爱好者》2012年第7期。

吕有清、黄山青、朱腾飞：《基于用户视角的社会化媒体信息质量评价研究》，《绥化学院学报》2018 年第 5 期。

罗贵珣：《社交网络中观点演化模式及信息转发预测研究》，博士学位论文，北京交通大学，2018。

罗家德：《社会网分析讲义》，社会科学文献出版社，2010。

马凤、邱均平：《网络环境下的链接与知识交流探讨》，《图书情报知识》2011 年第 6 期。

马国栋、卢志国：《利用"社会软件"建立图书馆的个人知识交流平台》，《现代情报》2006 年第 12 期。

马丽：《微信公众平台用户信息采纳行为影响因素研究》，硕士学位论文，黑龙江大学，2018。

马寿帅：《微博语境下突发事件中的谣言传播分析》，《新闻知识》2011 年第 9 期。

马玉波、陈荣秋：《即时顾客化定制理论框架下企业柔性研究的新思路》，《管理评论》2004 年第 4 期。

蒙在桥、傅秀芬：《基于在线社交网络的动态消息传播模型》，《计算机应用》2014 年第 7 期。

孟宪德：《知识交流管理研究》，硕士学位论文，中国海洋大学，2004。

梦非：《社会化商务环境下意见领袖对购买意愿的影响研究》，博士学位论文，南京大学，2012。

倪蕙文：《知识创新体系中知识交流特征分析》，《情报杂志》2004 年第 10 期。

牛梦笛：《后博客时代的媒介参与——"微博"现象初探》，《新闻界》2010 年第 3 期。

潘琳：《基于社会学习理论的图书馆员学习交流平台研究》，硕士学位论文，浙江师范大学，2009。

潘琳、孙祯祥：《图书馆员知识交流与共享平台应用研究》，《图书馆工作与研究》2010 年第 4 期。

彭红彬、王军：《虚拟社区中知识交流的特点分析——基于 CSDN 技术论坛的实证研究》，《现代图书情报技术》2009 年第 4 期。

平亮、宗利永：《基于社会网络中心性分析的微博信息传播研究——以 Sina 微博为例》，《图书情报知识》2010 年第 6 期。

卿立新：《微博时代网络事件传播规律与处置探讨》，《求索》2010 年第 12 期。

丘海雄、于永慧：《嵌入性与根植性——产业集群研究中两个概念的辨析》，《广东社会科学》2007 年第 1 期。

邱均平、李威：《基于社会网络分析的博主与评论者关系研究——以"科学网博客"为例》，《情报科学》2012 年第 7 期。

邱均平、王菲菲：《基于博客社区好友链接的知识交流状况分析——以科学网博客为例》，《图书情报知识》2011 年第 6 期。

邱均平、杨思洛、宋艳辉：《知识交流研究现状可视化分析》，《中国图书馆学报》2012 年第 2 期。

邱均平：《专题·基于作者合作、引证、链接关系的知识交流研究》，《图书情报知识》2011 年第 6 期。

邱源子：《政务微博给网络舆论带来的影响》，《新闻爱好者》2013 年第 1 期。

区小东：《企业微博的信息特征对消费者品牌态度的影响研究》，硕士学位论文，华南理工大学，2013。

萨缪尔森：《经济学》，中国发展出版社，1992。

桑亮、许正林：《微博意见领袖的形成机制及其影响》，《当代传播》2011 年第 3 期。

尚永辉、艾时钟、王凤艳：《基于社会执行理论的虚拟社区成员知识共享行为实证研究》，《科技进步与对策》2012 年第 7 期。

盛宇、李红：《国内微信信息资源应用研究综述》，《现代情报》2018 年第 7 期。

施杨、李南：《研发团队知识交流网络中心性对知识扩散影响及其实证研究》，《情报理论与实践》2010 年第 4 期。

石婧、周蓉、李婷：《政务服务"双微联动"模式研究——基于上海市政务微博与政务微信的文本分析》，《电子政务》2016 年第 2 期。

石磊、张聪、卫琳：《引入活跃指数的微博用户排名机制》，《小型微型计算机系统》2012年第1期。

舒振刚：《基于遗忘机制的网络口碑传播对企业定价决策影响》，硕士学位论文，华南理工大学，2018。

司姣姣：《图书馆开设微博的实践探索——由杭州图书馆微博事件引发的思考》，《图书馆杂志》2011年第5期。

司姣姣：《由一条微博引发的图书馆公关事件——杭州图书馆"微博事件"公关分析》，《图书馆建设》2011年第4期。

宋恩梅、左慧慧：《新浪微博中"权威"与"人气"：以社会网络分析为方法》，《图书情报知识》2012年第3期。

宋峰森、陈洁、刘尊礼、顾程：《社交媒体信息传播实时影响力研究——以微博为例》，《上海管理科学》2019年第4期。

宋维翔、贾佳：《微信公众号信息质量与用户互动行为关系研究》，《现代情报》2019年第1期。

宋晓亮：《知识交流论的特点》，《图书与情报》1985年第1期。

孙凤：《饭店微信用户持续使用意愿影响因素研究》，硕士学位论文，浙江大学，2015。

孙光宁：《公民参与理论视角下的"微博问政"》，《社会主义研究》2011年第3期。

孙卫华、张庆永：《微博客传播形态解析》，《传媒观察》2008年第10期。

陶志梅、王瑞文：《高校知识交流环境变化对高校科研管理改革的影响》，《科技管理研究》2008年第10期。

腾讯科技：《2018微信年度数据报告：00后最爱表情捂脸哭80后呲牙笑》，2019年1月9日，http：//tech.qq.com/a/20190109/005783.htm。

汪守金、钱颖、李文慧、郭昆：《基于话题的微博传播模式与特性研究》，《情报杂志》2013年第6期。

汪竹：《基于社会网络分析的社会化媒体营销信息传播研究》，硕士学位论文，江苏大学，2018。

王超威：《基于ELM模型社会化媒体信息转发行为影响因素研究》，硕士学位论文，北京邮电大学，2019。

王超、杨旭颖、徐珂、马建峰：《基于 SEIR 的社交网络信息传播模型》，《电子学报》2014 年第 11 期。

王金礼、魏文秀：《微博的超议程设置：微博、媒介与公众的议程互动——以"随手拍解救乞讨儿童"事件为例》，《当代传播》2011 年第 5 期。

王金龙、刘方爱、朱振方：《一种基于用户相对权重的在线社交网络信息传播模型》，《物理学报》2015 年第 5 期。

王莉、张宏梅、陆林等：《湿地公园游客感知价值研究——以西溪/溱湖为例》，《旅游学刊》2014 年第 6 期。

王德禄、韩岱峰：《以知识管理迎接知识经济》，《未来与发展》1999 年第 4 期。

王璐：《社交新媒体微博的传播学分析》，《郑州大学学报》（哲学社会科学版）2011 年第 4 期。

王妙娅：《国内图书馆微博应用现状及建议》，《图书馆学研究》2010 年第 24 期。

王少春：《微信小程序用户持续使用意愿影响因素探究》，硕士学位论文，上海师范大学，2019。

王德胜、韩旭：《社会化媒体时代的口碑营销模式研究——基于社会网络理论视角》，《东岳论丛》2014 年第 8 期。

王时进、段渭军、杨晓明：《微博在教育中的应用探讨与设计》，《现代教育技术》2010 年第 8 期。

王微、王晰巍、贾若男、郭勇：《信息生态视角下微信公众号生态性评价指标及实证研究》，《情报科学》2019 年第 6 期。

王瑞文、刘东鹏：《构建高校学术信息机构库的知识交流环境分析》，《情报理论与实践》2008 年第 4 期。

王晰巍、张长亮、韩雪雯、刘佳：《信息生态视角下网络社群信息互动效果评价研究》，《情报理论与实践》2018 年第 11 期。

王曦辉：《微博时代纸媒记者如何更接地气》，《新闻爱好者》2013 年第 2 期。

王霄宁：《基于社会网络分析的产业集群定量化模型》，《统计与决策》2005年第6期。

王晓光、滕思琦：《微博社区中非正式交流的实证研究——以"Myspace 9911微博"为例》，《图书情报工作》2011年第4期。

王晓光：《微博客用户行为特征与关系特征实证分析——以"新浪微博"为例》，《图书情报工作》2010年第14期。

王晓光：《微博社区交流结构及其特征研究》，硕士学位论文，华东师范大学，2011。

王晓耘、范晶晶、陈思：《基于文本特征的企业微博转发效果影响因素研究》，《生产力研究》2018年第5期。

王学东、杜晓曦、石自更：《面向学术博客知识交流的社会网络中心性分析》，《情报科学》2013年第3期。

王学东：《虚拟团队知识共享机理与实证研究》，博士学位论文，武汉大学，2011。

王炎龙、刘叶子：《基于社会网络分析的公益机构微博信息传播网络研究》，《新闻界》2019年第8期。

王永贵、韩顺平、邢金刚：《基于顾客权益的价值导向型顾客关系管理——理论框架与实证分析》，《管理科学学报》2005年第6期。

王宇露：《海外子公司的战略网络、社会资本与网络学习研究》，博士学位论文，复旦大学，2008。

王玉婷、薄涛：《基于政务微信公众平台的地震信息发布效能评价方法研究》，《防灾科技学院学报》2019年第2期。

王战平、阮成奇、李鸣瑜等：《企业微博传播效果测评研究》，《情报科学》2014年第9期。

王真星、但唐仁、叶长青、刘岩、吕腾、丁天怀：《基于本体的协同知识交流模型》，《计算机工程》2007年第2期。

王中义等：《网络传播原理与实践》，中国科学技术大学出版社，2001。

魏永征：《对网上言论自由法律边界的有益探索——评"微博第一案"两审判决》，《新闻记者》2011年第11期。

吴敏：《基于微博的媒体营销研究》，硕士学位论文，暨南大学，2010。

吴瑞、莫丹、张颖、毛志楠：《基于内容分析的微信公众号信息传播主题研究——以北京大学微信公众号为例》，《科教文汇》2019年第5期。

吴小璐：《微博时代的企业品牌营销策略》，《中国商贸》2010年第29期。

吴勇：《微博：大学生思想政治教育的新载体》，《广西社会科学》2011年第8期。

吴雨蓉：《简论微博的媒介融合意义》，《新闻爱好者》2012年第4期。

吴占勇：《卫视微博：自媒体时代电视品牌传播的创新平台》，《新闻爱好者》2012年第11期。

武淑媛：《社会网络视角下的高校科研团队知识交流研究》，硕士学位论文，大连理工大学，2010。

武永红、范秀成：《基于顾客价值的企业竞争力整合模型探析》，《中国软科学》2004年第11期。

武宗锋：《我国图书馆隐性知识交流与共享方式分析》，《情报资料工作》2007年第1期。

夏立新：《企业微博内容对网络口碑及品牌认可度的影响》，《情报科学》2019年第4期。

夏雨禾：《微博互动的结构与机制——基于对新浪微博的实证研究》，《新闻与传播研究》2010年第4期。

向安玲、沈阳：《微信公众号传播力评价指标体系（WCI）优化方法研究》，《全球传媒学刊》2019年第2期。

谢佳琳、覃鹤：《基于学术博客的知识交流研究》，《情报杂志》2011年第8期。

谢新洲、周锡生：《网络传播理论与实践》，北京大学出版社，2004。

辛文娟、赖涵：《微博、SNS与大学生虚拟交往需求研究》，《新闻爱好者》2012年第2期。

徐宝达、赵树宽、张健：《基于社会网络分析的微信公众号信息传播研究》，《情报杂志》2017年第1期。

徐慧、焦以璇：《微博时代报纸对微博的运用》，《新闻爱好者》2012年第

19 期。

徐恺英、崔伟、洪旭东、王晰巍：《图书馆移动阅读用户接纳行为影响因素研究》，《图书情报工作》2017 年第 15 期。

徐玮聪：《网络意见领袖对消费者购买意向影响研究》，硕士学位论文，东北师范大学，2012。

徐颖、郭雯君、张梦柳：《企业微博内容呈现特性对信息渗透度的作用机理研究——基于情绪认知理论的研究》，《图书情报工作》2018 年第 21 期。

许志强：《情报的正式交流过程新探》，《情报理论与实践》1992 年第 1 期。

薛杨：《企业微信营销中用户信息行为影响因素及作用关系研究》，博士学位论文，吉林大学，2017。

严怡民等：《现代情报学理论》，武汉大学出版社，1996。

杨晓茹：《传播学视域中的微博研究》，《当代传播》2010 年第 2 期。

杨艳：《虚拟社区中的知识交流和共享行为研究》，硕士学位论文，浙江大学，2006。

杨祖逵：《从知识交流到追问图书馆的本质——评〈知识交流与交流的科学〉》，《图书情报工作》2008 年第 8 期。

姚伟、郭鹏、佟泽华、李耀昌：《国外知识交流研究进展》，《图书情报工作》2011 年第 2 期。

姚伟：《面向社会化推荐的隐性知识交流研究》，《图书情报工作》2012 年第 16 期。

于晶、刘臣、单伟：《在线社会网络中信息传播的结构研究》，《情报科学》2013 年第 12 期。

余波：《微博的情报学意义探讨》，《图书情报工作》2010 年第 22 期。

余菲菲、林凤：《基于层次分析法的隐性知识交流与共享效果评估》，《科技进步与对策》2007 年第 10 期。

余明阳、朱纪达、肖俊崧：《品牌传播学》，上海交通大学出版社，2005。

俞传正：《基于博客的个人知识管理平台研究》，硕士学位论文，天津师范大学，2006。

郁晓华、祝智庭：《微博的社会网络及其教育应用研究》，《现代教育技术》2010年第12期。

员巧云、程刚：《隐性知识交流中的透视变换》，《中国图书馆学报》2007年第5期。

袁立庠：《微博的传播模式与传播效果》，《安徽师范大学学报》（人文社会科学版）2011年第6期。

原福永、冯静、符茜茜：《微博用户的影响力指数模型》，《现代图书情报技术》2012年第6期。

岳洪江：《基于科学计量的管理科学发展研究》，博士学位论文，南京航空航天大学，2008。

曾翠、高波：《基于学习共用空间的知识交流研究》，《图书情报工作》2010年第2期。

曾毅：《从传播学角度谈微博的传播》，《新闻爱好者》2012年第23期。

翟杰全：《国家科技传播体系内的知识交流研究》，《科研管理》2002年第2期。

翟丽叶、张丽贤：《浅析企业微博营销策略》，《新闻爱好者》2012年第16期。

翟伟希：《基于社会网络分析的组织知识共享研究》，硕士学位论文，重庆大学，2010。

张佰明：《嵌套性：网络微博发展的根本逻辑》，《国际新闻界》2010年第6期。

张海峰、张文耀、孙桂全等：《信息的滞后性诱导传染病的周期爆发》，《中国科学：物理力学天文学》2012年第6期。

张海涛、李泽中、刘嫣、李题印：《基于组合赋权灰色关联TOPSIS的商务网络信息生态链价值流动综合评价研究》，《情报科学》2019a年第12期。

张海涛、张会然、魏萍、李题印：《超级IP视角的新媒体信息传播影响力评价模型构建》，《情报科学》2019b年第2期。

张海涛、张会然、魏萍、尹慧子：《微信公众号影响力评价模型研究》，

《图书情报工作》2019 年第 4 期。

张节、李乌兰、闫旸：《政务微信的影响力评价》，《统计与决策》2016 年第 17 期。

张蕾：《微信营销信息传播影响因素实证研究》，硕士学位论文，贵州师范大学，2015。

张莉曼、张向先、李中梅、卢恒：《基于 BP 神经网络的智库微信公众平台信息传播力评价研究》，《情报理论与实践》2018 年第 10 期。

张良、张日龙：《微信公众号传播力评价指标体系研究》，《新媒体研究》2019 年第 22 期。

张玲：《政府微博应用若干问题的探究》，《北京行政学院学报》2011 年第 5 期。

张敏霞：《微博客及其在图书馆中的应用》，《图书馆学研究》2010 年第 10 期。

张鹏、赵动员、谢毛迪、梅蕾：《基于强关系的移动社交网络信息传播机理建模与仿真研究》，《情报科学》2019 年第 3 期。

张青青：《面向社会化媒体营销的用户信息行为研究》，硕士学位论文，南京航空航天大学，2015。

张思怡、钟瑛：《微信公众号影响力指数建构与量化评估》，《重庆邮电大学学报》（社会科学版）2019 年第 3 期。

张婷婷：《基于微博的英语教学策略研究——以新浪微博为例》，《现代教育技术》2011 年第 6 期。

张锡哲、吕天阳、张斌：《基于服务交互行为的复杂服务协同网络建模》，《软件学报》2016 年第 2 期。

张跣：《微博与公共领域》，《文艺研究》2010 年第 12 期。

张新、马良、王高山：《基于感知价值理论的微信用户浏览行为研究》，《情报科学》2017 年第 12 期。

张彦超、刘云、张海峰、程辉、熊菲：《基于在线社交网络的信息传播模型》，《物理学报》2011 年第 5 期。

张艳：《关于企业创建学习型组织的探索》，《铁道技术监督》2004 年第

9 期。

张艳琼：《微博在教学中的应用探微——以新浪微博在〈大众传播学〉中的使用为例》，《现代教育技术》2010 年第 3 期。

张永晖：《知识交流机制研究》，硕士学位论文，黑龙江大学，2005。

赵静：《高校知识交流中图书馆作用的提升》，《情报资料工作》2005 年第 3 期。

赵蓉英、温芳芳：《科研合作与知识交流》，《图书情报工作》2011 年第 20 期。

赵蓉英、曾宪琴：《微博信息传播的影响因素研究分析》，《情报理论与实践》2014 年第 3 期。

赵曙明、陈兴淋：《改善人力资源外部环境，促进我国高科技企业成长》，《生产力研究》2000 年第 4 期。

赵文晶、刘军宏：《微博舆论引导策略研究》，《中国出版》2011 年第 12 期。

赵杨、宋倩、高婷等：《高校图书馆微博信息传播影响因素研究——基于新浪微博平台》，《图书馆论坛》2015 年第 1 期。

郑飞：《微博意见领袖对微博信息传播的影响研究》，《传媒论坛》2019 年第 1 期。

周葆华：《效果研究：人类传授观念与行为的变迁》，复旦大学出版社，2008。

周春雷、李木子：《微信用户信息行为影响因素及其负效用研究》，《创新科技》2016 年第 7 期。

周利荣：《微信的多场域传播形态及信息特征》，《新媒体研究》2019 年第 15 期。

周庆山：《文献传播学》，书目文献出版社，1997。

周涛：《基于感知价值的移动商务用户接受行为研究》，《杭州电子科技大学学报》（社会科学版）2007 年第 4 期。

周文骏：《文献交流引论》，书目文献出版社，1986。

周志凌：《微博围观与事实构建》，《新闻爱好者》2012 年第 6 期。

朱红涛：《知识特性对知识交流效率的影响研究》，《情报理论与实践》

2012 年第 7 期。

Abrams, L. C., Cross, R., Lesser, E., Levin, D. Z., "Nurturing Interpersonal Trust in Knowledge – Sharing Networks," *The Academy of Management Executive* 4 (2003): 64 – 77.

Adam, N., et al., "Secure Information Sharing in a Virtual Multi – Agency Team Environment," *Electronic Notes in Theoretical Computer Science* 179 (2007): 97 – 109.

Anklam, P., "Knowledge Management: The Collaboration Thread," *Bulletin of the American Society for Information Science and Technology* 28 (2002): 8 – 11.

Argote, L., McEvily, B., Reagans, R., "Managing Knowledge in Organizations: An Integrative Framework and Review of Emerging Themes," *Management science* 49 (2003): 571 – 582.

Backstrom, L., Kleinberg, J., "Romantic Partnerships and the Dispersion of Social Ties: A Network Analysis of Relationship Status on Facebook," *Eprint Arxiv* (2013): 831 – 841.

Baker, P. K., White, K. M., "Predicting Adolescents' Use of Social Networking Sites from an Extended Theory of Planned Behavior Perspective," *Computers in Human Behavior* 26 (2010): 1591 – 1597.

Bandura, A., "Self – Efficacy: Toward a Unifying Theory of Behavioral Change," *Advances in Behaviour Research & Therapy* (1977).

Baron, R. M., Kenny, D. A., "The Moderator – Mediator Variable Distinction in Social Psychological Research: Conceptual, Strategic, and Statistical Considerations," *Journal of Personality and Social Psychology* 51 (1986): 1173 – 1182.

Barrett, M., et al., "Learning in Knowledge Communities: Managing Technology and Context," *European Management Journal* 2 (2004): 1 – 11.

Bian, Y., "Bringing Strong Ties Back in: Indirect Ties, Network Bridges, and Job Searches in China," *American Sociological Review* 3 (1997): 366 – 385.

Black, J. S., "Opinion Leaders: Is Anyone Following?" *Public Opinion Quar-*

terly 46 (1982): 169 – 176.

Brown, J. S., Duguid, P., "Organizational Learning and Communities – of – Practice: Toward a Unified View of Working, Learning, and Innovation," *Organization Science* 1 (1991): 40 – 57.

Burt, R. S., "Organizational Ecology," *American Journal of Sociology* 4 (1992): 1175 – 1177.

Butz, *Rule – Based Evolutionary Online Learning Systems* (Rule – Based Evolutionary Online Learning Systems, 2006).

Buunkwerkhoven, Y. A., Dijkstra, A., Cp, V. D. S., "Determinants of Oral Hygiene Behavior: A Study Based on the Theory of Planned Behavior," *Community Dentistry & Oral Epidemiology* 39 (2011): 250 – 259.

Cha, M., Gummadi, K. P., "Measuring User Influence in Twitter: The Million Follower Fallacy," *Artificial Intelligence* 146 (2010): 10 – 17.

Chang, Y. P., Zhu, D. H., "Understanding Social Networking Sites Adoption in China: A Comparison of Pre – Adoption and Post – Adoption," *Computers in Human Behavior* 27 (2011): 1840 – 1848.

Chao, H. H., et al., "Bisphenol a Exposure Modifies Methylation of Imprinted Genes in Mouse Oocytes Via the Estrogen Receptor Signaling Pathway," *Histochemistry & Cell Biology* 137 (2012): 249 – 259.

Chatzisarantis, N. L. D., Hagger, M. S., Brickell, T., "Using the Construct of Perceived Autonomy Support to Understand Social Influence within the Theory of Planned Behavior," *Psychology of Sport & Exercise* 9 (2008): 27 – 44.

Chen, I. Y. L., Chen, N., Dr Kinshuk, "Examining the Factors Influencing Participants' Knowledge Sharing Behavior in Virtual Learning Communities," *Journal of Educational Technology & Society* 1 (2009): 134 – 148.

Chennamaneni, A., "Determinants of Knowledge Sharing Behaviors: Developing and Testing an Integrated Theoretical Model," The University of Texas at AHington (2007).

Chiu, C. M., Hsu, M. H., Wang, E. T. G., "Understanding Knowledge Sharing in Virtual Communities: An Integration of Social Capital and Social Cognitive Theories," *Decision Support Systems* 42 (2006): 1872 – 1888.

Choo, H., Ahn, K., Petrick, J. F., "An Integrated Model of Festival Revisit Intentions: Theory of Planned Behavior and Festival Quality/Satisfaction," *International Journal of Contemporary Hospitality Management* 28 (2016): 818 – 838.

Chowdhury, S., "The Role of Affect – and Cognition – based Trust in Complex Knowledge Sharing," *Journal of Managerial Issues* 3 (2005): 310 – 326.

Chow, W. S., Chan, L, S., "Social Network, Social Trust and Shared Goals in Organizational Knowledge Sharing," *Information & Management* 45 (2008): 458 – 465.

Cho, Y., Hwang, J., Lee, D., "Identification of Effective Opinion Leaders in the Diffusion of Technological Innovation: A Social Network Approach," *Technological Forecasting* and Social Change 1 (2011): 97 – 106.

Chung, H., Zhao, X., "Humor Effect on Memory and Attitude: Moderating Role of Product Involvement," *International Journal of Advertising* 22 (2003): 117 – 144.

Churchill, G. A., "A Paradigm for Developing Better Measures of Marketing Constructs," *Journal of Marketing Research* 16 (2009): 64 – 73.

Clegg, L. E., "Developing Sociological Knowledge: Theory and Method," *Teaching Sociology* 1 (1990): 43 – 48.

Collins, J. D., Hitt, M. A., "Leveraging Tacit Knowledge in Alliances: The Importance of Using Relational Capabilities to Build and Leverage Relational Capital," *Journal of Engineering and Technology Management* 23 (2006): 147 – 167.

Column, K. M. D. V., "Bursts of Information: Microblogging," *The Reference Librarian* 50 (2009): 212 – 214.

Commings, J., Knowledge Transfer Across R&D Unit: An Empirical Investigation of the Factors Affecting Successful Knowledge Transfer Across Intra and Inter Organzaional Units (Ph. D. diss., Washington University, 2001), pp. 26 – 38.

Compeau, D., Higgins, C. A., Huff, S., "Social Cognitive Theory and Individual Reactions to Computing Technology: A Longitudinal Study," *Mis Quarterly* 23 (2009): 145 – 158.

Constant, D., Sproull, L., Kiesler, S., "The Kindness of Strangers: The Usefulness of Electronic Weak Ties for Technical Advice," *Organization Science* 2 (1996): 119 – 135.

Cummings, J. L., Teng, B. S., "Transferring R&D Knowledge: The Key Factors Affecting Knowledge Transfer Success," *Journal of Engineering and Technology Management* 20 (2003): 39 – 68.

Davenport, T. H., Prusak, L., *Information Ecology: Mastering the Informationand Knowledge Environment* (Oxford University Press, 1997).

Davenport, T. H., Prusak, L., *Working Knowledge: How Organizations Manage What They Know* (Harvard Business Press, 2000).

Davenport, T., *Information Ecology* (Oxford University Press, 1997), pp. 83 – 84.

Davis, D. D., "The Tao of Leadership in Virtual Teams," *Organizational Dynamics* 33 (2004): 47 – 62.

Dhanasai, C., Parkhe, A., "Orchestrating Innovation Networks," The Academy of Management Review 31 (3) (2006): 659 – 669.

Doerr, B., Fouz, M., Friedrich, T., "Why Rumors Spread So Quickly in Social Networks," *Communications of the ACM* 55 (2012): 70 – 75.

Drucker, P., "Changing Families and Communities: An LGBT Contribution to an Alternative Development Path," *Development in Practice* 19 (2009): 825 – 836.

Ebner, M., et al., "Microblogs in Higher Education—A Chance to Facilitate Informal and Process – Oriented Learning?" *Computers & Education* 55 (2011):

92 – 100.

Eisend, M., "A Meta – Analysis of Humor in Advertising," *Journal of the Academy of Marketing Science* 37 (2009): 191 – 203.

Elwood, S., Leszczynski, A., "Privacy, Reconsidered: New Representations, Data Practices, and the Geoweb," *Geoforum* 42 (2011): 6 – 15.

Espinosa, J. A., et al., *Shared Mental Models, Familiarity and Coordination: A Mulit – Method Study of Distributed Software Teams* (AIS, 2001).

Evans, G., Lindsay, W., *The Management and Control of Quality* (Mason Thomson, 2005).

Feder, G., Savastano, S., "The Role of Opinion Leaders in the Diffusion of New Knowledge: The Case of Integrated Pest Management," *Policy Research Working Paper Series* 34 (2006): 1287 – 1300.

Fischer, E., Reuber, A. R., "Social Interaction Via New Social Media: (How) Can Interactions on Twitter Affect Effectual Thinking and Behavior?" *Journal of Business Venturing* 26 (2011): 1 – 18.

Flynn, L. R., Goldsmith, R. E., Eastman, J. K., "Opinion Leaders and Opinion Seekers: Two New Measurement Scales," *Journal of the Academy of Marketing Science* 24 (1996): 137 – 147.

Forbis, J. L., Mehta, N. T., "Value – Based Strategies for Industrial Products," *Business Horizons* 24 (1981): 32 – 42.

Forman, C., Ghose, A., Wiesenfeld, B., "Examining the Relationship Between Reviews and Sales: The Role of Reviewer Identity Disclosure in Electronic Markets," *Social Science Electronic Publishing* 19 (2008): 291 – 313.

Foss, N. J., Pedersen, T., "Transferring Knowledge in MNCs: The Role of Sources of Subsidiary Knowledge and Organizational Context," *Journal of International Management* 8 (2002): 49 – 67.

Freeman, C., "The Economics of Technical Change," *Cambridge Journal of Economics* 14 (1994): 463 – 514.

Fritsch, M., Kauffeld – Monz, M., "The Impact of Network Structure on

Knowledge Transfer: An Application of Social Network Analysis in the Context of Regional Innovation Networks," *The Annals of Regional Science* 44 (2010): 21 – 38.

Furst, S. A., et al., "Managing the Life Cycle of Virtual Teams," *The Academy of Management Executive* 18 (2004): 6 – 20.

George, J., "Virtual Best Practice: How to Successfully Introduce Virtual Team Working," *Teams* 996 (1999): 38 – 45.

Gilsing, V. A., Nooteboom, B., "Density and Strength of Ties in Innovation Networks: A Competence and Governance View," *Working Paper* (2004).

Gnyawali, D. R., Madhavan, R., "Cooperative Networks and Competitive Dynamics: A Structural Embeddedness Perspective," *The Academy of Management Review* 26 (2001): 431 – 445.

Goldenberg, J., Libai, B., Muller, E., "The Chilling Effects of Network Externalities," *International Journal of Research in Marketing* 1 (2009): 4 – 15.

Granovetter, M., "Economic Action and Social Structure: The Problem of Embeddedness," *American Journal of Sociology* (1985): 91.

Granovetter, M., "Economic Institutions as Social Constructions: A Framework for Analysis," *Acta Sociologica* 1 (1992): 3 – 11.

Granovetter, M., *Getting a Job: A Study of Contacts and Careers* (2nd Edition) (University of Chicago Press, 1995).

Granovetter, M. S., "The Strength of Weak Ties," *American Journal of Sociology* (1973): 347 – 367

Griffith, T. L., Sawyer, J. E., Neale, M. A., "Virtualness and Knowledge in Teams: Managing the Love Triangle of Organizations, Individuals, and Information Technology," *MIS Quarterly* 27 (2003): 265 – 287.

Groeger, L., Taylor, S., "Making Sense of Conversations: Using Facebook Friendship Networks and Social Network Analysis to Demystify Word – of – Mouth," *Amsterdam the Netherlands Esomar* (2012): 140 – 152.

Gronroos, C., "Creating a Relationship Dialogue: Communication, Interaction and Value," *The Marketing Review* 1 (2010): 5 – 14.

Gronroos, C. , "Service Management: A Management Focus for Service Competition," *International Journal of Service Industry Management* 1 (2013): 16 – 14.

Guo, Q. , et al. , "Utility of the Theory of Reasoned Action and Theory of Planned Behavior for Predicting Chinese Adolescent Smoking," *Addictive Behaviors* 32 (2007): 1066 – 1081.

Hagg, I. , et al. , *Firms in Networks: A New View of Competitive Power* (Sweden, SNS: Stockholm, 1982).

Halinen, A. , Törnroos, J. A. , "The Role of Embeddedness in the Evolution of Business Networks," *Scandinavian Journal of Management* 3 (1998): 187 – 205.

Helen, R. T. , "Information on Seeking Behaviors," 2009, http://www.delos.info/files/pdf/events/2004_Sett_6_10/Tibbo – Information – Seeking – Behaviors.pdf.

Hellier, P. , Geursen, G. , Carr, R. , "Customers Repurchase Intention: A General Structural Equation Model," *European Journal of Marketing* 37 (2003): 1762 – 1800.

Hiltz, S. R. , Wellman, B. , "Asynchronous Learning Networks as a Virtual Classroom," *Communications of the ACM* 40 (1997): 44 – 49.

Holbrook, M. B. , Hirschman, E. C. , "The Experiential Aspects of Consumption: Consumer Fantasies, Feelings, and Fun," *Journal of Consumer Research* 59 (1982): 132 – 140.

Hong, S. W. , et al. , "The Employment of Ward Opinion Leaders for Continuing Education in the Hospital," *Medical Teacher* 12 (1999): 209 – 217.

Hurd, J. M. , "The Transformation of Scientific Communication: A Model for 2020," *Journal of the American Society for Information Science* 14 (2000): 1279 – 1283.

Ibarra, H. , "Network Centrality, Power, and Innovation Involvement: Determinants of Technical and Administrative Roles," *The Academy of Management Journal* 3 (1993): 471 – 501.

Inkpen, A. C., Tsang, E. W. K., "Social Capital, Networks, and Knowledge Transfer," *Academy of Management Review* 30 (2011): 146 – 165.

Jansen, B. J., et al., "Twitter Power: Tweets as Electronic Word of Mouth," *Journal of the American Society for Information Science and Technology* 60 (2009a): 2169 – 2188.

Jansen, B. J., Zhang, M., Sobel, K., Chowdury, A., "The Commercial Impact of Social Mediating Technologies: Micro – Blogging as Online Word – of – Mouth Branding," *CHI EA'09: Proceedings of the 27th International Conference on Human Factors in Computing Systems* (Menlo Park, California: AAAI Press, 2009b), pp. 3859 – 3864.

Jarvenpaa, S. L., Leider, D. E., "Communication and Trust in Global Virtual Team," *Organization Science* 10 (1999): 791 – 865.

Java, A., et al., "Opinion Extraction, Summarization and Tracking in News and Blog Corpora," *Proceedings of the 9th WebKDD and 1st SNA – KDD 2007 Workshop on Web Mining and Social Network Analysis* (ACM, 2007), pp. 56 – 65.

Java, A., et al., "Why We Twitter: An Analysis of a Microblogging Community," *Advances in Web Mining and Web Usage Analysis* (2010).

Jensen, W. C., Meckling, W. H., "Special and General Knowledge, and Organize Structure, Contract Economics," *Blackwell, Oxford* (1992).

Johnson, M. D., Nader, G., Fornell, C., "Expectations, Perceived Performance, and Customer Satisfaction for a Complex Service: The Case of Bank Loans," *Journal of Economic Psychology* 17 (1996): 163 – 182.

Joseph, R. P., et al., "Physical Activity and Social Cognitive Theory Outcomes of an Internet – Enhanced Physical Activity Intervention for African American Female College Students," *Journal of Health Disparities Research & Practice* 6 (2013): 1.

Kantamneni, S. P., Coulson, K. R., *Multicultural Value Perceptions: Comparing Evidence from Egypt and France* (Proceedings of the 1998 Multicultural Marketing Conference, 2015).

Kaplan, A. M., Haenlein, M., "The Early Bird Catches the News: Nine Things You Should Know about Micro-Blogging," *Business Horizons* 2 (2011): 105-113.

Katerina, T., et al., "Emotional Aware Clustering on Micro-Blogging Sources," *Lecture Notes in Computer Science* 27 (2011): 387-396.

Kim, B., "Understanding Key Factors of Users' Intentions to Repurchase and Recommend Digital Items in Social Virtual Worlds," *Cyberpsychology, Behavior and Social Networking* 10 (2012): 543-550.

Kingdon, J. W., "Opinion Leaders in the Electorate," *Public Opinion Quarterly* 34 (1970): 256-261.

Kirkman, B. L., Mathieu, J. E., "The Dimensions and Antecedents of Team Virtuality," *Journal of Management* 31 (2005): 700-718.

Krackhardt, D., "Assessing the Political Landscape: Structure, Cognition and Power in Organizations," *Administrative Science Quarterly* 35 (1990): 342-369.

Ku, L. W., Liang, Y. T., Chen, H. H., "Opinion Extraction, Summarization and Tracking in News and Blog Corpora," *Proceedings of AAAI - 2006 Spring Symposium on Computational Approaches to Analyzing Weblogs* (2006).

Kwak, H., et al., What Is Twitter, a Social Network or a News Media (Proceedings of the 19th International Conference on World Wide Web, ACM, 2010), pp. 591-600.

Kwon, O., Wen, Y., "An Empirical Study of the Factors Affecting Social Network Service Use," *Computers in Human Behavior* 26 (2010): 254-263.

Lam, A., "Tacit Knowledge, Organizational Learning and Societal Institutions: An Integrated Framework," *Organization Studies* 21 (2000): 487-513.

Lee, L. T. , Sukoco, B. M. , "The Effects of Entrepreneurial Orientation and Knowledge Management Capability on Organizational Effectiveness in Taiwan: The Moderating Role of Social Capital," *International Journal of Management* 24 (2007): 549 – 572.

Leonard, D. , Swap, W. , "How Managers Can Spark Creativity," *Leader to Leader* 14 (1999): 43 – 48.

Levine, S. S. , Kurzban, R. , "Explaining Clustering in Social Networks: Towards an Evolutionary Theory of Cascading Benefits," *Managerial and Decision Economics* 27 (2006): 173 – 187.

Li, H. , Xu, R. , Xing, C. , "Research on Information Dissemination Model for Social Networking Services," *International Journal of Computer Science and Application* 1 (2013): 1 – 6.

Li, L. , Barner – Rasmussen, W. , Björkman, I. , "What Difference Does the Location Make?: A Social Capital Perspective on Transfer of Knowledge from Multinational Corporation Subsidiaries Located in China and Finland," *Asia Pacific Business Review* 13 (2007): 233 – 249.

Lin, H. F. , "Effects of Extrinsic and Intrinsic Motivation on Employee Knowledge Sharing Intentions," *Journal of Information Science* 33 (2007): 135 – 149.

Lin, N. , Ensel, W. M. , Vaughn, J. C. , "Social Resources and Strength of Ties: Structural Factors in Occupational Status Attainment," *American Sociological Review* 46 (1981): 393 – 405.

Luarn, P. , Yang, J. C. , Chiu, Y. P. , "The Network Effect on Information Dissemination on Social Network Sites," *Computers in Human Behavior* 37 (2014): 1 – 8.

Macskassy, S. A. , Michelson, M. , Blackburn, R. , "Why Do People Retweet? Anti – Homophily Wins the Day," *Proceedings of the 5th International Conference on Weblogs and Social Media* (Menlo Park, California: AAAI Press, 2011), pp. 209 – 216.

Maharani, W. , Adiwijaya, K. , Gozali, A. A. , "Degree Centrality and

Eigenvector Centrality in Twitter," *International Conference on Telecommunication Systems Services and Applications* (IEEE, 2015), pp. 1 – 5.

Maia, M., Almeida, J., Almeida, V., "Identifying User Behavior in Online Social Network," *Proceeding of the* 14*th Americas Conference on Information Systems* (Toronto, California: AAAI Press, 2008), pp. 83 – 93.

Malita, L., Badescu, I., Dabu, R., "Culture Tips of Online Job Searching," *Procedia – Social and Behavioral Sciences* 2 (2010): 3070 – 3074.

Marks, M. A., Zaccaro, S. J., Mathieu, J. E., "Performance Implications of Leader Briefings and Team – Interaction Training for Team Adaptation to Novel Environments," *Journal of Applied Psychology* 85 (2000): 971.

Mathieu, J. E., et al., "The Influence of Shared Mental Models on Team Process and Performance," *Journal of Applied Psychology* 85 (2000): 273.

McEvily, B., Zaheer, A., Peronne, V., "Trust as an Organizing Principle," *Organization Science* 14 (2003): 91 – 103.

Metzger, M. J., Flanagin, A. J., Medders, R. B., "Social and Heuristic Approaches to Credibility Evaluation Online," *Journal of Communication* 60 (2010): 413 – 439.

Molina, M., Yoong, P., "Knowledge Sharing in a Co – Opetitive Environment: The Case of Business Clusters," *Journal of Information & Knowledge Management* 2 (2003): 21 – 341.

Monroe, K. B., Dodds, W. B., "A Research Program for Establishing the Validity of the Price – Quality Relationship," *Journal of the Academy of Marketing Science* 16 (1988): 151 – 168.

Montgomery, D. B., Silk, A., "Clusters of Consumer Interests and Opinion Leaders' Spheres of Influence," *Journal of Marketing Research* 8 (1971): 317 – 321.

Nahapiet, J., Ghoshal, S., "Social Capital Intellectual Capital and the Organizational Advantage," *Review* 23 (1998): 242 – 266.

Nelson, P., "Information and Consumer Behavior," *Journal of Political Econo-*

my 78 (1970): 331-359.

Nikou, S., Bouwman, H., "Ubiquitous Use of Mobile Social Network Services," *Telematics and Informatics* 3 (2014): 422-433.

Nonaka, I., Takeuchi, H., *The Knowledge-Creating Company* (NewYork: Oxford University Press, 1995).

Obstfeld, D., "Social Networks, the Tertius Iungens Orientation, and Involvement in Innovation," *Administrative Science Quarterly* 50 (2005): 100-130.

Oliver, R. L. A., "Cognitive Model of the Antecedents and Consequences of Satisfaction Decisions," *Journal of Marketing Research* 4 (1980): 460-469.

Oliver, R. L., "Cognitive, Affective, and Attribute Bases of the Satisfaction Response," *Consumes* 20 (1993): 418-430.

Panteli, N., Davison, R. M., "The Role of Subgroups in the Communication Patterns of Global Virtual Teams," *IEEE Transactions on Professional Communication* 2 (2005): 191-200.

Parasuraman, A., Zeithaml, V. A., Berry, L. L., "A Conceptual Model of Service Quality and Its Implications for Future Research," *Journal of Marketing* 49 (1985): 41-50.

Patterson, P. G., Johnson, L. W., Spreng, R. A., "Modeling the Determinants of Customer Satisfaction for Business-to-Business Professional Services," Journal of the Academy of Marketing Science 1 (2007): 4.

Patterson, P. G., Johnson, L. W., Spreng, R. A., "Modeling the Determinants of Customer Satisfaction for Business-to-Business Professional Services," *Journal of the Academy of Marketing Science* 25 (1997): 4.

Pavlou, P. A., Fygenson, M., "Understanding and Predicting Electronic Commerce Adoption: An Extension of the Theory of Planned Behavior," *MIS Quarterly* 30 (2006): 115-143.

Pelling, E. L., White, K. M., "The Theory of Planned Behavior Applied to Young People's Use of Social Networking Web Sites," *Cyber Psychology & Behavior* 12 (2009): 755-759.

Pereira, R., Baranauskas, M. C. C., Silva, S. R. P., "A Discussion on Social Software: Concept, Building Blocks and Challenges," *International Journal for Infonomics* 3 (2010): 382 – 391.

Perry – Smith, J. E., Shalley, C. E., "The Social Side of Creativity: A Static and Dynamic Social Network Perspective," *Academy of Management Review* 28 (2003): 89 – 106.

Peterson, E., et al., "Collective Efficacy and Aspects of Shared Mental Models as Predictors of Performance over Time in Work Groups," *Group Processes & Intergroup Relations* 3 (2000): 296 – 316.

Petrick, J. F., Huether, D., "Is Travel Better than Chocolate and Wine the Benefits of Travel: A Special Series," *Journal of Travel Research* 52 (2013): 705 – 708.

Phuvipadawat, S., Murata, T., Breaking News Detection and Tracking in Twitter (Proceedings of the 2010 IEEE/WIC/ACM International Conference on Web Intelligence and Intelligent Agent Technology, 2010), pp. 120 – 123.

Polanyi, M., *Personal Knowledge: Towards a Post – Critical Philosophy* (Harvard Psychology Press, 1962).

Rallings, C., Thrasher, M., "Not All 'Second – Order' Contests Are the Same: Turnout and Party Choice at the Concurrent 2004 Local and European Parliament Elections in England," *The British Journal of Politics & International Relations* 7 (2005): 584 – 597.

Reagans, R., McEvily, B., "Network Structure and Knowledge Transfer: The Effects of Cohesion and Range," *Administrative Science Quarterly* 48 (2003): 240 – 267.

Rice, R. E., Wu, Z., Li, L., Detels, R., Rotheram – Borus, M. J., "Reducing Std/HIV Stigmatizing Attitudes Through Community Popular Opinion Leaders In Chinese Markets," *Human Communication Research* 4 (2012): 379 – 405.

Roca, J. C., Chiu, C. M., Martínez, F. J., "Understanding E – Learning Continuance Intention: An Extension of the Technology Acceptance Model," *International Journal of Human - Computer Studies* 64 (2006): 683-696.

Rogers, E. M. , *Diffusion of Innovations* (5th edition) (New York: Free Press, 2003).

Rosen, B. , Furst, S. , Blackburn, R. , "Overcoming Barriers to Knowledge Sharing in Virtual Teams," *Organizational Dynamics* 36 (2007): 259-273.

Rowley, T. , Behrens, D. , Krackhardt, D. , "Redundant Governance Structures: An Analysis of Structural and Relational Embeddedness in the Steel and Semiconductor Industries," *Strategic Management Journal* 21 (2000): 369-386.

Rybalko, S. , Seltzer, T. , "Dialogic Communication in 140 Characters or Less: How Fortune 500 Companies Engage Stakeholders Using Twitter," *Public Relations Review* 36 (2011): 336-341.

Seeman, T. , Glei, D. , Goldman, N. , Weinstein, M. , Singer, B. , Lin, Y. H. , "Social Relationships and Allostatic Load in Taiwanese Elderly and Near Elderly," Social Science & Medicine 11 (2004): 2245-2257.

Seol, S. , et al. , "Continuance Usage of Corporate SNS Pages: A Communicative Ecology Perspective," *Information & Management* 53 (2016): 740-751.

Shao, J. , Chen, K. , "Customer Equity Promotion of Social Network Websites: An Application Study of Renren," *Information Technology Journal* 7 (2013): 1400-1405.

Shi, S. , Chen, Y. , Chow, W. S. , "Key Values Driving Continued Interaction on Brand Pages in Social Media: An Examination across Genders," *Computers in Human Behavior* 62 (2016): 578-589.

Sismondo, S. , "Key Opinion Leaders and the Corruption of Medical Knowledge: What the Sunshine Act Will and Won't Cast Light on," *The Journal of Law, Medicine & Ethics* 3 (2013): 635-643.

Sledgianowski, D. , Kulviwat, S. , "Social Network Sites: Antecedents of User Adoption and Usage," *Proceeding of the 14th Americas Conference on*

Information Systems (Toronto, California: AAAI Press, 2011), p. 83 – 93.

Sparrowe, R. T., et al., "Social Networks and the Performance of Individuals and Groups," *Academy of Management Journal* 44 (2001): 316 – 325.

Spreng, R. A., Mackoy, R. D., "An Empirical Examination of a Model of Perceived Service Quality and Satisfaction," *Journal of Retailing* 72 (2006): 201 – 214.

Strong, D. M., Lee, Y. W., Wang, R. Y., "Data Quality in Context," *Communications of the ACM* 40 (1997): 103 – 110.

Suh, B., "An Exploratory Study on the Characteristics of Online Social Network and the Purpose of Customers' Use: A Comparison of Cyworld, Facebook, and Twitter," Journal of Information Technology *Applications & Management* 2 (2013): 109 – 125.

Sun, A. R., Cheng, J., Zeng, D. D., "A Novel Recommendation Framework for Micro – Blogging Based on Information Diffusion," 19*th Workshop on Information Technologies and Systems* (Menlo Park, California: AAAI Press, 2009), pp. 199 – 204.

Sveiby, K. E., "Disabling the Context for Knowledge Work: The Role of Managers' Behaviours," *Management Decision* 45 (2007): 1636 – 1655.

Tsai, Y., "Effect of Social Capital and Absorptive Capability on Innovation in Internet Marketing," *International Journal of Management* 23 (2006): 157.

Turner, J. H., "The Formation of Social Capital," *The World Bank* 1 (2000): 94 – 110.

Ugander, J., et al., "Structural Diversity in Social Contagion," *Proceedings of the National Academy of Sciences of the United States of America* 109 (2012): 5962.

Uzzi, B., Gillespie, J. J., "Knowledge Spillover in Corporate Financing Networks: Embeddedness and the Firm's Debt Performance," *Strategic Management Journal* 7 (2002): 595 – 618.

Uzzi, B., "Social Structure and Competition in Interfirm Networks: The Paradox of Embeddedness," *Administrative Science Quarterly* 42 (1997): 35-67.

Valente, T. W., Davis, R. L., "Accelerating the Diffusion of Innovations Using Opinion Leaders," *Annals of the American Academy of Political and Social Science* 566 (2006): 55-67.

Valenzuela, S., Park, N., Kee, K. F., Friedrich, T., "Is There Social Capital in a Social Network Site: Facebook Use and College Students' Life Satisfaction, Trust and Participation," *Journal of Computer-Mediated Communication* 14 (2009): 875-901.

Venkatesh, V., "Age Differences in Technology Adoption Decisions: Implications for a Changing Work Force," *Personnel Psychology* 53 (2010): 375-403.

Vries, L. D., Gensler, S., Leeflang, P. S. H., "Popularity of Brand Posts on Brand Fan Pages: An Investigation of the Effects of Social Media Marketing," *Journal of Interactive Marketing* 26 (2012): 83-91.

Wang, K., Sun, D., "Research on the WeChat Information Transmission Topology Based on Social Network Analysis," *Open Cybernetics & Systemics Journal* 9 (2015): 121-130.

Wasko, M., Faraj, S., "Why Should I Share? Examimg Social Capital and Knowledge Contribution in Electronic Networks of Practice," *MIS Quarterly* 29 (2005): 35-57.

Weber, B., Weber, C., "Corporate Venture Capital as a Means of Radical Innovation: Relational Fit, Social Capital, and Knowledge Transfer," *Journal of Engineering and Technology Management* 24 (2007): 11-35.

Weimann, G, "Recent Books in the Field of Public Opinion Research," *International Journal of Public Opinion Research* 3 (1994): 311-314.

White, H. C., "Where Do Markets Come from?" *Advances in Strategic Management* 17 (2000): 323-350.

Williams, C., "Transfer in Context: Replication and Adaptation in Knowledge Transfer Relationships," *Strategic Management Journal* 28 (2007): 867-889.

Wilson, T. D., "Human Information Behavior," *Informing Science & Customer*

Strategy Management 3 (2000): 49 - 56.

Wright, C. R., Cantor, M., "The Opinion Seeker and Avoider: Steps Beyond the Opinion Leader Concept," *Pacific Sociological Review* 10 (1967): 33 - 43.

Yang, F., "Are You Connected? Evaluating Information Cascades in Online Discussion about the Race Together Campaign," *Computers in Human Behavior* (2016): 140 - 152.

Yang, H. C., Wang, W. Y., "Marketing with Word - of - Mouth and Social Network Analysis in Social Media: Using Taiwan Night Market as an Example," *Lecture Notes in Electrical Engineering* (2014): 669 - 674.

Yang, S. C., Farn, C. K., "Social Capital, Behavioural Control, and Tacit Knowledge Sharing—A Multi - Informant Design," *International Journal of Information Management* 29 (2009): 210 - 218.

Yoon, H. Y., "A Cognitive Model of the Antecedents and Consequences of Satisfaction Decisions," *Journal of Marketing Research* 17 (2008): 460 - 469.

Yoon, H. Y., Han, W. P., "Strategies Affecting Twitter - Based Networking Pattern of South Korean Politicians: Social Network Analysis and Exponential Random Graph Model," *Quality & Quantity* 48 (2014): 409 - 423.

Zeithaml, V. A., "Consumer Perceptions of Price, Quality, and Value: A Means - End Model and Synthesis of Evidence," *Journal of Marketing* 52 (1988): 2 - 22.

Zeithaml, V. A., Parasuraman, A., Berry, L. L., "Problems and Strategies in Services Marketing," *Journal of Marketing* 49 (1985): 33 - 46.

Zeithaml, V. A., "Services Marketing: Integrating Customer Focus across the Firm," *Managing Service Quality* 14 (2006): 436 - 437.

Zeng, W., Huang, Y., Jiang, L., "The Study of Microblog Marketing Based on Social Network Analysis," *International Conference on Information Management, Innovation Management and Industrial Engineering* (IEEE, 2011), pp. 410 - 415.

Zhang, W., "Informational Influence of Online Customer Feedback: An Empirical Study," *Journal of Database Marketing & Customer Strategy Management* 17 (2010): 120 – 131.

Zhang, W., Yu, C., Meng, W., Opinion Retrieval from Blogs (Proceedings of the Sixteenth ACM Conference on Conference on Information and Knowledge Management, ACM, 2007), pp. 831 – 840.

Zheng, Y., et al., "Geolife 2.0: A Location – Based Social Networking Service," *Mobile Data Management: Systems, Services and Middleware* (Menlo Park, California: AAAI Press, 2009), pp. 357 – 358.

Zhou, T., "An Empirical Examination of Continuance Intention of Mobile Payment Services," *Decision Support Systems* 2 (2013): 1085 – 1091.

Zigurs, I., "Leadership in Virtual Teams: Oxymoron or Opportunity?" *Organizational Dynamics* 31 (2003): 339 – 351.

Zolin, R., et al., "Interpersonal Trust in Cross – Functional, Geographically Distributed Work: A Longitudinal Study," *Information and Organization* 14 (2004): 1 – 26.

Zukin, S., DiMaggio, P., *The Structures of Capital: The Social Organization of the Economy* (Cambridge University Press, 1990).

图书在版编目（CIP）数据

微信息交流下的企业品牌传播研究 / 杜晓曦著. -- 北京：社会科学文献出版社，2022.10
ISBN 978-7-5228-0417-0

Ⅰ.①微… Ⅱ.①杜… Ⅲ.①品牌-企业管理-传播学-研究 Ⅳ.①F273.2

中国版本图书馆 CIP 数据核字 (2022) 第 120124 号

微信息交流下的企业品牌传播研究

著　　者 / 杜晓曦

出 版 人 / 王利民
责任编辑 / 宋淑洁
文稿编辑 / 赵亚汝
责任印制 / 王京美

出　　版 / 社会科学文献出版社·经济与管理分社（010）59367226
　　　　　　地址：北京市北三环中路甲29号院华龙大厦　邮编：100029
　　　　　　网址：www.ssap.com.cn

发　　行 / 社会科学文献出版社（010）59367028
印　　装 / 三河市尚艺印装有限公司

规　　格 / 开　本：787mm×1092mm　1/16
　　　　　　印　张：15.375　字　数：242千字

版　　次 / 2022年10月第1版　2022年10月第1次印刷

书　　号 / ISBN 978-7-5228-0417-0
定　　价 / 99.00元

读者服务电话：4008918866

版权所有 翻印必究